U0449125

SUMMERHILL

夏山学校

[英]A. S. 尼尔 著
三川玲 祝会清 等译

A. S. Neill

中信出版集团 | 北京

图书在版编目（CIP）数据

夏山学校 /（英）A.S. 尼尔著；三川玲等译 . --北京：中信出版社, 2024.12. -- ISBN 978-7-5217-7025-4

Ⅰ . G61

中国国家版本馆 CIP 数据核字第 2024FB7492 号

夏山学校
著者： ［英］A.S. 尼尔
译者： 三川玲 祝会清 等
出版发行：中信出版集团股份有限公司
（北京市朝阳区东三环北路 27 号嘉铭中心　邮编　100020）
承印者： 嘉业印刷（天津）有限公司

开本：880mm×1230mm　1/32　　印张：12　　字数：266 千字
版次：2024 年 12 月第 1 版　　印次：2024 年 12 月第 1 次印刷
书号：ISBN 978-7-5217-7025-4
定价：58.00 元

版权所有·侵权必究
如有印刷、装订问题，本公司负责调换。
服务热线：400-600-8099
投稿邮箱：author@citicpub.com

你的孩子不是你的孩子。
他们是因生命自身的渴求而诞生的儿女。
他们经你来,但并不源自你,
他们陪伴你,但并不属于你。

你可以给予他们爱,却不要灌输他们你的思想,
因为他们有自己独立的思想。
你可以庇佑他们的身体,却不要桎梏他们的灵魂,
因为他们的灵魂属于明天,
属于你梦中无法到达的明天。
你可以努力变得如同他们,却不要让他们成为你,
因为生命不会倒退,也不会停留在昨日。

你是那张弓,而你的孩子是蓄势待发的生命之箭。
....
请你在弓箭手的手中尽情弯曲吧。

——哈利勒·纪伯伦

致读者的信

亲爱的读者：

在这个信息爆炸的时代，我们有幸通过翻译《夏山学校》这本书，将尼尔的教育思想和夏山学校的实践带给中文读者。这本书的翻译不只是语言文字的转换，更是一次教育理念的传递和一次心灵的触碰。

《夏山学校》的翻译项目是一个集体智慧的结晶，它由幸福流教育社区的家长和孩子们共同完成。这个社区，最初被称为"幸福流港湾"，是一个为那些在传统教育体系中感到不适应的孩子提供支持的地方。在这里，孩子们可以暂时放下学业的压力，找到适合自己的学习节奏和生活方式。

我们的翻译团队由31名成员组成，包括翻译、校对、统稿、设计、营销和项目管理等各个环节。最小的成员年仅7岁，他们的参与不仅为项目带来了新鲜的视角，也体现了教育的真正意义——为了每一个孩子的成长。

我们的愿景是通过这个项目让参与者对一部翻译作品的诞生有更深刻的理解，同时也对创新教育实践有更深入的认同。在翻译的过程中，我们深刻体会到尼尔的教育理念与当代的教育实践之间的张力。尼尔主张的教育模式尽管在某些方面显得激进，但其核心——尊重儿童的自主性和个性——却是普遍适用的。

《夏山学校》不仅是一本关于教育的书，还是一本关于人性的书。尼尔通过夏山学校的日常实践，展示了如何培养独立、自信和有创造力的个体。他的方法包括不强迫儿童学习、不使用惩罚、鼓励儿童参与决策过程，以及重视艺术和创造性活动。

在翻译这本书的过程中，我们被尼尔的勇气和远见打动。他不仅提出了一种新的教育模式，而且将其付诸实践，并取得了显著的成果。《夏山学校》是对尼尔的教育理念的生动记录，也为所有关心儿童教育的人提供了启发。

我们的翻译组组长是一个12岁的小女孩。在翻译过程中，她展现出了出色的领导能力和沟通技巧。她的故事以及所有翻译成员的故事，都证明了这个项目的成功不仅仅在于完成了一本书的翻译，更在于它如何影响了参与者的生活。

我们的翻译团队成员几乎都是新手翻译，他们带着对《夏山学校》这本书的期待、对团队合作翻译的憧憬以及一些懵懂进入团队。经历了各种接力补位、深夜工作、经验分享，70天之后，我们完成了20多万字的翻译稿。在这个过程中，他们学会了如何面对不确定性和意外、如何在团队中协作、如何在压力下保持冷静，以及如何在困难面前坚持不懈。

这些经历，这些成长，都是夏山精神的体现。它们告诉我们，教育不仅仅是知识的传授，更是个性的培养和心灵的成长。在夏山学校，孩子们被理解、被认同、被信任，他们在这里找到了自由。

我们相信，通过阅读《夏山学校》，您不仅会了解到一种不同的教育模式，更会感受到一种教育理念的力量。我们希望这本书能够激发您对教育的思考、对人性的理解，以及对自由的追求。

感谢您选择阅读这本书，我们期待您的阅读之旅能够充满发现和启发。

最后，致谢"一部翻译作品的诞生"项目组的所有成员：

张思远、顾梓煊、杨秀珊、叶洁、颜妤瑜、何燕、高诺、乐美卓、程诗雅、陈媛媛、纪沐辰、晏睿嘉、徐欢欢、张誉馨、刘兰心、章乐乐、陈俞斐、沈家铭、梁顺清、夏如灿、赵英、陈钰汶、雷蓓蕾、彭景宣、苏琳、陈晨、邢泇川、王超、王孜友、祝会清、三川玲。

三川玲、祝会清

2024 年 9 月

关于夏山

袁希

教育产业投资人

1921年,尼尔创办了夏山学校。夏山学校因其创新的自由教育理念迅速获得了广泛的声誉,并在20世纪六七十年代受到了广泛关注。尼尔认为,应该让学校适应孩子,而不是让孩子适应学校。

尼尔的教育哲学核心是"自由,而不是放纵"。同时,他认为儿童天生(以及人类本性)是善良的,当他们没有被灌输成人的道德观念时,自然会变得正直和有美德。儿童不需要被强迫或驱使去表现出理想的行为,他们的自然状态是令人满意的,自然倾向"并非不道德"。如果不加干预,儿童会成为自我调节、理性和有伦理的成年人。

尼尔认为生活的目标是"找到幸福"——这意味着找到兴趣。同样,教育的目的是让孩子们在生活中感到快乐和对生活有兴趣,孩子们需要自由的空间去寻找他们的兴趣。他认为幸福是一种天生的特质,如果儿童被剥夺了个人自由,这种幸福感就会消失,导致压抑和心理失调。同样，儿童如果被教导要抑制他们的性欲，便可能会将这些感觉视为负面的，进而滋生对自身生命的蔑视之心。要求服从会压抑儿童的自然需求。

夏山学校没有强制性的课程安排，学生可以根据自己的兴趣选择课程，这与传统的应试教育形成鲜明对比。夏山学校的课堂通常被认为反映了尼尔的反权威信念，然而实际上他们的教学方法是传统的。尼尔并不关注教学法，而是重视学生的幸福感。他不认为课程质量是最重要的，因此没有制定特定的夏山教学方法。在夏山，所有学生和教职员工都有平等的发言权和投票权，共同制定和遵守学校规则。

尼尔的教育理念虽然先进，但在当时甚至现在依然广受争议。许多专家在参访了夏山学校后认为学校的课程体系并没有充分反映出尼尔的教育理念，课堂安排和内容相对传统。一些教育家批评夏山学校的数学课"糟糕透了"，因为课程缺乏学生参与、没有解释清楚基本概念。然而，尽管如此，尼尔的教学理念仍然吸引了众多支持者。随着时间的推移，夏山学校的治理方法和教育理念被越来越多的学校借鉴或采纳，并被证明是可行的，这也激励了全球范围内其他创新学校的创立。

值得一提的是，夏山学校在20世纪曾多次面临被政府关停的危机，但每次都通过法律途径成功捍卫了其教育模式的合法性。夏山学校自开办以来，持续在世界上产生影响，这说明不同的学校适合不同需求的孩子。孩子应该选择适合自己的学校，家长不应该一味地追求名校，要知道，有一部分孩子只适合在宽松的环境里成长。

目录 Contents

致读者的信　　　　　　　　　i
关于夏山　　　　　　　　　　v
作者序　　　　　　　　　　001

第一章 | 夏山学校

夏山学校的理念　　　　　　005
夏山掠影　　　　　　　　　015
夏山教育与标准化教育的对比　026
夏山的毕业生们　　　　　　032
夏山的私聊课　　　　　　　037
自治　　　　　　　　　　　047
男女同校　　　　　　　　　058
工作　　　　　　　　　　　060
玩耍　　　　　　　　　　　063
戏剧　　　　　　　　　　　067
舞蹈和音乐　　　　　　　　072
运动和游戏　　　　　　　　074
英国政府督学报告　　　　　076
关于督学报告的说明　　　　085
夏山的未来　　　　　　　　088

第二章 | 养育孩子

不自由的孩子	095
自由的孩子	104
爱与认可	117
恐惧	123
自卑与幻想	132
破坏性	137
撒谎	144
责任	150
服从与纪律	152
奖励与惩罚	159
排便和如厕训练	168
食物	173
健康与睡眠	177
清洁和着装	179
玩具	183
噪声	184
礼仪	186
金钱	191
幽默	193

第三章 | 性

性态度   199

性教育   211

手淫   216

裸体   221

色情故事   223

同性恋   225

非婚生子女和堕胎   226

第四章 | 信仰与道德

宗教   231

道德教育   235

影响孩子   242

说脏话   246

对阅读的审查   250

第五章 | 孩子的问题

残忍和虐待狂	257
犯罪倾向	260
偷窃	264
违法犯罪	270
治愈孩子	277
通往幸福之路	281

第六章 | 父母的问题

爱与恨	289
溺爱孩子	293
力量与权威	296
嫉妒	304
离婚	309
父母的焦虑	311
父母的意识	317

第七章 | 问题与答案

总论 329
关于夏山 334
关于养育孩子 341
关于性 354
关于心理学 358
关于学习 360

作者序

说起心理学,没有人敢说自己懂得很多。人类生命的内在能量在很大程度上仍然未被发掘。

自从弗洛伊德凭借出众的才华让心理学开始活跃以来,心理学取得了长足的进步,但它仍然是一门新的科学,还有很长的未知海岸线等着被描绘。50年过后,心理学家很可能会对我们今日的无知付之一笑。

自从我离开教育领域,转而开始研究儿童心理学以来,我应对过不同类型的孩子——纵火的、偷东西的、说谎的、尿床的和脾气暴躁的孩子。多年在儿童教育方面的深耕使我相信,我对激励生命的力量知之甚少。虽然我对这点坚信不疑,但仍然有很多家长知道的比我还要少,即使他们只需要面对自己的孩子,结果仍是如此。

正因为我相信那些难以管教的孩子大都是在家里被错误对待而变成麻烦的,我才敢于向父母们发表我的意见。

心理学的内容是什么？我认为是治愈，但到底是什么样的治愈呢？我不愿"治愈"自己选择橙色和黑色的习惯，也不想戒烟和改变喝啤酒的爱好。没有老师有权去"治愈"敲打鼓面制造出噪声的孩子。我们唯一应该去学着治愈的是不快乐。

难以管教的孩子通常是不快乐的孩子。他正在和自己交战，因此，他和世界也处于冲突之中。

难以相处的成年人也处在同样的困境中。没有一个快乐的男人会扰乱会议或者故意寻衅滋事，也没有一个快乐的女人会不停唠叨她的丈夫或孩子，没有哪个快乐的雇主会恐吓他的员工，更没有哪个快乐的人会故意犯下盗窃或谋杀的罪行。

所有的犯罪、仇恨和对抗都可以归结为不快乐。这本书试图展示不快乐是怎样产生的，它是如何毁掉人类生活的，以及如何抚养孩子，以使许多不幸永远不会发生。

不仅如此，这本书还讲述了一个名叫夏山学校的故事。在这里，孩子们的不幸福感得到了治愈，更重要的是，孩子们是在快乐中成长的。

第一章

夏山学校

夏山学校的理念

本书讲述的是一个创新学校——夏山学校的故事。

夏山学校创立于 1921 年,位于英格兰萨福克郡的莱斯顿小镇,距离伦敦大约 100 英里[1]。

首先简要介绍一下夏山的学生情况。有些孩子 5 岁时就来到了夏山学校,有些孩子 15 岁时才来。孩子们一般在学校待到 16 周岁,我们通常有大约 25 个男孩和 20 个女孩。

夏山学校的学生根据年龄分为三个年级:低年级是 5 岁到 7 岁的孩子,中年级从 8 岁到 10 岁,高年级从 11 岁到 15 岁。

学校有相当一部分孩子来自外国。就今年(1960 年)来说,学校有 5 个斯堪的纳维亚孩子、1 个荷兰孩子、1 个德国孩子和 1 个美国孩子。

学校按照年龄给孩子安排住宿,每个年级都会有一个宿管阿姨。中年级的孩子睡在石头建筑中,高年级的孩子睡在木屋中。只有一两个年龄较大的学生有自己的房间。一个房间住两到四个

---

[1] 1 英里约为 1 609 米。——编者注

男孩,女孩也是如此。孩子们不需要接受查房,也没人为他们收拾。他们是自由的。没有人告诉他们应该穿什么,他们可以随时随地穿任何他们想穿的衣服。

报纸称它为一所"放任自流"的学校,并暗示这里是一个没有规矩和不讲礼节的野蛮人的聚集地。

因此,我认为尽可能诚实地写出夏山的故事是很有必要的。我的写作带有偏向性是很正常的,但我将尝试尽可能如实展现夏山的优点和缺点。它最大的优点是培养了一群没有被恐惧和仇恨伤害的健康、自由的孩子。

显然,让一群活泼的孩子坐在课桌前,学习大量无用科目的学校是一所糟糕的学校。只有对于那些深信学校本该如此的人,以及那些自身缺乏创造性——也只想要孩子循规蹈矩从而缺乏创造力,以便将来能适应以金钱为成功标准的社会——的父母来说,这种学校才是一所"好学校"。

起初,夏山是一所实验性学校。现在它不再是这样的学校了,它成了一所示范学校,因为它证明了自由教育是有效的。

当我与我的妻子创办这所学校时,我们有一个核心理念:让学校适应孩子,而不是让孩子适应学校。

我在普通学校教书多年,非常了解那种教育方式。我知道它是完全错误的,原因在于它是建立在成年人对孩子应该如何成长、如何学习的观念基础上的。它起源于心理学还是一门未知科学的时代。

于是,我们着手创立这所"让孩子们自由地做自己"的学校。为了实现这个目标,我们必须抛弃所有的约束、监督、建议、道德说教和宗教引导。我们被认为是勇敢的，但这不仅仅需要具备勇气，更需要的是坚定地相信孩子的本性是善良的，而不是邪恶的。近40年来，我们对于孩子本性善良的信念从未动摇，相反，它已成为我们不可动摇的信仰。

我的观点是：孩子天生就是智慧和现实的人。如果没有成年人的干预，让他自由发展，他就能快速成长，成就自己。从逻辑上讲，夏山是一个能让天生有能力且希望成为学者的人成为学者、让那些能力只够做清洁工的人成为清洁工的地方。但到目前为止，我们还没有培养出一个清洁工。我这样说并不是出于势利，因为我情愿看到学校培养出一个快乐的清洁工，而不是一个神经质的学者。

夏山是怎样的一所学校呢？举个例子，上课是自愿的。孩子们可以选择去上课或者不去上课。如果他们不想上课，甚至可以连续几年不上课。我们有一个课程表，但那只是为教师准备的。

通常，我们会根据孩子的年龄来分班，但有时也根据他们的兴趣来定。我们没有新的教学方法，因为我们不认为教学方法本身有多么重要。一所学校有没有教多位数除法的特殊方法并不重要，因为多位数除法只对那些想钻研它的人来说才重要。而那些想研习多位数除法的孩子，无论用什么教学方法，他们都能学会。

来到夏山的幼儿们从一开始就愿意去上课，但是从其他学校转来夏山的孩子情况有所不同，他们发誓永远不会再参加任何可恶的课程了。他们随意玩耍、四处晃荡、妨碍路人，但回避上课。这种情况有时会持续好几个月，恢复时间的长度与他们对上一所学校的厌恶程度成正比。我们记录中最极端的案例是一个来自修道院的女孩，她游荡了三年的时间。孩子从对课程的厌恶中恢复过来大约平均需要三个月。

不了解这种自由理念的人可能会揣测，一个孩子们愿意玩就可以整天玩的地方是不是一个极度混乱的疯人院。许多成年人会说："如果我被送到那样的学校，我可能永远做不成任何一件事情。"也有人会说："这样的孩子在和其他被要求学习的孩子竞争时，会感到自己无用和无能。"

由此，我想起了杰克，他在17岁时离开我们，去了机械制造厂工作。一天，总经理叫他过去。

"你是从夏山毕业的，"他说，"我很好奇你和其他从传统学校毕业的学生共事之后，现在对夏山的教育有什么看法？假设你可以再次选择，你会去伊顿还是夏山？"

"当然是夏山啊！"杰克回答。

"难道它提供了其他学校没有提供的东西吗？"

杰克挠了挠头。"我不确定，"他慢慢地说，"我想，它给人一种全然自信的感觉。"

"是的，"经理平静地说，"当你进入房间的时候，我就注意到了。"

"天哪，"杰克笑着说，"我很抱歉给你留下了那种印象。"

"我很喜欢，"经理说，"大多数人在我叫他们进办公室时，都会坐立不安，看起来非常拘谨。而你进来时，感觉和我是平等的。顺便问一下，你说你想转到哪个部门？"

这个故事表明，知识本身不如个性和品格来得重要。杰克在高考中失利，因为他讨厌照本宣科地学习。他对查尔斯·兰姆的散文以及法语的不擅长并没有影响他的人生。他现在是一名杰出的工程师。

当然,孩子们在夏山也学习到了很多东西。或许我们这里12岁的孩子在书写、阅读或计算方面无法与其他学校的同龄人一较高下,但在需要创意的测试中,夏山的孩子们会轻松获胜。

我们学校一般没有随堂测试,但有时我会为了好玩而设置一个考试。以下是出现在某张试卷上的一些问题:

・以下各项可以在哪里找到:马德里、星期四岛、昨天、爱、民主、恨、我的袖珍螺丝刀(唉,这个选项最难找到答案)。

・给出以下单词的含义(括号中的数字表示每个单词包含的答案数量):

HAND(3):……只有两个人给出了第三个答案——为马量体裁衣。

BRASS(4):金属、厚颜无耻、高级军官、一种铜管乐器。

・将《哈姆雷特》的"To be or not to be"这一独白,转换成夏山风格的语言。

显然,这些问题并不是"严肃"的考题,但是孩子们乐在其中。总的来说,新生很难达到夏山老生的回答水平。这并不是因为他们的智商不够高,而是因为他们已经习惯了严肃刻板的学习模式,以至于任何轻松灵活的改变都会让他们感到困惑不解。

这是在教学当中的游戏化环节。在所有的课堂上,孩子们都能学到许多东西。如果老师出于某种原因不能按时去上课，孩子们会感到非常失望。

9岁的大卫因为得了百日咳不得不被隔离。他哭得非常悲痛，抗议道："我会错过罗杰老师的地理课的！"他几乎从出生起就在这所学校里了，所以对自己学习的课程有着明确的规划，大卫现在已经成为伦敦大学的一名数学讲师了。

几年前，在学校大会上（所有的校规都在这个会议上由学生和教职工一起投票决定，每个学生和每个教职工都拥有一票），有人提议应该通过禁止一个犯错的孩子上课一周来惩罚他。其他孩子抗议说这样的惩罚太过严厉了。

我和夏山的教职工对所有形式的考试都深恶痛绝。对我们来说，高考极为可憎，但我们不能拒绝教授那些要参加高考的孩子需要学习的科目。只要考试存在，我们就不得不做出让步。因此，夏山学校的教师具备按高考标准进行教学的能力。

没有多少孩子会自愿参加这样的考试，除了那些想要继续上大学的孩子。不过，这些孩子应付这些考试并不是十分困难。他们一般从14岁开始认真备考，之后会为此奋斗三年。当然，他们并非都能一次性通过，但最重要的是他们通常愿意再次尝试。

夏山可能是这个世界上最快乐的学校，我们没有逃课的孩子，也很少出现学生想家的情况。当然，我们这里的孩子也会有冲突和争吵，但很少出现像我们小时候那种格斗似的打架现象。我很少听到夏山的孩子哭泣，因为当孩子生活在自由的环境下，内心的憎恨就会比生活在压抑的环境中少得多。惩罚滋养憎恨，赞赏滋养爱。赞赏意味着对孩子的认同，这在任何学校都是至关重要的。如果你惩罚孩子，对着他们咆哮，那么你就不能和孩子站在同一战线。夏山是一所让孩子知道他是被认可的学校。

话说回来，我们并非已经超越了人类的弱点。有一年春天，我花了几周时间种植土豆，到了6月，当我发现有8棵土豆植株被拔出来时，我气得破口大骂。然而，我的怒骂与权威者的怒骂在本质上有所不同。我的怒骂是针对土豆被拔出来的事实，而权威者的怒骂会涉及善恶、道德层面的评判。我没有说偷我的土豆是罪恶的，我没有用善恶评判这件事——我仅仅是关心我的土豆。它们是我的土豆，应该留在土里好好长大。我希望尽可能把其中的区别说清楚。

让我换种方式来讲述。对于孩子们来说，我不是一个令人害怕的权威者。我和他们是平等的。对他们来说，我因为我的土豆被拔发火，就像男孩因为他的自行车被人扎破了胎而发火是一样的。如果你们是平等的，与孩子们争辩几句是非常安全的。

现在有些人可能会说："那是胡说八道，根本不可能平等。尼尔是校长，他更年长、更有智慧。"这确实是真的，我是校长，如果房子着火了，孩子们会跑到我这里来。他们知道我更年长、更有学识，但这并不重要，我和他们会有相同的情绪反应，就像我在土豆地里发火一样。

当5岁的比利要求没有被邀请的我离开他的生日派对时，我立刻毫不犹豫地离开了——就像在我不想比利在我房间里的时候要求他离开一样。描述这种师生关系并不容易，但每个访问夏山的人都知道我说的这种理想的师生关系是什么意思。我们可以从孩子平常对待教职工的态度中窥得一二。化学老师鲁德被称为德里克,其他老师被称为哈里、乌拉和帕姆,我被称呼为尼尔,厨师被称作埃丝特。

在夏山,每个人都拥有平等的权利。我不允许任何人爬到我的三角钢琴上。同样,没有得到孩子的允许,我也不可以随意使用他的自行车。在学校大会上,一个 6 岁孩子拥有和我一样的投票权。

但是,了解心理学的人会说,在实际的情况中,成年人的声音才是具有决定性的。6 岁的孩子难道不会先等一等,看你如何投票,再举手表决吗?我倒是希望他时不时能这么做,因为我的提议被否决得太多了。自由的孩子是不容易受到影响的,无所畏惧是形成这一现象的原因。事实上,无所畏惧可能是发生在孩子们身上最好的事情。

夏山的孩子不怕学校的员工。我们有一条校规:晚上 10 点后,楼上应该保持安静。一天晚上 11 点左右,楼上开始了一场枕头大战,当时我正在写书,于是我离开桌子,去抗议这场喧闹。当我走到楼上时,听到一阵匆忙的脚步声,走廊变得空荡而安静。突然,我听到一个失望的声音:"唉,原来只是尼尔而已。"然后,嬉闹又开始了。当我解释说我正在楼下写作时,他们表现出了善解人意的一面,并立即同意停止喧闹。他们刚刚匆忙逃窜,是以为查寝员(和他们同龄)要来收拾他们了。

我特别强调孩子不害怕成年人的重要性。一个 9 岁的孩子会过来告诉我,他打球时打碎了一扇窗户。他之所以愿意告诉我,是因为他不怕引来愤怒或道德上的谴责。他可能不得不赔偿修窗户的费用,但他不必担心被训斥或受到惩罚。

几年前，校委会任期到了，但没人愿意参加竞选。我趁机贴出了一张布告："在校委会空缺的情况下，我宣布自己成为独裁者，尼尔，万岁！"不久，学校里议论纷纷。下午，6岁的维维安走过来对我说："尼尔，我把体育馆的一扇玻璃窗打碎了。"

我挥挥手让他走开："别拿那种小事来烦我。"于是他转身走了。

过了一会儿，他又回来说他已经打碎两扇玻璃窗了。这时我好奇起来，问他在想什么鬼点子。

"我不喜欢独裁者，"他说，"我也不喜欢饿肚子。"（后来我发现反对独裁的孩子想拿厨师出气，但厨师立即关闭了厨房，回家了。）

"嗯——"我问道，"你打算怎么处理这件事？"

"打破更多的窗户。"他固执地说。

"继续吧。"我说，于是他继续去实施他的抗议行动。

当他回来的时候，他宣布他已经打碎了17扇玻璃窗。"但是请放心，"他认真地说，"我会赔偿的。"

"怎么赔？"

"用我的零花钱。我大概需要花多长时间？"

我快速计算了一下。"大约10年吧。"我说。

他看起来闷闷不乐了一分钟，随后我看到他的脸色明亮了起来。"哇！"他喊道，"我根本不用赔钱。"

"但是私有财产规定怎么办？"我问，"窗户是我的私有财产。"

"我知道，但现在没有任何私有财产规定啦。已经没有校委会啦，而规定是由校委会制定的。"

可能是为了照顾我的情绪，他补充说："但无论如何，我都会赔钱的。"

但他确实不用赔修窗户的钱了。不久之后，我在伦敦演讲时讲述了这个故事，在我演讲结束时，一个年轻人走上前来，递给我一张一英镑的纸币，"为小顽皮支付的窗户赔偿款"。两年后，维维安还在向别人讲述他打破的那些窗户和那个帮他赔偿窗户的人。"他一定是个大笨蛋，因为他从来都没见过我。"

孩子们在不恐惧的情况下，更容易与陌生人接触。归根结底，英国人的矜持其实源于心底真实的恐惧；那些拥有更多财富的人往往更加矜持。夏山的孩子对访客和陌生人特别友善，这是我和教职工们引以为傲的事情。

我们必须承认，多数访客对孩子们来说都是有趣的人。最不受欢迎的访客是老师，尤其是那些严肃较真的老师，他们总想着查看孩子们的绘画作品和书写作业。最受欢迎的访客是那些有好故事——关于探险和旅行的故事，特别是遨游天空的故事——可讲的人。拳击手或优秀的网球运动员会立刻被团团围住，但是那些大谈理论的访客则会被晾在一边。

访客们最常说的一句话是，他们无法区分谁是教职工，谁是学生。的确是这样，当孩子得到认可时，这种团结感是如此强烈。老师们没有获得特别的敬意。教职工和学生吃同样的食物，遵守同样的校规。孩子们反对给教职工提供任何特权。

过去，我每周给教职工开一次心理学讲座，有学生私下抱怨这不公平。于是我改变了计划，允许所有12岁以上的孩子参加讲座。每周二的晚上，我的房间里挤满了热情的学生，他们不仅认真听讲,还自由地发表自己的看法。孩子们要求我讲解的主题包括自卑心理学、偷窃心理学、犯罪心理学、幽默心理学,以及人为什么会成为道德说教者等。此外,我还讲了手淫以及群体心理学。很明显,这样的孩子离开学校进入社会时,会对自己和他人有着广泛而清晰的认知。

夏山的访客最常问的问题是:"难道孩子们不会反过来责怪学校没有让他们学习算术或音乐吗?"我给的答案是,无论是年轻的贝多芬还是爱因斯坦,都会拒绝离开他们各自热爱的领域。

孩子来这世上的使命是要过他自己热爱的生活——不是他焦虑的父母认为他应该过的生活,也不是为了自作聪明的教育者制订的计划而生活。成年人的这些干预和指导只会造就一代又一代的"机器人"。

你无法让孩子学习音乐或其他任何东西,除非你能在某种程度上将他们变成没有自由意志的人,而这样也就会把他们训练成墨守成规的人:听话地坐在乏味的书桌前、呆若木鸡地站在商店里、机械地赶 8 点 30 分的郊区火车上班。对于按部就班的社会来说,这也许是一件好事。但是,一个由战战兢兢的小人物——胆小如鼠的顺从者——组成的社会,是多么破烂不堪、死气沉沉。

夏山掠影

让我来描述一下夏山典型的一天。早餐从 8 点 15 分开始,9 点结束。工作人员和学生需要把早餐从厨房端到餐厅。孩子们的床铺要在 9 点 30 分开始上课之前整理好。

每个学期开始时，学校都会张贴一张课程表。因此，实验室的德里克可能周一上第一节课，周二上第二节课，以此类推。我有一个类似的课程表，负责教英语和数学，莫里斯教地理和历史。低龄儿童（7岁到9岁）通常上午大部分时间都和他们自己的老师在一起，不过他们也会去科学教室或艺术教室上课。

没有孩子被迫去上课。不过，如果杰米周一来上英语课，然后一直缺勤，直到下周五才再次出现，其他同学完全有理由责怪他拖慢了学习进度，可能还会因为他拖后腿的行为而将他赶出教室。

课程一直持续到下午1点，但低年级和中年级孩子可以在12点30分吃午餐。学校必须分两轮供餐。教职工和高年级孩子在下午1点30分坐下吃午餐。

所有人的下午都是完全自由的。我不知道他们在下午做了些什么。我会在花园里干活，在附近很少看到孩子们。我看到低年级孩子在玩"黑帮游戏"。一些高年级孩子忙着制作发动机、收音机或者绘画。天气晴朗的时候，高年级孩子会进行体育比赛。有些人在工作坊里忙活，修理他们的自行车、制作小船或玩具手枪。

下午4点供应茶点。5点，各种活动开始。低年级孩子喜欢听人朗读。中年级孩子喜欢在艺术教室创作——绘画、切割油毡、制作皮革制品、编织篮子。陶艺教室里通常有一群忙碌的孩子。事实上，无论是早上还是晚上，陶艺教室大概都是最受欢迎的地方。高年级孩子从下午5点开始工作。木工作坊和金属作坊每晚都人头攒动。

周一晚上，学生可以去当地电影院看电影，费用由他们的父母承担。如果周四更新电影，有钱的孩子会再去一次。

周二晚上，教职工和高年级孩子参加我的心理学讲座。同时，低年级孩子参加各种阅读小组活动。周三晚上是舞蹈之夜。舞曲是从一大堆唱片中挑选出来的。孩子们都是非常优秀的舞者，一些访客说他们和孩子们一起跳舞时会自惭形秽。周四晚上没什么特别的活动，高年级孩子会去莱斯顿或奥尔德堡看电影。周五预留给各种特别的活动，比如排练戏剧。

周六晚上是最重要的，因为要开学校大会。大会之后通常是舞会。在冬季，周日是戏剧之夜。

做手工没有课程表，也没有固定的木工课程。孩子想做什么就做什么，而他们想做的总是玩具手枪、小船或风筝等。他们对精细的燕尾榫拼接不太感兴趣，即使是年龄大一些的男孩也不喜欢难度大的木工活。他们中没有多少人对我的爱好——锤制黄铜制品——感兴趣，因为在一个黄铜碗上你没法附加更多的创意。

晴朗的日子里，你可能看不到夏山"帮派"男孩的身影。他们藏在角落里，专心打造他们的"英勇事迹"。但你会在房子里或附近看见女孩们，她们从不远离大人。

你会发现艺术教室里挤满了女孩，她们在绘画，用布料制作各种亮丽的物品。然而，总的来说，我认为小男孩更有创造力；至少我从未听到一个男孩说他因为不知道做什么而感到无聊，而我有时会听到女孩这么说。

我觉得男孩在某些方面比女孩更有创造力，可能是因为学校给男孩提供的设施比给女孩的更好。金属作坊和木工作坊对10岁以上的女孩没什么用处。她们没有修理引擎的欲望，也不会被电子组件或无线电技术吸引。她们有属于她们的艺术创作，包括制作陶器、切割油毡和绘画，以及缝纫，但对一些女孩来说这些显然还不够。男孩和女孩一样都对烹饪怀有热情。女孩们和男孩们写剧本并排练他们自己创作的戏剧，制作他们自己设计的服装和布景。通常，学生们的表演天赋极高，因为他们的表演是真诚活泼的，而非单纯地炫技。

女孩们和男孩们一样经常去化学实验室。工作坊大概是唯一对9岁以上的女孩没有吸引力的地方。

女孩们在学校大会上的参与度较低，不如男孩们积极，关于此事，我还没有找到一个很好的解释。

直到几年前，来夏山上学的女孩们的年龄还时常偏大一些，我们接收了很多来自女修道院和女子学校的"问题"学生。我从不认为这样的孩子能作为自由教育的成果来展示。这些迟来的女孩通常是由不认同自由教育的父母养育出来的孩子，因为如果他们真的认同自由教育，他们的女儿就不会成为"问题"学生。然而，当这个女孩的特殊问题在夏山得到治愈之后，她就会被她的父母带走，到"可以提供更好教育的好学校"去。但是近年来，我们能持续从真正相信夏山教育的家庭中招收女孩。她们是一群优秀的孩子，充满活力、创造力和自驱力。

我们偶尔会碰到出于家庭经济原因退学的女孩，有时是因为她们的兄弟要继续在昂贵的私立学校就读，重男轻女的旧观念很难消亡。有时，我们也会碰到因为父母的占有欲和嫉妒心而使女孩和男孩退学的情况，他们担心孩子可能会将对家的忠诚转移到学校。

夏山一直需要付出巨大的努力才能勉力维持下去。很少有父母有耐心和信心送他们的孩子来这样一所用玩耍代替学习的学校。父母只要一想到他们的儿子21岁时可能还没有谋生的能力，就会感到惶恐不安。

时至今日，夏山的学生大多是父母希望他们在没有高压教条的环境里长大的孩子。这是最令人高兴的情况，因为在过去，我可能会遇到一些顽固的家长，他们陷入了无力管教孩子的绝望中，才把孩子送到我们这里。这样的父母对孩子是否拥有自由一点也不感兴趣，私下里他们大概把我们看作一群疯子。向那些榆木脑袋解释什么是自由教育比登天还难。

我想起那位想给他9岁的儿子报名入学的军官。

"这个地方看起来还不错，"他说，"可是我有一点担忧。我的儿子可能会在这里学会手淫。"

我问他为什么害怕这一点。

"这会对他的身体造成很大的伤害。"他说。

我愉快地说："这对你我并没有造成多大的伤害，对吧？"他听完，便带着儿子匆匆离开了。

又有一次，有一位富有的母亲，在问了我一个小时的问题后，转向她的丈夫说："我还是不能决定是否把玛乔丽送到这里来。"

"别担心，"我说，"我已经为你做决定了。我不会收她的。"

我继续向她解释我的想法。"你根本不相信自由教育，"我说，"如果玛乔丽来这里，我可能要浪费半生向你解释这是怎么回事，而最终你还是不会被说服。这样的结果对玛乔丽来说将是灾难性的，因为她将永远困在一个可怕的疑问中：究竟哪种说法是对的，家里的还是学校的？"

理想的家长会坐下来就说:"夏山是为孩子们考虑的学校,没有其他学校可以替代。"

学校开办之初,我们经历了一段格外艰难的日子。因为夏山没有富人资助,为了使学校运转下去,我们最初只能招收来自中上社会阶层的孩子。早期,一位坚持不肯透露姓名的捐赠者曾经在学校一两次的困难之际帮助过我们。随后,一位叫詹姆斯·尚德的家长慷慨地赠送给我们一些礼物:一间新厨房、一台收音机、一间耳房、一个新的工作坊。他是一位理想的捐赠者,因为他没有附加任何条件,也没有要求任何回报,只是简短地说道:"夏山给我家吉米的教育,恰是我想给他的。"他是一位儿童自由教育的真诚信奉者。

遗憾的是,我们的研究对象不得不局限在中产阶级家庭的孩子中,因为夏山还从来没有招收来自贫困家庭的孩子。有时,我们很难看出孩子的本性,尤其是当它隐藏在过多的金钱和昂贵的衣服后面时。当一个女孩知道她在21岁生日时就能得到一笔数量可观的财产,我们就不容易观察到她的本性。但是,幸运的是,夏山的绝大部分学生并没有被金钱惯坏,他们都知道离开学校后必须自力更生。

在夏山,我们会招聘一些只在学校工作不在学校住宿的当地村镇上的女孩,做一些收拾打扫的工作。她们工作卖力并且干得很不错。在这个自由的氛围中工作,她们并不被指使,比起那些在权威压迫下工作的女佣工,她们更加努力并且富有成效。她们都是各方面非常优秀的女孩,因为出生在贫困家庭,不得不努力工作。这个事实一直让我非常惭愧,因为我惯坏了那些没有"精力"铺床的富家女孩。实际上，我必须承认自己讨厌收拾床铺的事实。当然，我蹩脚的借口是我还有更重要的事情要做，孩子们并没有被说服，他们嘲笑我说：总不能指望一个将军去捡拾垃圾。

我不止一次强调夏山的成年人并非道德楷模。我们是有着人性弱点的同类，行为常常和自己所知道的理论相悖。在一个寻常家庭，如果孩子摔碎一个盘子，父亲或者母亲通常会小题大做——这让一个盘子显得比孩子更重要。在夏山，如果一个女工或者孩子摔碎一叠盘子，我不会说什么，我妻子也不会说什么，意外而已。但是如果一个孩子借了一本书后把它放在外面淋了雨，我妻子就会生起气来，因为书籍对她而言非常重要，我对这种情况却漠不关心，因为书籍对我没那么重要。另一方面，我却会因为一只凿子被弄坏而勃然大怒，我妻子对此情景颇感惊诧，因为我珍爱工具，但是她却并不在乎。

在夏山，我的生活永远是某种"给予"。比起孩子们，访客们更让我们消耗精力，因为他们也想要我们"给予"。"施"可能比"受"更有福，但是显然它也更加累人。

周六晚上的学校大会最能暴露孩子和成年人之间的冲突。因为所有年龄的孩子混合在一起，让每个人都为年幼的孩子做出牺牲，一定会将这些孩子宠坏。成年人会对几个上床后仍笑谈不止、让人无法入睡的高年级孩子提出抗议。亨利会抱怨他花了整整一个小时为学校大门做了块面板，午饭后回来却发现比利把它改成了一个架子。我会谴责那些借走了我的焊接工具还没有归还的男生。我妻子会对三个小班孩子表达愤怒，因为晚餐后他们说依旧很饿，拿走了一些面包和果酱，结果第二天，她却发现这些东西被扔在走廊里。彼得会伤心地报告说一伙孩子在陶艺室把他心爱的黏土互相扔来扔去。诸如此类，成年人的观点和年纪尚幼的孩子的认知冲突不断发生。但是这些冲突从来没有导致人身攻击，没有针对个人的尖锐感受。这些冲突反而让夏山更具活力，总有些事情在发生，一整年中没有一天是乏味的。

幸好教职工并不是独占欲强且不愿分享的人。其实我要承认有件事让我不太舒服，那就是我以每加仑[1]三英镑的价格买了一罐特级油漆，这么珍贵的东西却被一个女孩拿去刷了旧床架。我对自己的汽车、打字机和工作坊里的工具都不太大方，但是我对人并没有这种占有欲。如果你对人有掌控欲，就不应该做校长。

在夏山，物质的消耗和损坏是一个很自然的过程，让孩子恐惧的高压手段也许可以用来制止这些。但是无论如何，心灵的能量并不能被压制，因为那是孩子们的需要，并且它必须被满足。每天，我的客厅门会被打开至少50次，孩子们会问："今天晚上有电影吗？""我为什么不能上私聊课？""你看见帕姆了吗？""安娜在哪里？"这就是一天的工作，虽然我不觉得辛苦，但是我们确实没有真正的私人空间。部分原因在于，这里不适合做学校——当然是从成年人的角度看，毕竟孩子们都住在我们楼上。于是到了学期结束的时候，我和妻子总会精疲力竭。

一个显著的事实是教职员们很少发脾气，孩子们也是如此，这值得称赞。事实上，他们愉快地生活在一起，大为光火的次数确实很少。如果一个孩子经常自由地沉浸在自己的事情中，他就

---

[1] 1加仑（英）约为4.6升。——编者注

不会那么令人讨厌，也不会觉得想办法把大人惹恼发火是一件有趣的事情。

我们有一位女教师对批评过于敏感，女孩们就捉弄她。她们不会捉弄其他教职员，因为其他人不会有反应。你只能捉弄那些自尊心强的人。

夏山的孩子也会表现出普通孩子通常具有的攻击性吗？嗯，每个孩子都必须有一定程度的攻击性，以便在生活中为自己争取空间。我们在不自由的孩子身上看到的过度的攻击行为，其实是他们对感受到的仇恨的过度抗议。在夏山，没有孩子觉得自己被成年人憎恨，因此攻击性不是那么必要。我们所遇到的攻击性强的孩子无一例外都是那些家庭没有给予他们爱和理解的孩子。

当我还是一个在乡村学校上学的男孩时，流鼻血事件至少每周发生一次。战斗型的攻击是因为仇恨，充满仇恨的年轻人需要战斗。当孩子们处于一个仇恨消除了的氛围中时，他们不会表现出过多的攻击性。

我认为，弗洛伊德对攻击性的强调是由于他研究的对象是充满攻击性的家庭和学校。你不能通过观察拴着链子的猎犬来研究犬类心理学。同样，当人类被由一代代人的仇恨制造的沉重链条拴住时，你也不能武断地对人类心理进行理论化。我发现，在夏山的自由氛围中，攻击性并没有像在管束严格的学校中那样强烈地表现出来。

然而，在夏山，自由并不意味着无视常识。我们采取一切预防措施确保学生的安全。只有在每六个孩子有一名救生员在场的情况下，孩子们才能游泳；11岁以下的儿童不得单独在街上骑自行车。这些规则由孩子们自己在学校大会上投票决定。

但是，我们没有专门用来限制爬树的规则。爬树是生活教育的一部分，禁止所有危险的尝试会使一个孩子变得懦弱。我们禁止爬屋顶，禁止玩气枪和其他可能造成伤害的武器。当开始流行玩木剑时，我总是感到很焦虑。我坚持要求剑尖要包上橡胶或布，当这股热潮过去时，我才如释重负。在合理的谨慎和莫名的焦虑之间划界并不容易。

我在学校里从来没有偏爱过哪个孩子。虽然我总是会更喜欢某些孩子，但我设法不把它表现出来。夏山的成功可能部分是因为孩子们感觉到他们都被平等对待，并且受到尊重。我害怕用其他学校那种感情用事的态度对待学生；人们很容易因为偏爱就把孩子们从大鹅捧成天鹅，看到一个孩子随意涂抹颜色就认为他是毕加索转世。

在我任教过的大多数学校里，教工休息室是充满阴谋、仇恨和嫉妒的小地狱。夏山的教工休息室是一个快乐的地方。在其他地方常见的恶意在这里是不存在的。在自由的环境之下，成年人获得了和孩子们一样的快乐和善意。有时，我们的新教工对自由的反应会和孩子们一样：他可能不刮胡子，早上赖床很久，甚至违反学校规定。幸运的是，成年人会比孩子们更快地摆脱这种复杂无序的情况。

在隔周的周日晚上，我会给年幼的孩子们编一个关于他们自己的冒险故事。我已经这样做了很多年。我带他们"去了"遥远的非洲，去了海底，带他们穿越云层，甚至飞越云端。不久前，我在故事中让自己死去，而夏山被一个叫穆金斯的严厉的人接管了，他使上课成为强制性的。即使你只是说"去你的"，也会被藤条抽打。我描述了他们是如何温顺地服从他的命令的。

那些3到8岁的孩子对我所讲的故事非常愤怒。"我们没有那样做！我们都逃跑了！我们用锤子杀了他！想想我们会忍受那样的人吗？"

最后，我发现只有"我活过来并且把穆金斯先生踢出大门"，才能让他们开心。这些大部分都是小班的学生，他们从来不了解一个严格的学校是怎样的，所以他们愤怒的反应是自然而然流露出来的。校长不站在孩子这一边的世界对他们而言是令人恐惧的，这不仅仅是因为他们在夏山的经验，也因为他们在家中的经验，毕竟他们的父母也总是和他们站在一起的。

一位美国的心理学教授来参观时，当场批评我们的学校是一座孤岛，没能融入周围的社区，也不是更大的社会组织的一部分。我的回答是：如果我在一个小镇上建立一所学校，并竭力使它成为当地社区的一部分，结果会如何？100个家长中，有多少会赞成自由学习？有几个会同意孩子有手淫的权利？依据这位教授的话，我就将不得不向现实妥协。

夏山确实是一座孤岛，它必须成为一座孤岛，因为学生家长住在很远的城镇，甚至远在国外。既然不可能只招收家在莱斯顿镇上的孩子，夏山也就不可能成为莱斯顿镇文化、经济和社会生活中的一部分。

我要特别说明的是，对于莱斯顿镇，夏山并不是一座孤岛。我们和当地居民有很多往来，并且相处融洽。但是从根本上讲，我们仍然不是这个社区的一部分。我从来没有想过让当地报纸报道夏山毕业生的成功故事。

我们也和当地的孩子一起玩游戏，但是我们的教育目标和他们的家庭相去甚远。由于没有任何宗教隶属关系，我们和当地的宗教团体没有联系。如果夏山学校是当地社区生活的一部分，就不得不承担对学生进行宗教教育的义务。

我确信我的那位美国朋友并不知道他的批评意味着什么。我认为他想表达的是：尼尔就是一个反社会者，他的学校体系并不能使社会变得更加和谐，也不能在儿童心理学和社会对儿童心理规律漠视的鸿沟间架起桥梁，也不能在生命和反生命、学校和家庭的鸿沟间架起桥梁。我的答案是，我并不是一个积极的社会改革者，我只能确信地向社会宣扬有必要去除仇恨、惩罚和迷信。虽然我把对社会的看法写下来和说出来，但是如果我竭力通过行为来变革社会，社会就会以我威胁公众安全为由驱除我。

举个例子，如果我试着建立一个社区，在那里未成年人可以自由享有性爱生活，那我就会被当作一个不道德的引诱者，即使没有被关进监狱，也会声名狼藉。尽管我讨厌妥协，但是在这一点上我必须妥协，因为我知道我最重要的工作不是改革社会，而是给部分孩子带来幸福。

夏山教育与标准化教育的对比

我秉持的观点是生命的目的在于寻找幸福，这意味着做我们感兴趣的事。教育应该为人生做准备。我们的文化并不是很成功，我们的教育、政治和经济引发战争，我们的药物并不能完全消除疾病，宗教也没有消除高利盘剥和抢劫犯罪。我们鼓吹的人道主义仍然允许公众对野蛮的狩猎活动持赞成态度。我所处的时代的进步主要体现在机械装置方面——无线电、电视、电子设备和喷气式飞机。新的世界战争威胁继续存在，因为人类世界的社会良知仍然处于低级原始的阶段。

今天如果我们喜欢提问，我们可以提出不少令人尴尬的问题。为什么人类看起来比动物有更多的疾病？为什么人类在战争中互相杀戮而动物并不如此？为什么癌症病例在不断增长？为什么有这么多自杀者？为什么有那么多疯狂的色情犯罪？为什么有反犹太主义的仇恨？为什么仇视黑人和对黑人动用私刑？为什么会有背后中伤和怨恨？为什么人们认为性是淫秽的、低级趣味的？为什么私生子在社会中蒙受耻辱？为什么宗教在早已失去仁爱、希望和慈悲后还继续存在？为什么……对于我们这个标榜文明的浮夸社会，还可以问出一千个为什么。

我之所以问出这些问题，是因为我从事着教师这个和孩子打交道的职业。我提出这些问题，是因为老师们常问的关于学校学科的问题，并不是什么重要的问题。我会问：讨论法语和古代史能带来什么世俗的好处，相比较人类的内在幸福、生命价值的实现这类更大的问题，这些科目的学习是不是并不能带来什么好处？

我们的教育真正做了多少？真正鼓励孩子自我表达的有多少？孩子们上手工课经常是在一个专家的眼皮底下，制作一个没多大用处的盘子。即使是以指导孩子游戏而闻名的蒙台梭利教育体系，也仍然是让孩子通过动手来学习的一种矫揉造作的方式，并没有多少创造性在其中。

在家庭中，孩子总是被教育。几乎每家都至少有一个并没有真正长大的"成年人"急于给孩子演示他的新玩具火车怎么玩。也总是有些成年人在婴儿想探究墙壁上的某些东西时，把他抱起来放进婴儿椅中。每当我们教孩子他的新玩具火车如何玩的时候，其实我们都是在偷走孩子生命的乐趣——探索的乐趣、征服某个困难的乐趣。更糟的是，我们让孩子相信他是能力差的人，必须被人帮助才行。

父母们在意识到学校学习并不是那么重要这件事上总是迟钝的。孩子们和成年人一样会学习他们喜欢学习的内容。所有的奖励、分数和考试都会使适当的个性发展偏离正轨。只有书呆子才会声称书本学习就是教育。

书籍是一个学校中最不重要的配置。每个孩子需要学习的是尊重自己、尊重他人和为自己的行为负责，剩下的就是使用工具、玩泥巴、做运动、演戏剧、绘画和自在地生活。

大部分的学校学习对于青少年来说纯粹是在浪费时间、精力和耐心，剥夺了他们玩耍的权利，结果是年轻的生命变成了一个个老气横秋的人。

我给师范院校的学生做演讲时，经常对这些被无用知识塞满头脑的小伙子和姑娘的不成熟感到震惊。他们知之甚多，在辩论时滔滔不绝，善于引经据典，但是在生命的见解方面却几乎还处于婴儿阶段。因为他们只是被教育去获取知识，而不是去感受。这些学生是友好的、可爱的、充满求知欲的，但是缺乏某种东西——情感能力和超越理性的感受能力，他们已经错失对于这个世界的感知，并将继续错失下去。他们的教科书并不直面人性、爱情、自由或者自主。只要这种以书本知识为目标的教育制度继续存在，大脑和心灵的分裂就将一直持续下去。

我们早该质疑这种学校的教育理念了。人们想当然地认为每个孩子都应该学习数学、历史、地理，还要了解一点科学、一点艺术和不可或缺的文学。我们早该意识到，普通孩子对这些科目其实并没有多少兴趣。

每一个新生都可以证明我的观点。当告知他们夏山学校是自由式的，每个孩子都会欢呼："太棒了！你不会抓着我去学习乏味的算术和其他功课啦！"

我并不是在贬低学习，而是主张学习应该排在玩耍之后，玩耍不应该是有意点缀在学习内容中使其美味的调味剂。

学习是重要的，但并非对每个人都重要。尼金斯基[1]在圣彼得堡的时候，没能通过进入国家芭蕾舞团的考试。他无法学好学校科目，因为他的心思在别处。后来有人帮助他在考试中作弊，把写好答案的试卷直接给了他——传记里是这么说的。如果尼金斯基因为没有通过入学考试而不能学芭蕾，那对我们的世界将是多么大的损失呀！

有创造力的人学习他们想要学习的内容，是因为他们的创意和天赋需要展现出来。我们并不知道因为强调学习的重要性，而使多少创造力被扼杀在教室里。

我曾经见过一个每天晚上因学习几何而哭泣的女孩。她妈妈希望她上大学，但是女孩的整个心思都在艺术上面。当我知道她都已经是第七次高考落榜的时候，我很为她高兴。这下，她妈妈

---

[1] 俄罗斯芭蕾舞蹈家和编舞家，是20世纪伟大的男舞者。——编者注

有可能会允许她走上自己向往的艺术表演之路。

前段时间，我在哥本哈根遇到一个14岁的女孩，她曾经在夏山待了三年，那时她的英文表达很流畅。我说："我猜你的英文水平在班上名列前茅吧？"

她苦笑地皱起眉头说："不，我在班上是最差的，因为我弄不懂语法。"我想这番话就是对成年人所主张的教育的最好评注吧。

在学校的约束下，那些学生艰难地通过学校考试，成为没有想象力的教师、平庸的医生和无能的律师。原本，他们也许会成为优秀的机械师、杰出的泥瓦匠或者一流的警官。

我们发现，那些直到15岁才开窍的不擅长或者不喜欢阅读的男孩，往往在机械方面具有天赋，日后会成为优秀的工程师或者电工。我不敢武断地谈论那些不上课的女孩，尤其是那些从来不上数学和物理课的女孩。这样的女孩通常会在针线活方面花很多时间。往后，确实有些女孩继续从事女装裁制和设计方面的工作。非让一个大有潜力的未来服装业高手学习二次方程式或者玻意耳定律，确实是够荒谬的。

考德威尔·库克写了一本书叫《游戏方式》(*The Play Way*)。在这本书中，他介绍了自己如何通过游戏的方式教授英语。这是一本引人入胜、内容翔实的书，但是我认为这只不过是鼓吹学习至上论调的新方式而已。他认为学习是如此重要，所以要在这个苦药外面包上游戏的糖衣。他主张除非一个孩子学会什么东西，否则就是在虚度光阴。这种看法无异于一道咒语，使千千万万名教师和大多数督学变得盲目。50年前，教育口号是"做中学"，今天的口号是"玩中学"。因此游戏被当作一个可以达成教育目的的手段,但是至于达成这样的目的有什么意义,实在是不得而知。

如果一个老师看见孩子们正在玩泥巴,于是趁机就"河岸决堤"这个话题侃侃而谈,他的目的何在?哪个孩子会关心河岸决堤呢?许多所谓的教育家认为孩子应该不断地被教授些什么,至于孩子究竟学会了什么并不重要。当然,对于和批量生产的工厂并无二致的学校,一个教师能做什么呢?只能是教点什么和相信教学本身就是最重要的吧!

当我面对一群教师演讲时,最开始我就会说我不打算涉及学科、纪律或者课程方面的话题。一个小时的讲述过程中,我的听众个个全神贯注。在真诚的掌声过后,主持人宣布大家可以提问题了,结果至少有四分之三的问题依然是与科目和教学有关的。

我说这些并不是想说自己高人一等,而只是想痛心地表达教室的墙壁和监狱般的建筑是怎样局限教师们的视角、阻止他们看清教育的真正本质的。他们的工作只是针对孩子脖子以上的大脑部分,而情感,这个对于孩子来说最重要的部分,于他们而言,则完全是陌生的领域。

我希望在年轻教师身上看到一种日渐扩大的反抗力量。高等教育和大学学位在面对社会之恶方面没有任何作用。一个有才学的神经症患者和一个没受过什么教育的神经症患者并没有什么不同。

无论是哪种国家——资本主义国家、社会主义国家或者共产主义国家——都会建设体系完备的学校来教育年轻人。然而,所有精致的实验室和工作坊都无法帮助约翰、彼得或者伊凡阻挡由他们的父母、学校教师带来的情感伤害,以及我们现代文明强制性的压力带来的社会弊端。

夏山的毕业生们

　　对未来充满恐惧的父母，会对孩子的健康产生糟糕的影响。这种恐惧表现在父母期望自己的孩子学到比他们更多的东西。这类父母并不满足于在孩子想学的时候让他学习，还会担心如果不督促他学习，未来孩子将会毫无建树。他们也无法等待孩子按照自己的节奏发展。他们会问，如果我的儿子在12岁时还不会阅读，未来哪里还有什么成功的机会呢？如果他18岁时还没考上大学，除了做一份不需要什么技术含量的工作，他还能做什么呢？不过，我已经学会了耐心等待和观察一个没有进步或者进步微小的孩子。如果没有经受打扰和摧残，他终将在生活中取得成功，对此我从不怀疑。

　　当然，一些市侩的人会说："哟！你是把货车司机也叫作成功者吧！"我自己对于成功的标准是：具有快乐工作、积极生活的能力。依照这个标准，夏山毕业的大部分学生后来都过上了"成功"的生活。

　　汤姆来到夏山的时候是5岁，17岁时离开，在这期间，他一节课也没有上过，而是花了大量时间在工作坊里制作东西。他的父母很担心他的前途，他从来没有表现出任何想要学习阅读的渴望。但是在他9岁的一天晚上，我发现他正在床上阅读《大卫·科波菲尔》。

　　"喂，"我说，"谁教会你阅读的？"

　　"我自己学的。"

几年之后,他主动来问我:"你是怎么计算二分之一加上五分之二的?"我回答了他,并问他是否想多了解一些。他说:"不用了,多谢!"

后来,他在一家电影制片厂工作,担任摄影师。在他见习期间,我碰巧在一次晚宴上遇到了他的老板,我问他汤姆的工作表现如何。

"这是我们有史以来招到的最棒的男孩,"老板说,"他从来不是慢慢走——他无论做什么都是跑着去的。在周末,他是个讨厌鬼,因为即使在周六和周日,他也不肯离开工作室。"

杰克,一个有阅读困难的男孩,没有人能教会他。即使他自己要求上阅读课,也有一些潜在的困难使他无法区分 b 和 p、l 和 k。在 17 岁离开学校的时候,他依然不具备阅读的能力。

如今,杰克是一名工具制造方面的专家。他喜欢谈论金属工艺。他现在可以阅读了。但是据我所知,他主要阅读和机械有关的文章——有时他也读心理学著作。我认为他从来没有读过小说,然而他能讲一口流利的语法完美的英语,而且他的知识面非常广。一位美国访客对他的背景一无所知,他对我说:"杰克是个多么聪明的小伙子啊!"

黛安是一个文雅的女孩,但对上课没太多兴趣。她的思维方式不是学术性的。很长一段时间里,我都在琢磨未来她会做什么。在她 16 岁离开学校时,所有督学都说她是个受教育程度不高的女孩。如今,黛安正在伦敦展示一种新的烹饪方法。她在她工作的领域技术高超,更重要的是,她乐在其中。

有一家公司招聘员工,要求是必须通过标准的大学入学考试。我给这家公司的负责人写信推荐罗伯特,我说:"这个小伙子并未通过任何考试,因为他不擅长学术,但他很有勇气。"于是,罗伯特得到了这份工作。

一个13岁的新生温妮弗蕾德告诉我,她讨厌所有的学科。当我告诉她可以自由地做她想做的事时,她高兴地叫了起来。我还告诉她:"如果你不想上课,你甚至不必来学校。"

她决定好好享受一段无忧无虑的时光,她也确实痛快了几周。但随后我觉察到她的无聊。

"教我点什么吧,"有一天她突然对我说,"我简直无聊透了。"

"好的!"我开心地回应道,"你想学什么?"

"我不知道。"她说。

"那恐怕我也不清楚。"说完我转身走了。

几个月后,她再次找到我。

"我想通过大学入学考试,"她说,"你要给我上课。"

从那开始,她每天早上跟着我和其他老师一起学习,并且学得很认真。她承认自己对这些科目其实并不是很感兴趣,但进入大学的目标在不断激励着她。正是因为被允许做真实的自己,温妮弗蕾德才得以发现自我。

有趣的是,这些拥有自由选择的孩子会主动亲近数学,而且会在地理和历史中找到乐趣。他们只选择自己感兴趣的科目,也只愿意把大部分时间花在他们感兴趣的项目上,比如做木工、加工金属、绘画、读小说、表演、听爵士乐等。

我记得有个名叫汤姆的8岁男孩,最开始总爱不断推门问:"对了,我现在该做什么?"可惜没人给他答案。

6个月后,如果你想找到汤姆,那就去他的房间吧,你一定可以从浩瀚纸海中找到他。他通常会在那里专注数小时绘制一张又一张地图。有一天,一位维也纳大学教授来夏山访问,碰巧遇到汤姆并问了他很多问题。后来,这位教授对我说:"我原本想考考那个男孩的地理知识,结果他提到的很多地方我听都没听说过。"

当然我也有一些失败的例子。芭贝尔,一个15岁的瑞典女孩,在我们这里待了一年左右。在那段时间里,她没有找到任何令她感兴趣的事情。可惜她来夏山太晚了。在那之前的10年间,老师们替她做好了一切决定,以至于她来到夏山时,已经失去了所有的主动性。她只剩无聊。唯一庆幸的是,她生在有钱人家,这足以保证她未来可以过上体面的生活。

还有一对南斯拉夫姐妹,妹妹11岁,姐姐14岁。她们在夏山找不到任何感兴趣的事。直到一个不厚道的朋友将她们说的话翻译给我听,我才知道她们大部分时间都在忙着用克罗地亚语对我发表粗鲁言论。而我和她们的共同语言只有艺术和音乐,扭转她们的想法对我而言几乎不太可能实现。所以,当她们的母亲来接走她们时,我如释重负。

多年来,我们发现,那些准备学习工程的夏山男孩并不关心大学入学考试。他们直接参加实践培训并倾向于在进入大学之前先去看看世界。有一个男孩通过做船舱服务员环游了世界;另两个男孩去了肯尼亚种植咖啡;一个男孩去了澳大利亚,还有一个甚至去了遥远的英属圭亚那(圭亚那的旧称)。

德里克·博伊德是冒险精神的典型代表,而这种精神正是夏山的自由教育理念所倡导的。他8岁来到这里,18岁通过大学入学考试后离开。成为一名医生是他的志向,但当时他的父亲暂时无力负担他的大学学费。于是，德里克决定在等待期间去环游世界。他到伦敦码头，花了两天时间试图找到一份船上的工作——什么工作都行，甚至包括司炉工。可连这样低微的要求也没能如愿，他被告知还有很多真正的水手都找不到工作。他只好难过地回家了。

好在不久后，一位同学告诉他，有位居住在西班牙的英国女士要招一名司机。德里克抓住了机会，来到西班牙，帮这位女士建造房子或者说是扩建了原有住房，然后开车带她游遍欧洲。之后他终于得以进入大学，这位女士还帮他支付了大学学费。两年后，这位女士请他休学一年，开车带她去肯尼亚，并在那里为她建造一座房子。德里克最终在开普敦完成了他的医学学业。

拉里大约12岁时来到夏山，16岁通过大学入学考试，之后前往塔希提岛种植水果。由于薪酬太低，他转而做起了出租车司机。后来他去了新西兰，在那里他做过各种各样的工作，包括重操旧业，开起了出租车。再之后他进入了布里斯班大学。不久前，那所大学的院长来夏山参观，他对拉里的表现赞赏有加。"别的学生都放假回家了，"他说，"拉里却没享受假期，跑到锯木厂干体力活去了。"如今，他是英格兰埃塞克斯的一名执业医师。

老实说，有些大男孩并没有表现出多少创业精神。原因显而易见，恕我不再一一详述。那些取得成就的孩子往往家庭氛围也很好。前面提及的德里克、杰克和拉里，他们的父母完全支持夏山学校的理念，因此这些孩子不需要承受内心冲突的痛苦：家庭和学校，哪边是对的？

夏山学校培养出天才了吗？没有，至少到目前为止没有。或许有几个喜欢搞创造的，但都尚未出名；还有几个才华横溢的艺术家，几个思维敏捷的音乐家。据我所知，出色的作家还没有，不过有一位出色的家具设计师兼木匠；有若干演员，再有几个还没多少成就的科学家和数学家。

尽管如此，我认为对于我们最多45名学生同时在校这个规模来说，从事创新性工作的毕业生比例已经算很高了。

但是，我也常说，培养一批具有自由思维的孩子并不能证明什么。冲破传统教育思维依旧任重道远，哪怕在夏山，仍有一些孩子会因为没有学习足够多的课程而产生内疚之情，更别提在主流社会，一些职业的入场券就是要通过考试获得的了。此外，我们每人身边总有个玛丽阿姨在一边大惊小怪："都11岁了，你居然还不会阅读！"这会让孩子隐约感受到外面的世界反对玩耍，提倡用功学习。

总的来说，夏山提倡的自由教育对于12岁以下的孩子是有效的，而12岁以上的孩子，想摆脱填鸭式教育的阴影的确需要很长时间。

夏山的私聊课

过去，我的主要工作并非教学，而是提供"私聊课"。大多数孩子都需要心理关注，但还有些孩子因为刚刚从其他学校转过来，更需要通过私聊课来更好地适应我们学校的自由氛围。如果一个孩子内心束缚重重，他是无法适应自由教育的。

私聊课是在壁炉边进行的非正式谈话。通常我会坐在那里，叼根烟斗,如果孩子愿意,他也可以像我这样。香烟常常是打破僵局的绝妙手段。

有一次,我邀请一个14岁男孩来聊天。他刚从一所典型的私立学校来到夏山。我注意到他那被尼古丁熏黄的手指,于是我拿出烟盒递给他。

"谢谢,"他结结巴巴地说,"我不抽,先生。"

"拿一根吧,你这个可恶的小骗子。"我了然于胸地笑着说,于是他拿了一根。我这样做是想一石二鸟。这个男孩对以前那个严厉又古板的校长肯定没少说谎。我先给他一根烟,表明我赞成他这个行为。继而称他为"可恶的小骗子",从语言上拉近我俩之间的关系。一校之长竟能如此随性地和学生对话,这一定颠覆了他对权威的刻板印象。真希望我能拍下他当时精彩绝伦的表情。

他因偷窃被前一所学校开除。"我听说你有点小偷小摸,"我说,"你知道欺骗铁路公司的最佳手段是什么吗?"

"我从没想着去骗铁路公司的钱,先生。"

"哦,"我说,"那可不行。你必须尝试一下。我知道很多方法。"然后我告诉了他一些。他目瞪口呆,感觉自己一定是走进了一家疯人院,校长竟然告诉他如何成为更高明的骗子。多年后,他告诉我那次聊天带给了他极大的震撼。

什么样的孩子需要私聊课呢?我会用案例来回答这个问题。

幼儿园老师露西有一天来找我,说佩吉看起来很不开心,而且也不喜欢和小朋友们一起玩。我说:"好的,请她过来上一堂私聊课吧。"佩吉来到我的客厅。"我不想要上什么私聊课,"她边说边坐下,"听上去要多蠢有多蠢。""你说得对,"我同意道,"还浪费时间。我们才不要。"

她思索着我说的话。"嗯,"然后她缓缓地说道,"如果只是一小会儿,倒也行。"这时,她已经坐在我的膝盖上了。我问她关于她爸爸和妈妈的事,还重点问了她弟弟的事。她说他是个非常愚蠢的傻瓜。

"他一定是,"我表示同意,"你觉得妈妈更喜欢他吗?""她对我们是一样的,"她很快地回答我,并补充道,"反正她是这么说的。"

有时,与其他孩子争吵是不开心的导火索。但更多的时候是家里的来信引起了不快,也许只是因为信里提到家里的弟弟或妹妹有了一个新玩偶或一辆新自行车。私聊课结束后,佩吉高高兴兴地走了。

就新来的孩子而言,事情就不那么容易了。曾经有个11岁的孩子,被告知婴儿是由医生带到世界上来的,我们下了很大的功夫才使他摆脱谎言和恐惧带来的不良影响。谎言使这个孩子对手淫有一种罪恶感,如果这个孩子想要找到幸福,就必须消除这种罪恶感。

大多数年龄小的孩子不需要定期的私聊课。理想的情况是孩子自己提出上课要求,我们再进行排期。一般年龄大些的孩子会提出要求,当然偶尔,一些年龄小的孩子也会如此。

16岁的查理感觉自己比起同龄男孩逊色很多。我问他什么时候感到最自卑,他说是洗澡的时候,因为他的阴茎比任何人的都小。我向他解释了他对此恐惧的原因。他是家里年纪最小的,上面6个姐姐都比他大很多,最小的姐姐也比他大了10岁。

父亲去世后，家里的大小事都是姐姐们说了算。他一直生活在女性当家的环境里。因此，查理会更认同女性，希望自己也是一个女性，这样他也能拥有强大的力量。

大约上了10次私聊课后，查理不再来找我了。我问他为什么。"我不再需要了，"他愉快地说，"我的家伙什儿现在和伯特的一样大了。"

实际上，在短暂的治疗过程中，我们所涉及的内容远不止上述情况。有人曾和查理说，手淫会使他成年后阳痿，他对阳痿的恐惧影响了他的身体健康。因此我通过私聊的方式帮助他消除对手淫的罪恶感，以及手淫导致阳痿这种愚蠢谎言引发的恐惧心理，他才得以治愈。一两年后，查理离开夏山。现在他是一个优秀、健康、快乐的人，相信他一定会获得美好的生活。

西尔维娅有一个严苛的父亲，从不表扬她不说，还整天批评和指责她。她生活中唯一的愿望就是能得到父爱。她坐在房间里，一边讲述自己的故事，一边悲痛地哭泣。对于她这样的情况，我们有心无力，毕竟分析她的心理并不能改变她的父亲。她只有长大并离家独立后，才能得以解脱。但我也提醒她，千万不要为了逃离父亲仓促嫁人，那样很容易嫁错人。

"什么样的人算嫁错了？"她问。

"一个像你父亲那样的人，一个会虐待你的人。"我说。

西尔维娅的案例令人伤心。在夏山，她是一个爱社交且很有亲和力的女孩，从不冒犯别人。可却被她的父亲称为恶魔。显然，需要心理辅导的是父亲，而不是女儿。

另一个令我们束手无策的案例是小弗洛伦丝。她是私生女，却被蒙在鼓里。我的经验告诉我,每个私生孩子都会在无意中知道自己的身世。弗洛伦丝肯定察觉到她的身世中有些秘密。我告诉她母亲,唯一能治愈她女儿内心的仇恨和不快乐的方法就是告诉她真相。

"但是,尼尔,我不敢。说出来对我没什么影响,但如果我告诉她后,她不小心把真相说出来,我妈妈会剥夺她的遗产继承权。"

好吧,好吧,恐怕我们只能等到弗洛伦丝的祖母去世后才能帮助她。如果必须隐藏一个重要的真相,你将无能为力。

一个20岁的大男孩回来和我们待了一段时间,他希望我给他上几堂私聊课。"但你在这里上学的时候,我可没少给你上吧。"我说。

"我知道,"他难过地说,"可当时上的时候我没上心。现在我真的需要。"

如今,我不再对孩子进行这种形式的心理治疗了。对于一般的孩子而言,当你讲明白出生和手淫问题,以及让他了解家庭环境是如何产生仇恨和嫉妒时,就没有什么更多可做的了。而治愈孩子神经症的方法是让他释放情绪,如果这个时候只是向孩子阐述精神病学理论,并告诉孩子他有什么心理症结,对治疗没有任何帮助。

我记得我曾经想帮助一个15岁的男孩。课程上了几个星期,他一直沉默不语,只偶尔回复单个字。我决定用激将法,下次上课时,我对他说:"我要告诉你今天早上我对你的看法,你是一个懒惰、愚蠢、自负、怀有恶意的傻瓜。"

"我?傻瓜?"他愤怒地说,满脸通红,"你以为你是个什么玩意儿?"从那一刻起,他说话变得轻松并且能够切中要点。

然后是乔治,一个 11 岁的男孩。他的父亲是格拉斯哥附近一个村庄的小商人。他的医生推荐他来这里。他总处于极度恐惧中。他害怕离开家,即使是去村里的学校也不行,当不得不离开家时,他会吓得惊声尖叫。他的父亲费了九牛二虎之力才把他带到夏山。分别时,他声嘶力竭地哭喊,紧紧抓住父亲,不让他回去。于是,我建议父亲在这里多待几天。

我已经从医生那里得到了病历,医生的建议和诊疗方案在我看来是正确且非常有用的。这时,我们亟待解决的是如何让爸爸回家的问题。我尝试和乔治沟通,但他哭着说想回家。"这里是监狱。"他抽泣着说。我忽略他的眼泪继续说道:

"当你 4 岁时,你弟弟被送到了医院,他们把他带回来的时候,他已经在一口棺材里了。(哭声加剧。)你害怕离开家,因为你害怕和弟弟一样也躺在棺材里一动不动地被送回家。(哭泣声更大了。)但这并不是主要原因,乔治,我的孩子,你害怕是因为你'杀了'你的弟弟!"

此刻,他激烈地抗议,并威胁要踢我。

"你并没有真的杀了他,乔治,但你认为他从你母亲那里得到了比你更多的爱,有时,你希望他会死。当他真的死了,你感到极度内疚,你认为是你的意念杀了他,如果你离开家,上帝会因为你的罪恶而杀死你作为惩罚。"

他停止哭泣。第二天,虽然他在车站又哭闹了一场,但他还是让他的父亲回家了。

乔治并没有很快克服他的思乡病。但 18 个月后,他坚持一人回家度假——独自一人穿越伦敦,从一个车站到另一个车站。返回夏山时也是如此。

我越来越发现,当孩子能在自由的氛围中释放复杂的情绪时,心理治疗就不再有必要了。但在像乔治这样的案例中,只有自由氛围肯定是不够的。

过去,我还曾给偷东西的孩子进行过这种私聊课形式的心理治疗,并看到了治疗的效果,当然我也遇到过不想参与心理治疗的偷东西的小孩,但他们在夏山自由生活三年后,也被治愈了。

在夏山,治愈一切的,是爱,是深深的允许,是无限的自由,使自己成为自己。 在我们 45 个孩子中,只有小部分上过私聊课。我越来越相信创造性的活动对孩子身心有很好的治愈效果,所以我希望孩子们投入更多时间去做手工、演戏和跳舞。

请允许我声明一点,我所提供的私聊课只是为了帮助孩子更好地释放情绪。如果一个孩子不开心,我就会给他安排一次私聊课。但如果他是不会阅读,或者讨厌数学,那我不会尝试用这种方式来帮助他。有时,在私聊过程中,我会发现孩子学不会阅读的原因在于,他的妈妈不断地催促他要成为一个"像你哥哥一样聪明可爱的男孩";或者,孩子讨厌数学是因为对之前的算术老师不满。

很自然地,在夏山,我成为父亲的象征,我的妻子则成为母亲的象征。在社交上,我妻子的处境比我要差,因为女孩们会把对母亲的无意识的仇恨转移到她身上,而我却得到了她们的爱。男孩们把对母亲的爱给了我的妻子,把对父亲的恨给了我。男孩不像女孩那样容易表达恨意,这是因为他们能够通过别的方式来发泄,而不是与人相处。一个生气的男孩会踢足球,而女孩则会对象征母亲的人口出恶言。

但为了公平起见,我必须说,只有在某个特定时期,即青春期前和青春期的第一年,女孩才会变得刻薄和难以相处。并非所有女孩都会经历这个阶段。这在很大程度上取决于她们之前的学校教育,更取决于母亲对权威的态度。

在私聊课中,我会告诉孩子他们对家庭和学校的反应之间的关系。那些对我的批评,都是对父亲的批评,而对我妻子的任何指控,我也会指出这是他们对母亲的指责。我试图只在客观层面进行分析,深入主观层面对孩子们来说是不公平的。

当然,也有需要主观解释的情况,就像简的案例。13岁的简,在校园里跟不同的孩子说我想见他们。

于是,我接待了一连串的来访者——"简说你想要见我。"后来我告诉简,让别人来找我意味着她自己想要来。

私聊课中一对一的聊天有什么技巧吗?我没有固定的方法。有时,我会以一个问题开始:"当你照镜子时,你喜欢自己的脸吗?"答案总是不喜欢。

"你最不喜欢自己脸上的哪一部分?"不变的回答是:"我的鼻子。"

成年人也会给出相同的答案。脸是一个人在外界看来的代表。我们想到某人时会想到他们的脸,我们与人交谈时也会看他们的脸。所以脸成了内在自我的外在形象。当一个孩子说他不喜欢自己的长相时,他的意思是他不喜欢自己的个性。我的下一步是抛开长相这个话题,继续探讨自我。

"你最不喜欢自己哪个地方?"我会问。

通常,答案是身体方面的。"我的脚太大了。""太胖了。""太矮了。""我的头发。"

我从不给意见——不认同他或她胖或瘦。如果对身体有兴趣,我们会谈论它,直到没有什么可说的。然后我们继续探讨个性。我经常会进行测试。"我会写下一些问题,"我说,"并用它们来测试你。你认为你应该得到多少分就给自己打多少分。例如,我会问你,满分 100 分,你会给自己在游戏能力或勇敢等方面打多少分。"然后测试就开始了。

下面是对一个 14 岁男孩的测试。

外貌——"哦,不太好,大约 45 分。"

智力——"嗯,60 分。"

勇敢——"25 分。"

忠诚——"我不会让我的朋友们失望,我打 80 分。"

音感——"0 分。"

手工——(含糊的回答,不清楚。)

仇恨——"这太难了。不,我回答不了这个问题。"

游戏——"66 分。"

社交——"90 分。"

愚蠢——"哦,大约 190 分!"

很自然,孩子的回答提供了讨论的机会。我发现最好从自我开始,因为这能激发孩子的兴趣。然后,当我们稍后谈到家庭时,孩子会显得轻松又有兴趣。

对于年龄小的孩子,更需要灵活性。我只需要跟随孩子的谈话方向。下面是6岁女孩玛格丽特第一次上私聊课时与我的对话。这样的情形具有一定的代表性。她走进我的房间说:"我想上私聊课。"

"好的。"我说。她找到一张舒适的椅子坐下。

"私聊课是什么?"她问。

"它不是吃的,"我说,"但我的口袋里有一块糖。啊,就是这个。"然后我给了她这块糖果。

"你为什么想要上私聊课?"我问。

"伊芙琳上了,所以我也想上。"

"好的,那你开始吧。你想谈什么呢?"

"我有一个洋娃娃。(停顿。)你是从哪里得到壁炉架上的那个东西的?(她显然不想等我回答,便开始问下一个问题。)你住进来之前谁住在这所房子里?"

她的问题表明她想知道一些重要的事情,我猜测很可能是关于孩子出生的问题。

"婴儿是从哪里来的?"我突然问。

玛格丽特站起来,走向门口。

"我讨厌这个课。"她说完就离开了。但几天后,她又要求再上一次,并且我们逐渐取得了进展。

只要我不提及"粗鲁"的事情,6岁的小汤米也愿意上私聊课。在前三次会面中,他愤然离去,我知道为什么。我知道只有粗鲁的事情才能真正引起他的兴趣。他是禁止手淫的受害者之一。

许多孩子因为不需要所以从未接触过私聊课。这些孩子不是在父母的谎言和说教中长大的。

治疗并不会立即带来治愈。接受治疗的人在一段时间内并不会有明显受益的迹象，通常要等大约一年的时间才能看到效果。因此，对那些在校时心智尚未成熟的大孩子，我从不悲观。

汤姆被送到我们这里，是因为他在原来的学校表现不佳。我给他上了一年高强度的私聊课后，并没有看到明显的效果。当他离开夏山时，他看起来好像注定一辈子都是个失败者了。但一年后，他父母来信说，他突然决定要成为一名医生，并且正在大学里努力学习。

比尔似乎是个更无望的案例。他上了三年私聊课，18岁离开学校时，依旧是一名毫无目标的青年。随后的一年，他漫无目的地辗转于多份工作。终于，他决定成为一个农场主。我听到的所有反馈都是他做得很好，并且对工作充满热情。

私聊课实际上是一种再教育。它的目标是消除所有由道德和恐惧产生的心结。

像夏山这样以自由教育为理念的学校，即使没有私聊课，依旧可以有好的教育效果。它是推进再教育的催化剂，仿佛春的洗礼，迎来夏的自由。

自治

夏山是一所自治的学校，在形式上是民主的。所有与社交或群体生活相关的事务，包括对违规行为的惩罚，都通过每周六晚的学校大会投票解决。

不论年龄大小，每位教职工和每个孩子，都有一票。我的票和 7 岁孩子的票具有同样的分量。

人们可能会笑着说："但你的发言更有价值，不是吗？"好吧，让我们来看看下面的例子。有一次我在会议上提议，不允许 16 岁以下的孩子抽烟。我论证了我的观点：烟草是一种毒品，孩子们并不是真的有烟瘾，而通常只是试图表现得成熟。会上有人提出反驳意见，然后就进行了投票，我以大比例反对票数败北。

接下来发生的事情值得记录下来。在我失败之后，一位 16 岁的男孩提议不允许 12 岁以下的孩子抽烟。他的提议获得通过。然而，在接下来那周的学校大会上，一位 12 岁的男孩提议废除这条新的禁烟规定，他说："我们都在厕所里偷偷抽烟，就像在严格学校里的孩子们那样，我认为这违背了夏山的整体理念。"他的发言赢得了欢呼声，那次会议废除了这条规定。我希望我已经说明白了，我的声音并不总是比孩子的更有力量。

有一次，我强烈地批评了不遵守就寝时间规定的问题：不仅晚上很吵闹，而且第二天早上很多孩子昏昏沉沉的。我提议违规者应该被罚款，每次违规就罚光他所有的零花钱。一位 14 岁的男孩提出，每个在就寝时间到了仍然不睡的人，应该每小时得到一便士的奖励。我得到了一些票数，但他赢得了大多数的支持。

夏山的自治没有官僚主义。每次会议都有不同的主席，由前任主席任命，而秘书的工作是自愿的。查寝员很少能担任超过几周的。

我们的自治会制定了很多好的校规。例如，禁止在没有救生员监督的情况下去海里游泳，救生员通常是我们的教职工。禁止攀爬屋顶；必须遵守就寝时间，否则会被罚款。关于是否在节假日前的周四或周五不上课，需要在学校大会上通过举手来表决。

会议成功与否在很大程度上取决于主席是弱势还是强硬，因为要维持有40多个精力充沛的孩子在场的会议秩序并非易事。主席有权对吵闹的孩子进行罚款。在一个弱势主席的领导下，罚款往往会发生得较为频繁。

教职工当然也会参与讨论。我也会参与，尽管在许多情况下我必须保持中立。实际上，我曾见过一个被控违规的男孩因为拥有完美的不在场证明而逃脱制裁，尽管他私下里向我坦白了他的违规行为。在这种情况下，我必须始终站在个人的一边。

当然，就像其他人一样，我也可以就任何问题投票或提出我自己的提案。这里有一个典型的例子。我曾提出一个问题，即是否应该在休息室里踢足球。休息室就在我的办公室下面，我解释说我不喜欢在工作时听到踢球的嘈杂声。我提议禁止在室内踢足球。我的提议得到一些女孩、一些高年级男孩以及大多数教职工的支持，但并未通过，这意味着我不得不继续忍受我办公室下面嘈杂的踢球声。最终，经过几次会议上的公开争论，我提出的在休息室里禁止踢足球的议案以多数票通过了。这就是少数派在我们学校的民主制度中获得权利的常见方式，他们不断地要求这些权利。这一点不仅适用于孩子，而且对成年人也有效。

另一方面，学校生活中有些事情不属于自治的范畴。我的妻子负责安排卧室、确定菜单、支付账单。我负责任命教师，并在我认为他们不能胜任工作时请他们离开。

夏山自治的功能不仅仅是制定校规，还包括讨论校园活动内容。每学期开始时，就寝时间的规则通过投票确定。你的就寝时间根据你的年龄而定。然后是一般行为规范。需要选举体育委员会、学期末舞蹈委员会、戏剧委员会、查寝员和小镇巡查官，后者负责报告夏山学生在学校外的不体面行为。

最激动人心的议题往往是关于食物的。我不止一次地通过提议取消第二次添菜来唤醒沉闷的会议。任何的偏食行为都会受到严厉处理。但当食堂提出食物浪费的问题时，大家通常不太感兴趣。孩子们对食物的态度本质上是以自我为中心的。

在学校大会中，我们避免进行任何学术性的讨论。孩子们非常务实，对理论感到厌烦。他们更喜欢具体的事物，而非抽象概念。有一次，我提议制定禁止说脏话的校规，并给出了我的理由。一天，我带着一位女士和她的儿子参观学校，他是一名潜在的新生。突然，楼上传来了一句脏话。那位母亲立刻把她的儿子带走了。我在会议上问道："为什么我的收入要因为某人在潜在新生的家长面前说脏话而受损？这不是道德问题，完全是经济问题。你们说脏话，我就失去一个学生。"

一个14岁的男孩回答了我的问题。"尼尔说的都是废话，"他说，"很明显，如果这位女士感到震惊，说明她根本不信任夏山。即使她把她的孩子送过来，一旦她的孩子回家说'该死'或'见鬼'，她肯定会把他从这里带走。"大会支持了他的看法，我的提案也因此被否决了。

学校大会经常需要处理霸凌问题。我们对霸凌者持严厉态度，我注意到校委会的反霸凌规则已张贴在公告板上，上面明确标出："所有霸凌行为将受到严厉处罚。"然而，霸凌现象在夏山并不像在一般学校中那么普遍，原因也不难找到。在成年人的纪律约束下,孩子会变成充满怨恨的人。孩子一旦表达出对成年人的怨恨,就会受到惩罚,因此他们通常会将这种情绪发泄在更小或更弱的孩子身上。但在夏山,这种情况很少发生。通常情况下,对霸凌指控的调查结果只是珍妮称佩吉为"疯子"。

有时,学校大会也会讨论偷窃事件。偷窃从不受到惩罚,但东西是一定要进行赔偿的。孩子们经常会来找我说:"约翰从大卫那里偷了一些硬币。这是一个需要心理治疗的情况,还是我们应该提出来讨论一下?"

如果我认为这是需要个别关注的心理问题,我会告诉他们让我来处理。如果约翰是一个快乐、正常的孩子,而且偷的东西无关紧要,我会允许把这事拿到学校大会上讨论。最糟糕的结果是他的零花钱会被扣除,直到债务还清为止。

学校大会是如何进行的?每学期开始时,都会选举一名主席,任期是一次会议。会议结束时,他会指定他的继任者。整个学期都遵循这一原则。任何有不满、建议或者新提案的人都可以提出来。

这里有一个典型的例子:吉姆拿走了杰克的自行车脚踏板,因为他自己的脚踏板坏了,而他又想和其他几个男孩一起去周末旅行。由于证据充分,会议的决定是吉姆必须把脚踏板换回去,并且不准参加周末旅行。

主席问:"有异议吗?"

吉姆站起来大声说好极了!只是他用的形容词"好"显然是相反的意思。他喊道:"这不公平!我不知道杰克还要用他那辆破旧的自行车。它已经被放在灌木丛中好多天了。我不介意把脚踏板换回去,但我认为这个惩罚不公平。我不认为我应该被排除在旅行之外。"

接下来的讨论十分热烈,在辩论中,大家发现吉姆通常每周都会从家里得到一笔零用钱,但他近期已经六周没有收到零用钱了,他现在身无分文。会议投票决定撤销对他的处罚,新的决议也的确得到了执行。

但吉姆的自行车该怎么办呢?最后大家决定设立一个募捐箱来筹款修理吉姆的自行车。同学们凑钱给他买了新的脚踏板,他高兴地出发去旅行了。

通常,学校大会的裁决会被当事人接受。然而,如果裁决不被接受,被告可以提出上诉,在这种情况下,主席将在会议的最后再次提出这个问题。在这种上诉中,案件会被更加谨慎地考虑,大会通常会考虑被告方的不满而对原判决进行调和。孩子们意识到,如果被告觉得他被不公平地审判,那么他很可能确实是被不公正对待了。

在夏山,任何犯错的人都没有表现出对校委会权威的抗拒或憎恨。当受到惩罚时,我总是对他们的顺从态度感到惊讶。

有一个学期,四个年龄最大的男孩在学校大会上被指控做了违反校规的事情——售卖他们衣柜里的各种物品。禁止这种做法的校规是基于这样的考虑:这种做法对购买衣服的父母不公平,对学校也不公平,因为当孩子们回家时少了某些衣物,父母会因为学校的疏忽而责备学校。这四个男孩被处以待在校园里四天不得外出和每晚8点必须上床睡觉的惩罚。他们毫无怨言地接受了这一判决。周一晚上,当每个人都去镇上看电影时,我发现迪克——四人之中的一个男孩——正躺在床上看书。

"你真是个笨蛋,"我说,"大家都去看电影了,你为什么不赶紧起来?"

"别搞笑了。"他说。

夏山学生这种对民主的忠诚态度令人惊叹。其中没有恐惧,也没有怨恨。我见过一个男孩因为某种损害集体利益的行为而经历了漫长的审判,直到最终做出判决。常常是刚刚被惩罚的男孩会在下次会议中被选为主席。

孩子们的正义感总是让我感到惊奇,他们的管理能力也很强。自治的教育价值不可估量。

某些类型的违规行为有其相应的罚款规则。如果你未经许可骑了别人的自行车,将被自动罚款6便士。在镇上说脏话(但你可以在校园内随意说脏话)、在电影院里捣乱、爬上屋顶、在餐厅里扔食物——这些以及其他违反规定的行为都会被自动处以罚款。

惩罚几乎总是罚款:交出一周的零用钱或没收一次电影票。

人们经常反对让孩子担任法官,认为他们惩罚得过于严厉。我发现事实并非如此。相反,他们非常宽容。在夏山,从来没有出现过严厉的判决,而且,惩罚总是与做的错事有关联。

三个小女孩打扰了其他人的睡眠。惩罚是,她们必须每晚提前一小时上床,为期一周。两个男孩被指控向其他男孩扔土块。惩罚是,他们必须搬运土块,使曲棍球场变平整。

主席常常会说,"这件事情太荒唐了,让人无话可说",并决定什么都不做。

当我们的大会秘书因未经许可骑了金杰的自行车而被审判时,他和另外两名也骑过这辆自行车的教职工被命令在前院草坪上轮流推着自行车跑十圈。

四个小男孩爬了正在建造新工作坊的建筑工人的梯子，他们被命令连续爬上爬下那个梯子10分钟。

大会从不寻求成年人的建议。嗯，我记得只有一次例外。三个女孩闯入了厨房的食品储藏室。大会决定扣除她们的零用钱。那天晚上她们又闯入了厨房，大会决定惩罚她们不能看电影。她们再次闯入，这次大会不知道该如何判决了。主席咨询了我。"给她们每人两便士的奖励。"我建议。"什么？为什么，伙计，如果你那样做，全校的人都会闯入厨房的。""不会的，"我说，"试试看吧。"

他果然试着这样做了。其中两个女孩拒绝拿钱，三个女孩都宣称她们再也不会闯入食品储藏室了。她们确实没有再闯入——坚持了大约两个月的时间。

大会上装腔作势的行为很少见。与会者反对任何装腔作势的表现。一个11岁的男孩，是个典型的"显眼包"，常常站起来通过发表冗长且无关紧要的评论来吸引注意力。至少他试图这样做，但大会上的其他人大声喝止了他。孩子对虚伪有着敏锐的嗅觉。

在夏山，我相信我们已经证明了自治的有效性。实际上，不实行自治的学校不应被称为"进步学校"，它只是一个折中的学校。除非孩子们能完全自由地管理自己的社交生活，否则他们无法享有真正的自由。有老板存在，就没有真正的自由。就这一点来说，一个仁慈的老板比一个严厉的老板更糟糕。有主见的孩子可以反抗严厉的老板，但过于仁慈的老板只会让孩子们变得软弱无力，对自己的真实感受感到迷茫。

在学校中，良好的自治必须依靠一些不爱闹腾的年龄大的学生来实现，他们可以对抗那些处于叛逆年龄段的孩子的冷漠或反对态度。尽管这些年龄大的孩子经常在投票中落败，但他们才是真正相信并渴望自治的人。另一方面，12岁以下的孩子尚不能独立良好地进行自治，因为他们还未进入社交成熟阶段。然而在夏山，即便是7岁的孩子，也很少缺席学校大会。

有一年春天，我们遭遇了一连串的不幸事件。一些关心学校的高年级学生在通过大学入学考试后离开了夏山，导致学校里剩下的高年级学生寥寥无几。大部分学生正处于叛逆期。尽管他们在言辞上表现出社交能力，但他们还未成熟到能够妥善地管理学校自治事务。他们制定了很多规则，但随后就忘得一干二净，甚至公然违反。碰巧，留下来的少数高年级学生都倾向于个人主义，更愿意在自己的小圈子里生活，结果处理违反校规行为的就只有教职工了。因此，在学校大会上，我不得不对高年级学生提出严厉批评，他们虽然并没有损害集体利益，但是缺乏社会参与感、违反就寝时间规定、对低年级学生损害集体利益的行为漠不关心。

坦白讲，年幼的孩子对组织仅有些许兴趣。若让他们自主决定，我认为他们不会主动建立组织。他们的价值观和行为准则与成年人的不同。

对孩子严加管束是成年人确保自己生活安宁的最便捷手段。任何一个成年人都能做严厉的教官。至于还有没有更好的确保生活宁静的替代方法，我并不清楚。夏山的种种探索显然不能让我们这些成年人过上安宁日子，但另一方面，这也并未让孩子们的生活过于喧闹。或许快乐才是最终的衡量标准。依此标准来看，夏山在自我管理方面找到了极佳的平衡点。

我们关于禁止使用危险武器的规定也是一种妥协。气枪被禁止使用。少数希望在学校携带气枪的男生反感这项规定，但总的来说，他们还是遵从了这一规定。当成为少数派时，孩子们的情感反应似乎不如成年人那般激烈。

在夏山，存在一个始终难以解决的问题，这或许可被视为个体与集体之间的矛盾。当一群小女孩在一个问题女孩的带领下向他人泼水、影响他人睡觉、持续制造麻烦时，师生们都会感到恼火。简，作为"领导者"，在学校大会上遭到指责。与会者强烈地指责她将自由滥用为纵容。

一位来访的心理学家对我说："这全都不对。这个女孩看起来很不快乐，她似乎从未得到过爱。所有的公开批评只会让她感到前所未有的孤独。她需要的是关爱，而不是对立。"

"我亲爱的朋友，"我回答道，"我们已经尽力用爱去感化她了。连续几周，无论她做出了什么损害集体利益的行为，我们都给予她奖励。我们已经向她表达了关爱和宽容，但她毫无反应。相反，她把我们当作傻瓜和轻易就能攻击的目标。我们不可能为了一个人而牺牲整个集体。"

我并不知道完美的答案是什么。我明白当简 15 岁时，她会变成一个善于社交的女孩，而不再是帮派头目。我寄希望于公众舆论的力量，没有哪个孩子喜欢一直被厌恶和批评。至于学校大会上与会者的谴责，我并不认为有什么不妥，毕竟我们不能为了一个问题学生而牺牲其他学生。

曾经，我们这里有一个 6 岁的男孩，在来夏山之前，他生活得很不幸。他暴力、好斗、极具破坏性且满怀恨意。四五岁的孩子因被他欺负而哭泣，校委会必须采取措施保护他们，同时，也必须对欺凌者采取行动。一对父母的错误不能让其他孩子受到伤害，尤其是那些得到父母的爱和关怀的孩子。

我不得不将这个6岁男孩送走，因为他的行为让其他孩子觉得学校就像地狱一样。虽然这是极少数情况，但我感到非常遗憾，有一种挫败感，可我别无他法。

在这些漫长的岁月里，我是否改变了对自治的看法？总的来说，没有。我无法想象没有自治的夏山是什么样子。它一直很受欢迎，也是我们向访客展示的重点。不过，这种自治也会遇到一些尴尬的时刻。例如，在一次会议上，一个14岁的女孩低声对我说，她想提出关于卫生棉条导致厕所堵塞的问题，但看到这些访客后犹豫了。我建议她忽略这些访客，提出这个问题，她确实这么做了。

学生自治是公民意识教育的实践，其价值怎么强调都不为过。在夏山，学生们会为了他们的自治权而斗争到底。在我看来，每周一次的学校大会比一周的学校课程更有价值，它是极好的公共演讲的练习场所。大多数孩子都能流利自然地发言，我经常听到那些既不会读也不会写的孩子发表充满智慧的演讲。

我认为没有什么更好的管理模式能够替代我们夏山的民主自治模式。它可能是一种比政治民主更公平的民主，因为孩子们彼此相当宽容，也几乎没有既得利益可言。此外，它是一种更真实的民主，因为校规是在公开会议上制定的，民选代表不可控之类的问题并不存在。

毕竟，自由的孩子获得的广阔视野使自治变得很重要。他们制定的校规涉及的是实质，而不是表象。为了约束孩子而制定的小镇行为规范是对不那么自由的外部世界的妥协。"小镇"——外部世界——总喜欢浪费宝贵的精力在一些微不足道的琐事上，就好像穿着考究的人随口说出"见鬼去吧"之类的粗话这种事真的很重要似的。通过摆脱生活的外在虚无，夏山确实拥有并展示了一种超前于时代的集体精神。的确，在这里，我们可能会直截了当地称铁锹为"该死的铲子"，但任何挖沟的人都会如实告诉你，铁锹确实就是"该死的铲子"。

男女同校

在大多数学校里，都有一个明确的将男孩和女孩分开的规定，尤其是在宿舍区。恋爱并不被鼓励。在夏山，恋爱关系同样不被鼓励，但它也不被禁止。

在夏山，孩子们享有很大的自由。男女之间的关系非常健康。他们共同成长，不会对彼此抱有不切实际的幻想或误解。这并不是说夏山只是一个简单的大家庭，所有的男孩和女孩都是彼此的兄弟姐妹。如果情况真是如此，我可能会立刻转变为一个坚定的男女同校教育的反对者。在真正的男女同校教育下——不是那种男孩和女孩坐在同一个教室上课，但日常生活和就寝在不同房子里的教育——羞耻感和好奇心几乎被消除了。夏山没有偷窥者。与其他学校相比，学生们在性方面的焦虑感要低很多。

时不时地，来到学校访问的成年人会问："他们不是都在一个地方睡觉的吗？"当我回答说他们不是时，来访者就会说："为什么不呢？在他们那个年纪，我会玩得非常开心！"

正是这类人认为，如果男孩和女孩一起接受教育，他们必然会在性方面放纵自己。当然，这类人不会承认这个想法是他们反对男女同校的根本原因。相反，他们会用其他的说辞来使自己的观点合理化，比如男孩和女孩的学习能力有差异，因此不应该一起上课。

学校应该是男女同校的，因为生活中本就是有男有女的。但是，由于存在怀孕的风险，许多父母和教师都对男女同校有所顾虑。的确，我听说不少男女同校的校长因为担心这种可能性而夜不能寐。

受特定教育的男孩和女孩常常缺乏爱的能力。这对那些害怕出现两性问题的人来说可能是个安慰，但对大多数年轻人来说，无法去爱是一桩巨大的人类悲剧。

当我问一些来自著名私立学校的男女同校生，他们的校园内是否有人谈恋爱时，答案是没有。当我表示惊讶时，我被告知，"我们有时会有男孩和女孩之间的友谊，但它永远不会是恋爱关系"。我在那样的校园里看到了一些英俊的小伙子和一些漂亮的女孩，我知道学校正在向学生强加一种反对恋爱的观念，那种道德高尚的氛围压抑了对于异性的爱慕。

我曾经问过一所进步学校的校长："你们学校有谈恋爱的学生吗？"

"没有，"他严肃地回答，"但我们从不接收有问题的孩子。"

反对男女同校的人可能会说，这种制度使男孩变得女性化，女孩变得男性化。但深层次的原因是道德上的恐惧，准确来说是带有嫉妒的恐惧。被爱滋润的两性关系是世界上最大的快乐，它之所以被压抑，正因为它是最大的快乐，其他的反对理由都只是借口。

我不担心在夏山长大的大孩子会沉溺于性放纵，因为我知道我面对的不是那些被压抑而产生了不正常性兴趣的孩子。

几年前，我们有两个同时转学过来的新生，一个是来自私立男校的17岁男孩，另一个是来自私立女校的16岁女孩。他们谈恋爱了，总是在一起。一天深夜，我遇到了他们，我拦住他们说："我不知道你们两个在做什么，在道德上我不在乎，因为这根本不是一个道德问题，但从经济上来看我很在乎。如果凯特怀孕了，我的学校就毁了。"

我继续说道："你们刚来夏山，对你们来说这意味着你们有了可以做自己喜欢的事情的自由。不过，你们对学校还没有特别的感情。如果你们从7岁起就在这里，我就不必提及这件事了。你们会对夏山有无比深厚的感情，所以会考虑自己的行为可能给它带来的后果。"这是处理这个问题唯一合适的方式。幸运的是，我后来再也不必就这个话题找他们谈话了。

工作

在夏山，我们曾经有过一条校规，规定每个12岁以上的孩子以及教职工每个星期都必须在校园里劳动两个小时。薪水只是象征性的，每小时5美分。如果你不劳动，将会被罚款10美分。只有包括老师在内的少数人愿意交罚款，那些干活的人，大多数也只会盯着时间。劳动的过程没有一点快乐，所以每个人都觉得很无聊。于是，这条校规被申请重新审查，孩子们几乎全票同意把它废除了。

几年前，夏山需要增添一间医务室，我们决定自己用砖头和水泥来建造。我们当中没有人曾经砌过砖，但我们就这样开始了。几个学生帮我们挖了地基，推倒了旧墙以获取砖块。但是当孩子们要求我们支付报酬时，我们拒绝了。最后，医务室是由老师和访客共同建造完成的。对孩子来说，这份工作太无趣了，而且他们暂时对医务室没有需求。建造医务室并没有为他们带来什么实际利益。但是不久后，当孩子们需要一个自行车棚时，他们完全靠自己，在没有教职工帮助的情况下就建造了一个。

我这里说的是孩子们真实的样子，而不是成年人认为他们应该成为的样子。他们的集体意识——他们的社会责任感——要到18岁甚至更大些才能发展起来。他们的兴趣是即时的，未来对他们来说并不存在。

我从未见过一个懒惰的孩子。所谓的懒惰，要么是缺乏兴趣，要么就是不够健康。一个健康的孩子是不会让自己闲着的，他必须整天做点什么才行。有一次，我认识了一个很健康但被评价为很懒惰的孩子。他对数学没有一点兴趣，但因为学校有这门课程，所以不得不学。他当然不会自觉学习数学，于是数学老师就认为他很懒惰。

我最近读到这样的文章，说如果一对夫妇晚上约会时跳了几乎所有种类的舞蹈，那么相当于他们走了大约25英里。然而，由于他们整晚都沉浸在乐趣中——假设他们的舞步协调——他们很少或不会感到疲劳。孩子也是如此。在课堂上看起来懒惰的男孩在踢足球时会跑上数英里。

我发现我几乎不可能让一个17岁的年轻人心甘情愿地帮我种土豆或者挖洋葱，但他们会花好几个小时改装发动机、洗车，或者组装收音机。我花了好长时间来接受这个事实。直到有一天，我帮弟弟打理他位于苏格兰的花园时，才开始领悟其中的道理。我一点都不喜欢做这件事情，问题就在于这个花园对我来说没有什么意义。我的花园对男孩们来说也没有意义，相比之下，他们的自行车和收音机却更为重要。他们要在很久以后才会表现出真正的利他主义，而且始终不会失去利己的部分。

小一点的孩子对待劳动的态度和青少年完全不同。夏山3到8岁的儿童会像特洛伊人一样工作，他们会和水泥、运沙子或者清洗砖块，而且不求回报。因为这让他们觉得自己和成年人一样能干，就像美梦成真了。

然而，对于大多数孩子来说，从八九岁开始到十九二十岁，他们都不再想从事乏味的体力劳动了。只有个别孩子，从小到大都一直喜欢当一个劳动者。

事实上，我们都太早地使唤孩子干活了。"马里恩，把这封信投到邮筒里去寄了。"任何孩子都讨厌被使唤。大多数小孩能懵懂地意识到他们的父母照顾着他们的衣食住行，而自己并没有做出任何回报。一方面，他们认为得到这种照顾是天经地义的；但另一方面，他们也意识到自己不得不像别人希望的那样，有义务去干数不清的、令人厌恶的、连父母自己都回避的琐事和家务。

我曾经读过一篇文章，说美国有一所孩子们自己建造的学校。

我以前认为这是最理想的方式，但事实上并不是。一旦由孩子们来建造学校，肯定会有一位有风度的、和蔼可亲的绅士站在旁边，精神抖擞地喊着鼓励的话语。当这样的权威不在场时，孩子根本就不会自己建造学校。

我的个人观点是，一个理智的文明社会不会让未满18岁的孩子工作。大多数男孩和女孩在他们18岁前会做很多事，但这些事对他们来说是种消遣，而在父母看来很有可能是不划算的。我对学生必须做大量功课来准备考试感到沮丧。据我所知，在二战前的布达佩斯，将近百分之五十的孩子在高考之后，身体或心理陷入了崩溃。

我们夏山毕业的学生，总是能获得勤奋负责的评价，因为这些男孩女孩在夏山时就已经走出以自我为中心的幻想阶段。他们作为初入社会的年轻人，能够面对现实生活，不会无意识地一味追寻童年的乐趣。

玩耍

夏山可以称得上是一所以玩耍为头等大事的学校。不知道为什么，孩子和小猫都喜欢玩耍，我相信这和精力有关。

我认为的玩耍不是在运动场上的竞技或是有组织的游戏，而是富有想象力的玩耍。有组织的比赛需要技术、竞争和团队合作，但孩子们的玩耍通常不需要技术，很少竞争，也几乎不需要团队合作。年幼的孩子会用玩具刀枪来玩帮派游戏。在电影时代到来以前，孩子们就在玩帮派游戏了，故事和电影会为某些类型的游戏带来一些启发，但是游戏的基本要素早就深入所有孩子的内心了。

在夏山，6岁的孩子一整天都在玩耍，他们的玩耍充满想象力。对于小孩子来说，现实世界和幻想世界非常接近。当一个10岁的男孩把自己打扮成一个幽灵，孩子们会开心地尖叫，他们知道那是汤姆假扮的，也亲眼看到他披上了床单。但当汤姆走向他们时，他们还是会吓得一起尖叫。

小孩子总是活在幻想世界里，并将幻想转化为行动。8到14岁的男孩会扮演黑帮分子、互相打闹或者玩木制飞机。女孩子也会玩帮派游戏，但不是用玩具刀枪，她们的游戏更加个人化。男孩们只在扮演"敌人"时才会有敌对团伙，所以男孩比女孩更容易相处。

我没能发现孩子幻想的界限在哪里。当一个女孩用小盘子给洋娃娃喂饭时，她真的相信洋娃娃是活的吗？摇摇马是真的马吗？当一个男孩子大喊"不许动"，然后开火的时候，他觉得自己的枪是一把真枪吗？我倾向于认为，孩子们相信他们的玩具是真的，只有当一些缺乏想象力的成年人打断并提醒他们时，他们才会从幻想中扑通一声掉落回现实。有同情心的父母不会打破孩子的幻想。

男孩一般不会和女孩一起玩。男孩喜欢扮演黑帮分子、玩捉迷藏，他们在树上建树屋，在地上打洞、挖沟。

女孩们很少组织游戏。对自由成长的孩子来说，扮演老师或医生的传统游戏并没有什么吸引力，因为他们没有模仿权威的需求。小一点的女孩喜欢玩洋娃娃，但年长一些的女孩更喜欢和成年人在一起交流，而不是和物品互动。

夏山的孩子经常一起玩曲棍球，也喜欢一起玩卡牌和很多其他室内游戏。

孩子们喜欢吵吵闹闹和玩泥巴，他们在楼梯上打闹，粗鲁地大喊大叫，他们根本不在意家具，如果玩抓人游戏，他们很有可能从面前的波特兰花瓶上踩过去，他们甚至可能根本没看见它。

妈妈们通常没有足够的时间陪宝宝玩。她们好像觉得在摇篮里放一只柔软的泰迪熊玩具就可以打发宝宝一两个小时，忘记了宝宝其实需要的是爱抚和拥抱。

我们承认童年是孩子玩耍的时光，但在生活中我们通常对此是如何反应的呢？我们会忽视它，忘记关于玩耍的一切，因为玩耍对我们来说就是浪费时间。因此，我们会建造一所拥有众多房间和昂贵教具的大型城市学校进行教学，但是往往我们提供给孩子用来释放天性的全部玩耍空间，仅仅是一小块水泥空地。

可以说，文明的许多问题实际上源于孩子在成长过程中从未有过足够的玩耍时间。换句话说，每个孩子在真正成年之前就已经被催促着成长为一个大人。

成年人对待玩耍的态度是非常专横的，我们通常会这样安排孩子的日程表：从早上 9 点开始上课直到中午 12 点，然后中午吃饭休息一小时，再上课到下午 3 点。如果让一个自由的孩子来制定日程表，他一定会安排更多的时间来玩耍，而安排较少的时间在课程上。

成年人反对孩子玩耍的根源是恐惧，我曾无数次听到过这样焦急的询问："如果我的儿子整天玩耍，他怎么能学到东西？怎么通过考试？"很少有家长能接受我的回答。"如果你的孩子玩得足够多,那他用两年密集的学习时间就能通过大学入学考试,而不是在一所克扣娱乐时间的学校,按部就班地花上5到7年的时间。"

但是我通常会补充一句:"当然,前提是他真想要通过考试!"他可能想要成为一名芭蕾舞演员、一名无线电工程师,而她则可能想成为服装设计师或者儿科护士。确实,对孩子未来的担忧导致成年人剥夺了孩子玩耍的权利。然而,这背后还有更深层的原因。在反对玩耍的观念中,隐含着一种模糊的道德理念,即认为做孩子并不是一件好事,这种观点在对年轻人的规劝中得到了体现:"不要表现得像个孩子。"

那些忘记了童年渴望、忘记了如何玩耍和如何幻想的父母,往往不是称职的父母。当一个孩子失去了玩耍的能力,他便失去了应有的活力,并且对任何与他接触的孩子都可能带来负面影响。

来自以色列的几位老师曾经为我介绍过他们那儿非常出色的学习中心。他们的学校是社区的一部分,最主要的任务是进行劳动。有位老师告诉我,一个10岁的孩子,会因为被惩罚不能在菜园挖土豆而伤心哭泣。如果在我们夏山,10岁的孩子因为不能去挖土豆而哭泣,我会怀疑他是不是有精神上的缺陷。童年就应该是玩耍的时光,任何一种教育体系如果无视这个事实,那他们的教育方式就是错误的。对我来说,以色列的模式是牺牲年轻人来满足经济需求,这或许是必要的,但我不会认为这种教育方式是最理想的。

我们想知道没有尽情玩耍对孩子产生伤害的程度,但这很难评判,因为这也是最困难的事情。我常常想,那些观看专业足球赛的人会不会把自己想象成球员以满足他们对玩耍的渴望,看比赛只不过是玩耍的替代品。大多数夏山的毕业生不会沉迷于足球比赛，也不会对华丽的盛典感兴趣，他们中很少有人会走很远的路去观看一次皇家阅兵式。盛典本来就有着童真的成分，它的色彩、形式和慢动作都有点像玩具乐园和装扮过的洋娃娃。这大概就是女人一般比男人更喜欢盛典的原因。随着年龄增长和老于世故，人们对盛典渐渐失去兴趣。我认为，出席国家盛典的将军、政治家和外交官除了无聊也不会有别的感受了。

这里有一些证据表明，自由成长并尽可能多地玩耍的孩子往往不会变得随大流。在夏山生活过的学生中，几乎不会有人盲目地跟在别人后面起哄。

戏剧

冬天，夏山的周日夜晚是戏剧之夜。这些戏剧总是有很多观众来看。我已经连续 6 个周日晚上看到了完整的戏剧节目。然而，在一波戏剧热潮之后，接下来几周可能都不会有演出。

观众不太挑剔，比大多数伦敦观众的表现要好得多。我们很少听到"嘘"声、跺脚声或口哨声。

夏山剧院由壁球场改建而成，约可容纳 100 人。剧院有一个可移动的舞台，由可以堆积成台阶和平台的方箱组成。精心设计的调光装置和聚光灯使剧院的照明环境看起来相当不错。剧院没有舞台布景，只有一个灰色的幕布。当旁白说"村民们穿过树篱进入村庄"时，演员们就把幕布拉开了。

学校的传统是只表演夏山创作的剧本。有一个不成文的规矩是，只有在孩子们的剧本不足时，才会表演老师编写的剧本。演员们自己制作服装，而且通常做得非常好。我们的戏剧倾向喜剧和名剧，很少有悲剧，但是当孩子们真的演一出悲剧时，他们也能演得很好，有时甚至可以说是非常出色。

女生比男生更喜欢写剧本。男孩常常自编自演自己的戏剧，但通常不会把台词写出来。其实也没必要，因为每个角色的主要台词总是"举起手来！""开枪啦！"之类的。在这些戏剧中，幕布总是在一堆"尸体"上落下，因为男孩天性决绝且毫不妥协。

达芙妮，一个13岁的女孩，曾经给我们表演过夏洛克·福尔摩斯的戏剧。我记得有个剧情讲的是：一名警察带着中士的妻子私奔，在福尔摩斯——当然还有"我亲爱的华生"——的帮助下，中士追踪到警察家。他们眼前出现了一幕惊人的场景：穿着晚礼服的警察躺在沙发上，搂着中士不忠的妻子，而一群醉生梦死的女人在房间中央跳着妖娆的舞蹈。达芙妮总是在她的戏剧中融入上流社会的生活场景。

14岁左右的女孩有时会写诗剧，而且往往写得很好。当然，并不是所有的老师和孩子都写剧本。

夏山对抄袭持有强烈的反感态度。有一次，一个剧本临时从节目单中取消，我不得不匆忙写一个作为临时替代，我根据W. W. 雅各布斯的某个故事主题进行了创作。这引起了他们的强烈抗议，高呼我是"抄袭者！骗子！"

夏山的孩子不喜欢戏剧化的故事。他们也不想要其他学校常见的那些高雅的东西。我们这帮人从不表演莎士比亚，但有时我也会写莎士比亚风格的短剧，比如以美国黑帮为背景的恺撒大帝的故事，这是一个莎士比亚式对白和侦探故事的混合体。

玛丽扮演埃及艳后时，在舞台上刺杀了所有人，引得全场爆笑；然后，她看着刀刃，大声念出台词"不锈钢的"，并将刀刺入自己的胸膛。

学生们的表演水平很高，在夏山的学生中，没有所谓的"舞台恐惧症"这种事。孩子们的样子令人高兴，他们以全部的真诚演活了自己的角色。女孩比男孩更喜欢演戏。的确，10岁以下的男孩很少表演，除非在他们自己的黑帮剧作里，有些孩子从来没有表演的机会，也没有表演的欲望。

我们根据长期积累的经验发现，最糟糕的演员就是那些在生活中表演的人。这样的孩子永远无法摆脱自我，在舞台上自我意识很强，刻意表现自己。也许"自我意识"这个词并不恰当，因为这里想表示的是意识到别人在注意你。

表演是教育的一个必要部分。这在很大程度上是一种自我展示，但在夏山，当表演仅仅变成一种出风头时，演员就不会受到赞赏。

作为一名演员，必须具备强大的将自己与他人身份融合的能力。对于成年人来说，这种身份融合从来都不是无意识的，成年人知道他们在进行角色扮演。但我对小孩子是否真的知道这一点表示怀疑。通常情况下，当一个孩子上台，提词员提示"你是谁"时，他不会回答"我是修道院的鬼魂"，而是会直接回答，"我是彼得"。

在为最小的孩子编写的一幕剧中，有一个用餐场景，桌上摆的是真正的食物。这一场景结束之后孩子们继续大吃特吃，完全不理会观众。提词员花了不少时间和精力才让演员们转到下一个场景，继续表演下去。

表演是获得自信的一种方法。然而一些从未表演过的孩子告诉我，他们讨厌演出，因为他们感到自己低人一等。这是一个我还没有找到解决办法的难题。这样的孩子通常会在其他方面找到自己的优势。难办的情况是，有些女孩热爱表演但演技不佳。在这种情况下，夏山学生的良好素养就体现出来了，这样的女孩很少会被排除在演员阵容之外。

十三四岁的孩子通常不愿意扮演涉及爱情的角色，而年纪更小的孩子则愿意轻松愉快地扮演任何角色。对于15岁以上的高年级学生来说，如果爱情戏是喜剧性质的，他们则愿意尝试。但是，愿意扮演严肃爱情角色的高年级学生寥寥无几。爱情角色往往需要演员真正体验过爱情，才能演绎得生动感人。有趣的是，那些在现实生活中未曾经历过悲伤的孩子，在演绎悲伤角色时却能表现得非常出色。我曾目睹弗吉尼亚在排练时因扮演悲伤角色而情绪崩溃，泪流满面。这或许是因为每个孩子都在想象中经历过悲伤。实际上，"死亡"这个概念很早就已经潜入了孩子们的幻想之中。

儿童戏剧应该符合儿童的认知水平，让孩子去表演远离他们真实生活的古典戏剧是不对的。他们的戏剧，就像他们的阅读书目一样，应该适合他们的年龄。夏山的孩子们很少读司各特、狄更斯或萨克雷的书，因为今天的孩子们属于电影时代。当一个孩子去看电影时，他会在一小时十五分钟内看到一个和《西行记》一样长的故事——一个他要花几天时间才能读完的故事、一个没有任何无聊人物和风景描述的故事。所以在孩子们的戏剧中,他们不想要一个发生在埃尔西诺城堡[1]的故事,他们想要一个关于他们自己生活环境的故事。

尽管夏山的孩子们通常表演的是自己编写的戏剧,但当有机会接触真正优秀的戏剧作品时,他们仍然会充满热情地给出反应。有一年冬天,我每周都会给高年级学生朗读一部戏剧。我朗读了巴里、易卜生、斯特林堡、契诃夫的全部作品,以及萧伯纳和高尔斯华绥的部分作品,还有一些现代戏剧,比如《银线》(*The Silver Cord*)和《旋涡》(*The Vortex*)。我们最出色的演员尤其喜欢易卜生的作品。

高年级学生对舞台技术感兴趣,并对其持有独到的见解。在剧本创作中有一个传统技巧,那就是永远不允许一个角色在没有借口的情况下离开舞台。剧作家想要父亲离开舞台,以便妻子和女儿可以相互诉说他是多么愚蠢时,老父亲就会自然地站起来,说:"嗯,我还是去看看园丁有没有种那些卷心菜吧。"然后慢慢走出去。我们年轻的夏山剧作家们则有更直接的技术。正如一个女孩对我说:"在现实生活中,你离开房间时不会说为什么要离开。"你在现实中的确会这样做,孩子们在夏山的舞台上就是这样做的。

夏山专注于我们称之为"即兴表演"的戏剧艺术分支。我们设定的表演任务包括:穿上想象中的外套,再脱掉外套并挂在衣钩上;捧起一束花并找出其中带刺的蓟;打开一封电报,得知你

---

[1] 莎士比亚的戏剧《哈姆雷特》的故事发生地。——编者注

父亲（或母亲）去世的消息；在铁路餐厅匆忙进餐，同时紧张地担心自己会错过火车。

有时候，表演是带有对话的。例如，我坐在桌子旁，声称自己是来自哈里奇的移民官员，每个孩子都需要想象自己有一本护照，并准备回答我的问题。这非常有趣。

有一次，我演一位电影制片人在面试选拔演员，又演一位商人在寻找合适的秘书。我还饰演过一个刊登广告招聘抄写员的人，但孩子们都不知道"抄写员"（amanuensis）这个词的含义，一个女孩表演出的是美甲师（manicurist），这带来了很好的喜剧效果。

即兴表演是夏山学校戏剧的创造性和活力之源。在夏山，我们的戏剧在激发创造力方面比任何其他活动都更为有效。虽然任何人都可以参与戏剧表演，但并非所有人都能创作戏剧。孩子们应该意识到——即使在模糊的意识中——他们只表演原创、自制戏剧的传统，表示学校在鼓励创造力，而非简单的复制和模仿。

舞蹈和音乐

下面来说一说跳舞——必须按照规则来跳。奇怪的是，作为一个群体，人们会接受规则，尽管组成群体的个体可能都讨厌这些规则。

对我来说，伦敦舞厅反映了英格兰的特质。舞蹈，本应是一种富于个性化和创造力的娱乐，在这里被限定为一套机械的舞步。每对舞伴的舞步都一样。群体的保守主义抑制了大多数舞者的独创性。然而，舞蹈的乐趣在于创新。当创新被剔除时，舞蹈变得机械和无趣。英国舞蹈充分说明了英国人对情感和独创性的恐惧。

如果在舞蹈这样的愉悦活动中都没有自由的空间，我们又怎么能指望在生活中更严肃的方面找到它呢？如果一个人连自己的舞步都不敢自由发挥，就更不可能容许自己在宗教教育或政治领域形成独立的见解。

在夏山，每项娱乐活动都包含舞蹈。这些舞蹈一向是由姑娘们自己安排和表演的，而且她们做得很好。配乐上，她们不采用古典音乐，而总是用爵士乐。我们曾有一场以格什温的《一个美国人在巴黎》为背景音乐的芭蕾舞剧，我编写了故事，这些姑娘则用舞蹈来表现它。尽管她们的舞蹈并不专业，但比我在伦敦舞台上看到的要精彩。

舞蹈是一种可以展现无意识的性别兴趣的极好途径。我之所以说无意识，是因为一个女孩可能很美，但如果她是个糟糕的舞者，她将不会有太多舞伴。

每晚我的私人客厅里都挤满了孩子。我们经常播放唱片，然后分歧就出现了。孩子们想要听的是艾灵顿和埃尔维斯·普雷斯利（"猫王"），而我讨厌那些音乐，我更喜欢拉威尔、斯特拉文斯基和格什温。有时候我对爵士乐感到厌烦，便只好声称既然这是我的房间，我就有权播放我想听的音乐。

《玫瑰骑士》三重唱或《纽伦堡的名歌手》五重唱会让我的客厅空无一人。我发现，很少有孩子会喜欢古典音乐或古典绘画。当然，我们无意引导孩子们提升音乐品味——无论有品味意味着什么。

事实上，一个人是喜欢贝多芬还是热门爵士乐，并不影响其生活中的幸福感。学校如果在课程中加入爵士乐，而把贝多芬排除在外，可能会更有成效。在夏山，有三个男孩受爵士乐队的启发，学习了乐器。其中两人学单簧管，一人学小号。毕业后，他们都去了皇家音乐学院继续深造。如今，他们都不约而同地加入了演奏古典音乐的交响乐团。我愿意这么认为，在夏山，每个孩子都可以按自己的喜好听艾灵顿公爵或者巴赫等任何作曲家的作品，这正是孩子们的音乐品味提升的原因。

运动和游戏

在大多数学校，体育是必修课，甚至观看比赛也是强制性的。但在夏山，游戏是自选项，就像课程一样。

有一个男孩在学校里待了10年没有参加过比赛，他也从未被要求参加比赛。不过，大多数孩子喜欢比赛。低年级孩子不组织比赛。他们扮演黑帮分子或印第安人，他们建造树屋并做小孩子通常会做的所有事情。在孩子尚未懂得合作的阶段，我们不为他们组织比赛。有组织的比赛和运动是在合适的时间自然而然发生的。

在夏山，我们的主要体育活动是夏天的网球和冬天的曲棍球。孩子们在玩曲棍球时往往能自然而然地实现团队合作，但在网球双打中，他们常常遇到困难。在网球中，两名球员往往各自为战，而不是作为一个整体。通常，团队合作在孩子们17岁左右会变得更容易实现。

游泳在各个年龄段都非常受欢迎。赛兹韦尔海滩对孩子们来说不是好的选择，因为潮水似乎总是很高。孩子们喜欢有岩石和水洼的那种长长的沙滩，这在附近的海岸上找不到。

我们学校不进行任何形式的体操训练，我也认为这不是必要的。孩子们通过玩游戏、游泳、跳舞和骑自行车已经获得了足够的锻炼。关于自由的孩子是否会去上体操课，我持有怀疑态度。我们的室内游戏包括打乒乓球、下国际象棋和玩纸牌。

小孩子们有一个戏水池、一个沙坑、一个跷跷板和秋千。在温暖的天气里，沙坑总是被脏兮兮的孩子挤满，而且年幼的孩子总是抱怨大孩子过来使用他们的沙坑。看来我们得为大孩子也准备一个沙坑。喜欢玩沙子和泥巴的年龄段比我们想象的要更长。

我们曾就为体育比赛中的获胜者颁发奖品与夏山的教育理念不一致展开过辩论。这种不一致源于我们坚决反对将奖品或分数引入课程。反对奖励的理由是，一件事应该为自己而做，而不是为了奖励。我认为确实如此。因此，我们有时会被问到为什么网球比赛可以颁发奖品，而地理学科却不可以。我想答案是，网球比赛自然具有竞争性，在于击败对手，而地理学科则不具有这种性质。如果我了解地理，我实际上并不关心其他人比我了解得少或多。我知道孩子们希望在游戏中获得奖品，但不想在学校科目中获得奖品——至少在夏山是这样的。在夏山，我们至少不会把体育比赛获胜者当作英雄。虽然弗雷德是曲棍球队的队长，但这并不会使他在学校大会上的发言更有分量。

在夏山，体育运动有着举足轻重的地位。一个从不参加任何游戏的男孩永远不会被人看不起，也不会被认为是低人一等。"**活出自我，让别人也活出自我**"（live and let live）这一格言在孩子们自由地做自己时找到了它的理想表达。我自己对体育运动兴趣不大，但我对良好的运动精神非常感兴趣。如果夏山的老师们催促说，"来吧，小伙子们，到场上去"，那么夏山的体育运动就会变得毫无意义。只有在自由选择参与或不参与的情况下，一个人的**体育精神**才能被真正培养出来。

英国政府督学报告

《教育部·督学报告》
东萨福克郡，莱斯顿镇，夏山学校
视察日期：1949年6月20日至21日

注意事项：

1. 本报告为机密文件，除非学校表示同意，否则不得发表。如果出版，必须全文出版。

2. 本报告的版权归英国皇家文书院院长所有，未经许可不得复制。

3. 本报告的内容不代表教育部的官方意见，请知悉。

这所学校因其进行革命性教育实验而闻名于世，其校长公开发表的理论广为人知、引发广泛讨论，并在这所学校中得到实践。视察这所学校的任务既艰巨又有趣，艰巨是因为这所学校与视察员熟悉的其他学校在实践上有很大差异，有趣是因为我们有机会亲身体验而不仅仅是通过观察来评估其教育价值。

学校中的所有孩子都是寄宿生，每年的学费是120英镑。虽然给员工的薪水很低——这一点后面会提到——但校长认为以目前的费用运营学校相当困难。考虑到家长们的经济条件，他并不愿意提高学费。虽然学费与许多独立的寄宿学校相比很低，但每个教师负责的学生偏多，所以视察员对学校的财务困难感到有些惊讶。只有对账目和开支进行仔细审查，才能看出是否可以在不造成损失的情况下削减成本，邀请一些独立且经验丰富的财会人员来帮忙进行核查会是一个好的方案。与此同时，可以说，也许还有什么其他不足的地方，但孩子们都得到了充足且丰富的食物供应。

尼尔的读者应该很熟悉夏山学校运作的原则。有些原则自从首次宣布以来就获得了广泛的认可，有些原则在一般学校中的影响力正在不断扩大，但也有一些原则被大多数教师和家长怀疑或憎恶。尽管视察员试图遵循常规习惯，以客观的方式评估学校正在做的实践，但对他们来说，如果不提及学校的原则和目标，无论他们个人是否接受，都很难公正地报告学校的运作情况。

学校运作的主要原则是自由。这种自由并非无条件的。孩子们制定了一系列与生命安全相关的规则，但只有当这些规则足够严谨时，校长才会批准。例如，孩子们只能在两名救生员在场的情况下游泳，小孩子不能在没有大孩子陪同的情况下离开校园。这些规定很明确，违规者将按照罚款制度接受惩罚。然而，孩子们被给予的自由远超视察员在其他任何学校所见，这种自由是真实的。没有任何孩子被迫上课。正如后面将揭示的，大多数孩子都定期上课，但有一个孩子在13年的时间里从未上过一堂课，现在他是一名熟练的工具制造师以及精密仪器制造师。提及这个极端的例子，是为了证明学校给予孩子们的自由是真实的，并不会在局面变得尴尬时就收回。然而，学校并非按照无政府主义原则运行。校规是由一个定期召开的全校大会制定的，会议由一名孩子主持，任何希望参加的教职工和儿童都可以参加。这个会议有权讨论任何事情，有相当广泛的制定校规的权力。有一次，该会议讨论了解雇一名教师的问题，孩子们在表达意见的过程中显示出了出色的判断力。但这样的情况很少发生，通常会议关心的是校园生活中日常问题的解决。

视察员在视察的第一天参加了一次全校大会。会议讨论的主要问题是执行会议制定的就寝时间规定，以及禁止在未经授权的时间进入厨房。会议成员在一种相当有序、不为个人意见左右的方式下以极大的热情和自由进行了讨论。虽然这似乎花了大量的时间在一些毫无结果的争论上，但视察员倾向于同意校长的观点，对孩子们来说，在学习如何组织自己的事务上所获得的经验比因此失去的时间更有价值。

很明显，大多数家长和老师在性问题上给予孩子完全的自由方面会非常犹豫。许多人在一定程度上同意校长的观点，但在这个问题上会与他产生意见分歧。他们可能不会反对校长的观点，即性知识应该被光明正大地教授、性应该与罪恶感分离、许多长期的压抑已经造成了无限的伤害，但在男女混合的学校中，他们会比校长更加谨慎。显然，公正地评论没有加以预防所带来的后果是非常困难的。在任何一个有青少年在场的地方，有关性的情感都可能是存在的，而且它们肯定不会被禁忌所消除。实际上，它们可能会被激发。与此同时，正如校长所同意的，即使完全自由地表达它们是可取的，但也是不可能实现的。关于这一点，可以肯定的是，很难在别处找到一个男孩和女孩之间相处得比这里更自然、更坦诚、更大方的地方。人们担心的可能发生的不良后果，在夏山建校以来的28年间，从未有过。

这里必须提及另一个极具争议的问题，即学校完全没有宗教生活或宗教教育。学校没有禁止宗教，如果全校大会决定引入宗教，那么它很可能会被引入。同样，如果个人有此需求，也不会有任何阻碍。所有的孩子都来自不接受正统基督教教义的家庭，事实上，也没人表达过对宗教的渴望。不过，如果不对这样的说法进行曲解，我们可以肯定的是，这所学校实践了许多基督教原则，任何基督徒都可以对此表示赞同。当然，在两天的检查中，我们无法判断完全没有宗教教育带来的影响。

在深入报告常规内容之前，写一个关于学校的简介似乎是必要的。学校的组织和活动必须在这个真正自由的背景下被审视。

组织

本节将对在四座独立的建筑物中生活的70名年龄在4至16岁之间的孩子进行描述。在本节中，我们将从狭义上描述他们所受的教育。根据年龄和学历，孩子们被分成6个班级。这些班级有常规的课程表，每周5天，每个上午上5节课，每节课40分钟，有固定的教室和固定的老师。但与普通学校的不同之处在于，学校不能保证每堂课能来多少人。视察员通过旁听和询问，煞费苦心地了解到实际情况。似乎随着孩子年龄的增长，出勤率会相应增加，并且一旦孩子决定参加某一门的课程，他通常会定期去上课。要想发现功课和科目是否平衡，就更困难了。由于许多孩子想要获得证书，所以随着考试的临近，他们会受到考试要求的限制，但年纪小的孩子完全可以自由选择。总的来说，这个制度的教学结果并不理想。诚然，孩子们对工作的意愿和兴趣是最令人振奋的，但他们的成就却相当一般。我们认为，这并不是制度的结果，而是系统运行不良的结果。其原因包括：

1. 中年级学生缺乏一个可以监督与整合他们的学习和活动的优秀教师。

2. 中年级的教学质量一般。就我们可以判断的而言，对低年级的教学是开明和有效的，并且在高年级也有一些很好的教师资源，但缺乏善于启发和激励8到10岁孩子的中年级老师。有些老师还在使用一些令人惊讶的过时方法，当孩子们到了需要学习高难度知识的年龄时，他们得到的帮助非常有限，这也给老师带来了很大的麻烦。大班孩子的教育要好得多，个别孩子的确非常优秀。

3. 孩子们缺乏引导。一个15岁的女孩决定学习之前忽略的法语和德语，这是值得肯定的。但允许她每周学习两节德语课和三节法语课，这显然不够。虽然这个孩子有令人钦佩的决心，但她的进步很慢。她应该被允许得到更多的学习时间。在我们看来，应该可以设置一些辅导课程来帮助孩子们规划他们的功课。

4. 缺乏隐私性。"夏山是一个很难学习的地方。"这句话是校长说的。这是一个繁忙的活动中心，有很多活动会吸引孩子们的注意力，激发他们的兴趣。没有一个孩子有自己独立的房间，也没有用于安静学习的空间。一个意志坚定的人无疑总能找到某个地方，但这种必要的决心是罕见的。尽管没有什么阻碍，但很少有孩子在16岁以后还留在学校。在夏山有一些非常有能力和聪明的孩子，在学业上，学校是否为他们提供了足够的支持，这是值得怀疑的。

与此同时，在教学质量好的方面，我们能看到夏山的确做出了一些出色的成绩。比如，夏山的艺术课是很不错的。也许你很难发现夏山孩子的绘画与传统学校孩子的绘画之间存在什么明显的差异，但无论以何种标准衡量，这些画作都非常优秀。大家可以看到种类繁多的精美工艺品。在视察期间，窑炉正在安装中，等待首次烧制的陶罐形状极佳。目前纺织工艺已有了良好的开端，如果可以提供一台脚踏织机，将会使其得到更好的发展。孩子们完成了很多创造性的书面文字工作，包括墙报和戏剧，每学期他们都会编写和表演自己创作的戏剧剧本。

我们听说过很多关于这些剧本的说法，但很显然，因为学校没有保存剧本的习惯，所以无法判断其质量。最近，学校的小剧院上演了《麦克白》，所有的布景和礼服都是学生自制的。有趣的是，这是孩子们不顾校长的意愿决定的，校长更希望他们表演他们自己写的剧本。

体育教学是按照学校的基本原则进行的。学校没有强制性的体育比赛或体能训练。玩足球、板球和网球的孩子都充满热情，而他们的足球踢得尤为出色，因为有非常擅长的教职工在场。孩子们自己安排与镇上其他学校的比赛。在我们参观那天，有一场与邻近的现代派学校的板球比赛，夏山没有让他们最好的球员上场，因为他们知道对方最好的球员生病了。

孩子们大部分的时间都在户外度过，他们过着积极、健康的生活，至少看起来的确如此。不过，只有更细致和专业的调查才能揭示他们是否因为缺乏更正式的体育教育而有所损失。

校舍

学校所处的场地,为孩子提供了充足的娱乐空间。主建筑以前是私人住宅,学校的礼堂、餐厅、医务室、美术室、小工艺室和女生宿舍都在这栋建筑里。最小的孩子睡在小屋里,他们的教室也在那里。其他男生的宿舍和剩下的教室在花园中的小屋里,那里也有一些教职工的卧室。所有这些房间都有直接通向花园的门。教室很小,也还算合适,因为教学是在小组中进行的。其中一间屋子代表了男孩和教职工在建筑方面做的努力:它是作为医务室建造的,显然还没投入使用。从正常标准来看,住宿条件有些简陋,但据了解,学校的学生健康记录良好,提供的服务大体令人满意,有足够的浴室可用。

虽然这些花园建筑乍一看异常简陋,但事实上,它们似乎非常适合用来营造一个长期度假营地的氛围,这是学校的一大特色。此外,它们还提供了一个机会,让视察员可以看到孩子们在视察当天众多访客在场的情况下,如何完全不受影响地学习。

教职工

教职工每月有 8 英镑的工资,还有免费的膳食和住宿待遇。找到既相信学校理念、又足够成熟、能与儿童平等相处、学术资历高、教学技能出色的人,然后说服他们接受每月 8 英镑薪水的工作,对校长来说肯定是一个相当艰巨的任务。在许多方面,服务于夏山并不是一个值得推荐的选择。一个既相信夏山理念,又有无私品质且能力出众的人是罕见的。但值得指出的是,虽然夏山教职工无法满足所有的要求,但与许多拿到更高薪水的私立学校的员工相比，他们要优秀得多。在夏山的教职工中，有一位爱丁堡大学英语荣誉文学硕士、一位利物浦大学理学士和文学硕士、一位剑桥大学数学荣誉毕业生、一位伦敦大学法语和德语荣誉文学士，以及一位剑桥大学历史学士。其中四人拥有教师资格。这还不包括艺术和手工艺教师，他们拥有海外学历，并且是教职工中的佼佼者。

虽然他们在某些方面需要加强，但并非能力不足。如果他们参加相应课程并外出参观学习，便能够拓宽自己的视野和提高自己的经验，并且与时俱进，他们完全能够很好地证明自己。同时，希望用每年96英镑的薪水继续吸引这些教师是不现实的，显然校长必须直面和解决这个问题。

校长是深具信念和真诚的人。他的信心和耐心一定是无穷无尽的。他拥有罕见的能力，他不依靠强势的性格便拥有强大的人格魅力。即使学校里有人不同意甚至不喜欢他的一些想法，也不可能不尊重他。他具有幽默感、温暖的人格魅力并且知识渊博，这将使他在任何地方都能成为一个优秀的校长，而且他将幸福美满的家庭生活与孩子们分享，孩子们大概也像其他人一样，能够在榜样的影响下获益。

他对教育持有广阔的视野，认为教育是学习如何充实生活的手段，尽管他至少会承认这份报告中的一些批评是中肯的。他认为，学校成功与否，与其说取决于它教授给孩子的具体技能，倒不如说是取决于它允许孩子成长为什么样子。基于这种评估标准，我们可以做出这样的评价：

1. 孩子们充满了活力和热情。我们没有看到他们感到无聊或表现出冷漠的迹象。学校里的氛围是知足和包容的，老生们对学校的热爱是其成功的证明。平均有 30 人参加期末的戏剧和舞蹈表演，许多人在假期把学校当作他们的大本营。在此值得一提的是，尽管在早期，学校招收的几乎都是"问题"儿童，但现在的学生已经相当正常。

2. 孩子们的举止令人愉快。他们可能在某些地方忽视了一些传统的礼节，但他们友好、自在和自然，完全没有羞怯，也不以自我为中心，这使他们非常容易与人愉快地相处。

3. 学校鼓励学生的主动性、责任感和诚实，并且就目前可以判断的情况来看，这些品质在孩子们身上正在得到实际的发展。

4. 现有的证据并不表明夏山的孩子无法适应社会。当然，以下信息并不能讲述整个故事，但它表明夏山教育并不与世俗的成功背道而驰。夏山的毕业生在多个领域取得了显著的成就，包括但不限于成为皇家电气/机械工程兵部队上尉、炮兵连军需中士、轰炸机飞行员兼空军少校、幼儿园老师、空姐、乐队的单簧管手、皇家学院研究员、萨德勒威尔斯剧院的芭蕾舞者、无线电操作员兼短篇小说作家、大型公司的市场研究调查员。夏山毕业生中也有人获得了以下学位，包括但不限于剑桥大学经济学荣誉文学士、伦敦大学物理学一等荣誉理学士、剑桥大学历史学荣誉文学士、曼彻斯特大学近代语言学一等荣誉文学士。此外，还有人是皇家艺术学院学者。

5. 校长的教育观点使这所学校成为基于儿童兴趣进行教育的一个极佳场所，其中课堂教学不过度受考试要求的影响。创造出一种能够让聪明的学生尽情发挥才能的环境，这是一个了不起的成就，但实际上效果并不显著，实在令人惋惜。如果能为所有年龄段尤其是中年级的学生提供更好的教学，学校教育可能会有更好的发展，并且可以给具有深远意义的教学实验一个充分证明自己的机会。我们心中仍有一些对夏山学校的教学理念和方法的疑虑。对学校进行更密切、更长时间的考察可能会消除一些疑虑，也可能会加强其他一些疑虑。不容置疑的是，这里正在进行一项有趣且非常有价值的教育研究，所有教育工作者都可以从中获益。

关于督学报告的说明

我们确实很幸运，迎来了两位心胸宽广的视察员。我们直接把"先生"的客套称呼放到一边。在这两天的访问里，我们进行了不少友好的争论。

我觉得视察员习惯于在班级前拿起一本法语书，通过提问孩子来了解他们知道什么。我认为这种训练和经验在评估一个不以课程为首要衡量标准的学校的价值时可能用处不大。我对其中一位视察员说："你们真的不能用传统方法来'评估'夏山学校，因为我们注重的是快乐、真诚、平衡发展和社交能力。"他咧嘴一笑说他们会尝试这样去做。两位视察员都做出了出色的调整，并且显然在这个过程中享受到了乐趣。

夏山有一些"奇怪"的事情让他们感到惊讶。其中一位说："多年来，我已经习惯了走进教室时学生们投来关注的目光，当走进夏山的教室发现孩子们没有注意到我们时，这是多么令人愉快的惊奇体验。"是的，我们很幸运能有这样的两位视察员。

关于报告中提到的"视察员对学校的财务困难感到有些惊讶……"答案主要在于坏账,但这不是全部原因。报告提到了每年120英镑的学费,但自那以后,我们试图通过将平均的年度学费提高到大约250英镑来应对这些年不断提高的物价。然而,这并不足以用来支持修缮学校建筑、购买新设备等。夏山的各种设施损坏比有纪律的学校要严重,孩子们被允许经历他们的"黑帮"阶段,因此有更多的家具被毁坏。

报告中提到,我们有70名学生。今天我们的学生已然减少到45名,事实上这也在某种程度上平衡了学费的上涨。

报告提到了我们中年级的教学质量不高。的确,我们一直以来都有这样的困难。因为孩子们可以自由地去做其他事情,所以即使有优秀的教师,完成公立学校那样的标准课程也是困难的。如果公立学校的孩子在10岁到12岁时能够选择爬树或挖洞而不是去上课,他们的标准也许会和我们的一样。但我们接受了这样一个事实,即我们的男孩和女孩会有一个学习水平较低的时期,因为我们认为在这个年龄阶段,玩耍比学习更为重要。

然而,实际情况是,即使我们认为中年级孩子在课程上落后是很严重的一件事,一年后这些曾经的中年级孩子变成高年级孩子时,仍然能在牛津考试中取得非常好的成绩。这些孩子总共参加了39门科目的考试,平均每人参加6.5门。结果是24门科目成绩"优秀",超过了70%的学生;在39门科目的考试中,只有1门不及格。一个孩子在夏山还是中年级学生时成绩不符合常规学校的学业标准,并不一定意味着当他成为高年级学生时,他的成绩会依然处于低水平。

就我而言，我总是喜欢大器晚成的人。我见过相当多的聪明孩子，他们能在4岁的时候背诵弥尔顿的诗歌，却在24岁时变成醉鬼和懒汉。我喜欢遇见这样的人，他在53岁的时候仍然说他不是很了解未来的自己会成为什么样的人。我有种直觉，那些在7岁就确切知道自己想要成为什么人的人，可能是一个后来对生活持有保守态度的平庸之辈。

报告中说："创造出一种能够让聪明的学生尽情发挥才能的环境，这是一个了不起的成就，但实际上效果并不显著，实在令人惋惜。"这是两位视察员没有超越他们习惯性重视学术的地方。我们的考试结果表明，当孩子想要接受更高的学术教育时，夏山的教育优势就会显现出来。但也许视察员的反馈意味着更好的中年级教学会使更多的孩子愿意参加高考。

现在我们是不是应该把学术教育放到它应该在的位置上？传统学术教育经常是希望"鸡窝里能够飞出金凤凰"。我实在想不出这样的传统学术教育对我们夏山的一些毕业生——比如服装设计师、美发师、男芭蕾舞者、音乐家、儿科护士、机械师、工程师和艺术家——会有什么作用。

然而，这份报告仍然是公正的、真诚的、包容的。我公布它，仅仅是因为它叙述得很好，它是大众对于夏山的看法，而不是我个人的看法。要注意的是，这份报告并没有得到教育部的任何形式的官方意见。就我个人而言，我并不在意，但是基于以下两点，我还是希望得到官方认可的：一是老师能被纳入国家退休金计划，二是家长将会有更好的机会获得地方议会的帮助。我要如实记录的是夏山学校从未遭遇过教育部的非难。我们的任何一次询问，我去教育部的任何一次拜访，得到的都是礼貌和友善的对待。我唯一遇到的挫折是，在二战后，教育部拒绝批准一个斯堪的纳维亚的家长为我们免费进口并安装房屋预制件。

当我想到欧洲各国政府对私立学校专断式的关注，我就很欣慰能在这样一个对私人探索如此包容的国家生活和工作。我包容我的孩子们，教育部包容我的学校。我很满足。

夏山的未来

现在我已经76岁了，我感觉我不会再写一本关于教育的书了，因为我也没什么新的东西要说了。但是在这里我不得不说一些对我有利的话。在过去的40年里，我并没有书写关于儿童教育的理论。我所写的大部分内容是基于我对儿童的观察和与他们在一起的生活经验。说实话，我从弗洛伊德、霍默·莱恩以及其他人那里获得了灵感。但是，渐渐地，当实践证明它们无效的时候，我倾向于放弃那些理论。

写作真是一件奇怪的事。就像广播一样，写作者向他看不见、无法计数的人们发送某种信息。我的读者是一个特殊的群体。那些被称为官方公众的人并不了解我。英国广播公司绝不会邀请我去做关于教育的广播节目，也没有任何一所大学——包括我的母校爱丁堡大学——会想到给我颁发一个荣誉学位。我给牛津大学和剑桥大学的学生做演讲时，也没有讲师或教授会参加。我想我反而会为这个事实感到骄傲，我认为被官方认可往往意味着我已经过时了。

曾经，我为《泰晤士报》从不发表我投稿的信件而愤愤不平，但是今天我认为这样的拒绝是一种赞美。

我并不是说我已然摆脱了对被认可的渴望，年龄的增长会带来改变——尤其是价值观的改变。最近在一个能容纳600人的礼堂，挤进了700个瑞典人来听我演讲，对此我也并没有扬扬自得、骄傲自负。我以为我并不关心有多少人来听我演讲，直到我问自己这个问题："如果只有10名听众，你感觉如何？"答案是："见鬼，我会非常恼火。"所以说正面的自豪感消失了，但负面的失望感却还存在。

随着年龄的增长，雄心在消退，而对被认可的渴望却并非如此。我并不喜欢看到这种标题的书，比如说《先进学校历史》，因为它忽视了我的努力。我还从未见过一个对得到认可真正毫不在意的人。

人的年龄确有可笑的一面。多年来，我都试图去接近年轻人——年轻的学生、年轻的老师、年轻的父母——我把年龄看作进步的拦路虎。现在我老了，成为长久以来我一直瞧不上的老家伙中的一员，我的感受却不一样了。最近当我在剑桥大学和300个学生交谈的时候，我觉得自己是礼堂里最年轻的人。我的确有这样的感受。我对他们说："你们为什么需要一个像我这样的老家伙来告诉你们什么是自由？"现在，我并不会从年轻和年老的角度来考虑问题。我觉得年龄与一个人的思想关系不大。我认识实际年龄20岁、心理年龄却是90岁的年轻人，我也见过60岁的老人有着20岁年轻人的心境。我以鲜活、热情的态度思考，不保守、不麻木、不悲观。

我不知道我是否更成熟了，和过去相比，我更不乐意容忍蠢货,更忍受不了乏味的对话,我对他人的家长里短也更缺乏兴致。但是在过去的30多年里,有太多人强加给我这类东西。我也发现我对周遭一切的兴趣都减弱了,我很少想买东西。我已经很多年没有看过服装店的橱窗了,甚至我深爱的位于尤斯顿街的工具店,今天也不再吸引我了。

如果说我现在到达这样一个阶段,即孩子们的吵闹声比过去更让我厌烦,我不能说是年龄消耗了我的耐心。我依然可以看着一个孩子做尽错事,然后摆脱桎梏他的心结,我知道在恰当的时机,他依然能成为一个好公民。年龄削减了恐惧,但也削减了勇气。多年前,当一个小男孩威胁我如果不能随他心意,他就要从高高的窗台上跳下去时,我说:"来吧,跳吧。"但是今天我不确定我是否还会这么做。

常常有人问我这样的问题:"难道夏山不是一场个人秀吗?没有你的话,它还能继续下去吗?"夏山绝不是一场个人秀。在日复一日的学校工作中,我的妻子和学校的老师们和我一样重要。不干扰孩子成长、不给孩子施压的理念成就了今天的夏山学校。

夏山学校闻名于世界了吗?并没有。只有相当少的教育者知道它。事实上,夏山在斯堪的纳维亚半岛的知名度最大。30多年来,我们一直有来自挪威、瑞典和丹麦的学生——有时候一次多达20人。我们也有来自澳大利亚、新西兰、南非和加拿大的学生。我的书被翻译成多国语言,包括日语、希伯来语、印度斯坦语和古吉拉特语。夏山学校在日本有一定的影响力。30多年前,优秀的日本教育家下田静止先生曾来访问我们学校。他翻译了我的书,其译本相当畅销。我听说日本的老师曾在东京开会讨论我们的教育方法。1958 年，下田静止先生又和我们共度了一个月。苏丹一所学校的校长告诉我，那里的老师对夏山学校很感兴趣。

我把这些关于翻译、来访和通信的例子一一记录下来，并不是为了炫耀。事实上，假如你在牛津街道上拦住 1 000 个人，问他们"夏山"这个词传递了什么信息，很有可能的结果是，他们没有一个人知道夏山学校这个名字。一个人应该要培养一点关于自身重要与否的幽默感，不要太把自己当回事。

我认为人们并不会长久地使用夏山学校的教育方法——如果世界上有人曾经用过的话。这个世界也许会找到更好的教育方法。只有腹中空空的夸夸其谈者才会认为他的方法是对于某一问题的终极解决方案。这个世界必须找到更好的办法，因为很多人既憎恨富人又不关爱穷人。

当家庭只是国家的一个小小角落，而在那里有无数的仇恨围绕时，我们如何能拥有一个充满爱的幸福家园呢？由此，你就会明白为什么我不把教育看作有关考试、课堂以及学习的事情。原因在于，学校回避了一个基本的问题：世界上所有的课程，不管是希腊语、数学还是历史，都不会帮助家庭成为一个更有爱的地方，也不会让孩子无拘无束，让父母不再焦虑。

夏山学校的未来也许并不重要，但是夏山理念的未来对于全人类极其重要。我们的子孙后代必须拥有自由成长的机会。**给予自由就是给予爱，唯有爱能拯救世界。**

第二章

养育孩子

不自由的孩子

一个被塑造、被制约、被训练、被压抑的孩子，也就是不自由的孩子，他的名字叫"众生"，生活在世界的每一个角落。他住在我们镇上，就在街对面。他身处一所乏味的学校，坐在一张乏味的课桌前。后来，他又坐在办公室一张更为乏味的办公桌前，或坐在工厂一张更无趣的长凳上。他温顺、习惯性服从、害怕批评，几乎狂热地渴望成为一个正常、传统和守规矩的人。他几乎不经质疑地就接受了他所学习的一切，然后把所有的复杂情绪、恐惧和挫败感都传递给了自己的孩子。

心理学家认为，孩子大部分的心理伤害发生在生命的前5年。更接近事实的说法可能是，在生命的前5个月或者前5周，甚至是在前5分钟内，就可能对孩子造成持续终生的伤害。

不自由从出生那刻就开始了。不，从出生前就已经开始了。如果一个压抑的、身体不得自由的女性生下了一个孩子，谁又能说母亲僵硬的身体会对新生儿产生什么样的影响呢？

可以毫不夸张地说，在我们的文明社会中，所有孩子都出生在一种对生活持否定态度的环境中。按时哺乳的倡导者基本上是反对享乐的。他们希望孩子在哺乳方面受到纪律约束，因为不按时喂乳会让人联想到孩子可以随时美滋滋地享受乳房带来的快乐。关于营养的论争通常只是一种合理化的解释，深层的动机是要将孩子塑造成一个遵守纪律的生物，使其将责任置于享乐之前。

让我们细想一下普通文法学校的男孩约翰·史密斯的生活。尽管约翰的父母只是偶尔去教堂，但他们依然坚决要求约翰每周日都要去上主日课。父母因为相互的性吸引而结婚，这很自然。他们也不得不结婚，因为在他们的社会环境中，只有在体面的情况下，也就是在婚姻中，人们才能在一起生活。正如经常发生的情况一样，双方关系仅凭性吸引力并不足够，性格上的差异会使家庭氛围紧张，小约翰的父母偶尔会大声争吵。当然，家里也有很多温馨的时刻，但小约翰认为这是理所当然的，而父母之间的大声争吵却像击中了他的神经一样，他害怕到哭泣。结果他因为"没理由的"哭闹而被打了屁股。

从一开始，他就被管制。按时喂乳给他带来了许多挫败感。在他感到饥饿时，钟表显示他还有一小时才能进食。他被裹在太多的衣服里，而且裹得非常紧。他发现他不能像自己想要的那样自由地踢腿。不能按需进食的挫败感使他吸吮拇指，但家庭医生说，不能让他养成坏习惯，于是妈妈按照医生的吩咐，把他的袖子绑起来或者在他的指尖涂上一些难闻的东西。在他穿尿布时期，父母允许他自由大小便。然而，当他开始在地上爬行和探索时，"顽皮"和"脏"这样的词开始在屋子里飘荡，于是他开始接受有关保持干净的严格教育。

在这之前，每当他的手触摸到自己的生殖器时，总会被人拿开。他很快就将禁止用手触摸生殖器与对粪便的厌恶情绪联系在一起。因此,多年以后,当他成为一名推销员时,他闲聊时总爱讲有关色情和厕所一类的笑话。

他的大部分教育都受到了亲戚和邻居的影响。父母都非常渴望做正确的事情——表现得体——所以当亲戚或隔壁邻居来访时,约翰必须表现出自己是一个有良好教养的孩子。他得在阿姨给他一块巧克力时说谢谢;他必须非常注意餐桌礼仪;他必须忍住不插嘴,尤其是在大人说话时。

他那令人厌恶的周日装束是穿给邻居看的。伴随这种体面教育的,是一套错综复杂的谎言系统,而约翰并没有意识到这一点,他在很小的时候就开始听各种谎言。他被告知上帝不会喜欢那些说"该死"的淘气男孩,而且如果他在火车的走道里乱跑,列车员会打他的屁股。

大人用笨拙的谎言回应他对生命起源的所有好奇,这些谎言如此有效,以至于他对生命和出生的好奇心全都消失了。当他5岁时,他母亲发现他与4岁的妹妹和邻居家的小女孩玩弄生殖器,随之而来的便是严厉的鞭打(父亲下班回家后还追加了一顿)。自此,关于生命起源的谎言开始与恐惧混合在一起。这件事给约翰留下了深刻的教训,那就是性是肮脏和罪恶的,是人们连想都不该想的事情。可怜的约翰不得不将他对性的好奇心压抑在心底,直到他步入青春期。到了那时,他在电影院里听到有女性说自己怀孕三个月时,他才终于爆发出笑声。

在智力方面,约翰的学业发展正常。他学习起来轻松自如,因此未曾遭受老师的嘲讽与惩罚。完成学业离开学校时,他掌握的是一些大多无用的知识和文化，内容多源于取悦大众的廉价小报、陈词滥调的电影和低俗的犯罪小说。

对约翰来说，高露洁这个名字只会让他想起牙膏，而贝多芬和巴赫是烦扰他收听猫王或拜德贝克的乐队演唱的讨厌家伙。

约翰·史密斯的富有表兄雷金纳德·沃辛顿就读的是私立学校，但他的成长历程在本质上与可怜的约翰并无二致。他同样喜欢生活中的二流事物，同样被现状所奴役，同样否定了爱与欢乐。

这些对约翰和雷金纳德的描述是不是单方面的夸张讽刺？确切地说，并不完全是夸张讽刺，但我也并没有呈现出全部的真相。我并未提及他们两人身上温暖的人性力量，一种即使在最恶劣的性格塑造下也能存活的力量。总的来说，在现实生活中的史密斯家族和沃辛顿家族是正派的、友好的，充满了孩子般的信念以及无邪的信任和忠诚。他们和他们的同伴构成了普通公民的中流砥柱，推动法律制定，呼吁人道主义。他们主张要人道地杀死动物，爱护身边的宠物。但当涉及人类之间的不人道行为时，他们就束手无策了。他们不加思索地接受了一个残酷的刑法典，并且将战争中的无情杀戮视为理所当然。

约翰和他的富有表兄一致认为，爱情和婚姻法是愚蠢的、不友好且充满恶意的。他们都认为，在爱情方面，必须有一套适用于男性的法律，另有一套适用于女性的法律。他们都要求他们所娶的女人必须是处女。但当被问及他们自己是不是处男时，他们会皱起眉头说："男人和女人不一样。"

尽管他们可能从未接触过"父权社会"这个概念，但两人都坚定地拥护父权社会。他们已经被塑造成父权社会为了维持其存续所必需的"产物"。他们的情感倾向于群体感受,而非个人感受。

即使在离开了他们儿时所憎恨的学校多年之后,他们仍会宣称:"我在学校挨过打,这对我的成长很有好处。"然后,他们将自己的儿子送往同样的或类似的学校。从心理学的角度来看,他们无条件地接受了父亲的权威,而没有对其进行任何建设性的反抗。因此,父权思想就这样一代又一代地传承下去。

为了完整地叙述约翰·史密斯的形象,我应当简单勾勒出他妹妹玛丽的生命轨迹。之所以说是简单勾勒,是因为从广义上讲,她所面临的压抑环境与她哥哥所遭遇的并无本质区别。在父权社会中,她明显处于劣势,而且她被教育要认识到这一点。当她的哥哥可以阅读或玩耍时,她却必须承担家务。她会很快地认识到,即使她找到了工作,她的收入也会比男性低。

在男权社会中,玛丽通常是不会反抗她低人一等的地位的。男性会给予她补偿,尽管这些补偿往往显得庸俗。她是绅士们关注的焦点,也会受到他们的尊重;如果她没有座位,会有男性主动起身为她让座。男人会礼貌地询问她是否愿意嫁给他。玛丽被潜移默化地教导,她主要的职能之一是尽可能地展现自己的美,结果就是,女人们在服装和化妆品上的花费要远远高于在书籍和教育上的投入。

在性领域,玛丽与她哥哥一样无知并受到压抑。在父权社会中,男性要求女性必须是纯洁的、忠贞的、天真的。玛丽在成长过程中坚信女性应该比男性纯洁,这并非她的错。她的男性亲属以某种几乎神秘的方式,使她认为自己在生活中的作用仅仅是生儿育女，而性快感只属于男人们。

玛丽的祖母，或许还有她的母亲，都会被告知在合适的男人出现并把她们这些睡美人唤醒之前，不应该有性生活。玛丽虽然已经摆脱了那种束缚，但并没有像我们所希望的那样彻底。她的爱情生活被对怀孕的恐惧支配，因为她意识到一个私生子很可能会毁掉她嫁人的机会。

当今和未来的一大任务是调查性压抑与人类疾病的关系。约翰·史密斯可能死于肾病，玛丽·史密斯可能亡于癌症，他们都不会思考他们的疾病是否与贫瘠、压抑的情感生活有关。有一天，人类可能会将其所有的痛苦、仇恨和疾病追溯到其特定的文明形式上，这种文明本质上是反生命的。如果严格的性格训练造就了僵化的人——使他们变得拘束和呆板，而不是充满活力和生机——那么似乎可以合乎逻辑地得出结论，同样的僵化和衰竭将会阻碍人体内每一个对生命至关重要的器官的活动。

总的来说，我的观点是，**缺乏自由的教育使人们无法充分体验生活，这种教育几乎完全忽视了生活的情感层面**。这些情感是充满活力的，如果只是智力得到提升，而情感无法得到充分表达，必然会导致生命变得廉价、丑陋和可憎。但若情感被真正地赋予自由，智力自然会得到发展。

人类的悲剧在于，他们的性格像狗一样，可以被塑造和改变。但你无法塑造猫的性格，猫比狗更显孤傲。你可以让狗感到不安，但你无法让猫也如此。然而，大多数人更喜欢狗，因为它们的顺从和摇尾巴的讨好行为直观地显示出主人的优越地位和价值。

育儿训练非常像犬舍里对狗的训练。被鞭打的孩子就像被鞭打的小狗一样,长大后会变成一个顺从、卑微的成年人。正如我们训练狗以达到我们的目的一样,我们也训练我们的孩子。在那个"犬舍",即育儿室中,这些人类"小狗"必须保持干净,他们不能经常吵闹,他们必须服从哨声,他们必须在我们认为恰当的时间进食。

1935年,在柏林的特雷普托夫,当"伟大的驯狗师"希特勒发出他的命令时,我看到了十几万只顺从、讨好的"狗"在向着他摇尾巴。

在撰写本书的几年前,宾夕法尼亚州的一所女子医学院发布过《准妈妈手册》,我在此引用其中几条指导建议。

"为了防止婴儿吸吮手指,可以将婴儿的胳膊放入一个硬纸筒中,这样他就无法弯曲肘部了。"

"保持私密部位的高度清洁,以防止不适、疾病和**不良习惯的形成**。"(加粗部分为我的强调。)

我认为医学界应该对很多错误的育儿方法负责。医生通常没有接受过育儿方面的培训,然而对于许多女性来说,医生的话就像上帝的旨意。如果他说孩子手淫必须挨打,可怜的母亲不知道他这样说是因为自己的性罪恶感,而不是基于对儿童天性的科学认知。我谴责这类医生,他们制定愚蠢的定时喂食表、阻止孩子吸吮手指、禁止母亲与婴儿玩耍以及禁止孩子随心所欲地自娱自乐。

问题儿童往往是那些被迫保持整洁和受到性压抑的儿童。成年人普遍认为应该规范孩子的行为,这样他们就能尽可能地过上平静的生活。因此,他们认为让孩子学会服从、礼貌和温顺是非常重要的事。

一天,我看到一个三岁的男孩被母亲带进花园。最初他的衣服干干净净。过了一会儿,他开始玩泥巴,把衣服弄脏了一点。他的妈妈冲了出来,打了他,把他带进屋里,后来,他换上新衣服,抹着眼泪又被送了出来。10分钟不到,男孩再次弄脏了衣服,刚才的一幕再次上演。我想告诉那个女人,她的儿子会恨她一辈子。更糟糕的是,他甚至会恨生活本身。但我知道,无论我说什么,她都听不进去。

每次去乡镇或城市,我几乎都会看到三岁的孩子因走路不稳而摔倒,接着孩子的母亲会走过去打他。每当这时,我都不寒而栗。

在几乎每一次的火车旅行中,我都会听到一位母亲说:"威利,如果你再去那个走道,列车员就会把你抓起来。"

大多数孩子是在谎言和愚蠢的禁令下长大的。

许多在家中对孩子还算不错的母亲,在公共场合却会因为害怕邻居的看法而对孩子发火或打他。孩子从一出生就被迫适应我们这个疯狂的社会。

一次,在英国的一个海滨小镇上演讲时,我指出:"你们这些母亲是否意识到,每次你们打孩子,其实都在说明你们恨孩子?"现场女性的反应非常激烈,她们野蛮地对我大吼大叫。后来在晚些时候,我发表了对"我们如何改善家庭中的道德和宗教氛围"的看法时,观众席中嘘声一片。我很震惊,因为我大多是向那些与我观点相同的人演讲,但这是一群从来没听说过儿童心理学的工薪阶层和中产阶级听众。这让我意识到,反对给予儿童自由的观念是多么根深蒂固——父母们自己也从未自由过。

我们的文明是病态且不快乐的,我认为这一切源自家庭的不自由。孩子的活力被所有反对和仇恨的力量扼杀，他们从摇篮时期起就变得麻木。他们被训练去否定生活，因为他们年轻的生命历程就是一场漫长的否定，不要吵闹、不要手淫、不要撒谎、不要偷窃。

他们被教导去肯定生活中所有消极的东西。尊重老人、尊重宗教信仰、尊重老师、尊重古训，不要质疑任何事情——只能服从。

尊敬一个不值得尊敬的人，并非美德；与一个不再爱的人在法律意义上共同生活，亦非美德；对所恐惧的上帝表达爱，同样不是美德。

悲剧在于，那个把家庭束缚于枷锁之下的人，自己也注定是一个奴隶——在监狱中，狱卒也同样是被限制自由的。人类的奴役就是他们对仇恨的奴役：当他压制家庭时，实际上也在摧毁自己的生活。为了惩罚那些反抗压迫的人，束缚者不得不建立起法庭和监狱。

被奴役的女性被迫将自己的儿子送往战场，参与那些男人宣称的自卫之战、爱国之战、维护民主之战、终结战争之战。

从来没有什么问题儿童，只有问题父母，或许更准确的说法是，只有问题人类。这就是为什么原子弹如此可怕，因为它掌握在那些反生命的人手中。对于那些在摇篮里就被束缚了手脚的人来说，他们长大后怎么可能不反生命呢？

人类之间存在着大量的友谊和爱，我坚信，那些在婴儿时期没有被扭曲的新一代能够和平共处，但前提是，当今的仇恨者们没有在新一代接手之前摧毁这个世界。

在一些修道院中，女孩们在沐浴时仍需遮盖自己的身体，以免被别人看到。男孩们仍然被父母和老师告诫，手淫是一种会导致种种可怕后果的罪恶行为。最近，我目睹了一位女性打了一个约10个月大的婴儿，仅仅因为他口渴了哭闹。

这是相信死亡的信徒与相信生命的信徒之间的一场竞赛。没有人敢于保持中立，因为那将意味着死亡。我们必须站在其中一边。死亡的一边给我们带来了问题儿童，而生命的这一边则给我们带来了健康的儿童。

自由的孩子

世界上很少有能够真正自由成长的孩子，所以任何对他们的描述都是尝试性的。迄今为止观察到的结果表明，自由成长的儿童的性格变化比任何政党所许诺的新社会的变化都更为深刻，这将形成一种新的文明。

自由成长意味着相信人性本善，即相信没有且从未有过原罪。

没有人见过完全自由生长起来的孩子。每个孩子的性格都是被父母、老师和社会塑造起来的。当我的女儿佐伊两岁的时候，《图画邮报》杂志发表了一篇关于她的文章，还配上了照片，说在他们看来，她是所有英国孩子中最有可能获得完全自由成长的机会的。这并不完全正确，因为她生活在学校里，生活在许多没有完全自由成长的孩子中间。这些孩子的性格多少受到了制约，性格塑造一定会导致恐惧和仇恨，佐伊发现自己会接触到一些反生命的孩子。

她从小就不害怕动物。然而有一天，当我在一个农场停下车，说:"来吧,让我们看看哞哞叫的牛吧。"她突然看起来很害怕地说:"不,不行,哞哞叫的牛会吃掉你的。"这是一个不被允许自由成长的7岁孩子告诉她的。好在这种恐惧只持续了一两个星期。随后另一个关于老虎潜伏在灌木丛中吃人的故事也只对她产生了很短暂的影响。

一个自由成长的孩子能够在较短时间内克服其他孩子带来的不良影响。佐伊感受到的恐惧和压抑从来不会持续太久,但没有人能知道这种后天形成的恐惧对她的性格是否会带来什么永久的伤害。

来自世界各地的来访者这样评价佐伊:"她是如此与众不同,她是一个优雅、平衡发展且幸福感知力很强的孩子,她能与周围环境和谐相处,毫无冲突。"确实如此。在一个神经质的社会中,她是一个很自然的孩子,似乎依靠直觉就能知道自由和放纵之间的界限。

拥有一个自由成长的孩子的问题之一是,成年人会对她表现出太多的兴趣,以至于她成为人们视野的中心。可如果在一个自由成长的儿童集体中,所有的孩子都是自然且自由的,那么没有一个孩子会显得如此与众不同,没有人会被鼓励去炫耀。如此一来,当面对一个没有像他们一样受限的自由孩子时,他们就不会表现出嫉妒。

与她的朋友泰德相比,佐伊小时候就很柔软松弛。当你把她抱起来时,她的身体就像小猫一样放松。但是可怜的泰德却像一袋土豆。他无法放松,他的反应满是防御和抵抗,他从各个方面来看都是反生命的。

我预言自由成长的孩子不会经历那个不愉快的阶段。我看不出他们为什么会需要这么做。如果他们在儿时没有感到被父母束缚和限制，我不知道他们以后会有什么理由抗拒父母。即使在半自由的家庭中，父母和孩子之间往往也很平等，以至于那些试图摆脱父母的叛逆情绪也没有出现。

自由成长意味着儿童有自由生活的权利，在精神和身体上都不受外部权威的管束。这意味着婴儿在饥饿的时候可以进食，当他想变得整洁时，自然地养成良好的生活习惯。不要骂他或打他，而是永远爱他，保护他。

这一切听起来都很简单、自然又美好，但令人惊讶的是，许多热衷于这个想法的年轻父母却误解了它。4岁的汤米用木槌敲着邻居的钢琴琴键时，他慈爱的父母满脸笑意地看着他，好像在说："自由真好啊，不是吗？"

另一些父母则认为，他们不应该让18个月大的孩子整天睡觉，因为这有违自然规律。但不完全是这样，父母要允许婴儿熬夜，当他累了，妈妈也必须把他带到他的婴儿床上。实际情况是，宝宝越累越容易发脾气。他还无法表达他想睡觉的需要。通常，疲惫而失望的母亲会把他抱起来，在哭闹声中把他抱到床上睡觉。另一对年轻夫妇满怀歉意地来找我，问我他们在儿童房里放一个防火栏是不是不对。所有这些例子都说明，任何想法，无论新旧，如果不与常识结合，都是危险的。

只有傻瓜才不给卧室窗户装栅栏或是不给婴儿房的火炉安装防护措施。因而，热衷自由成长的年轻拜访者来到我们学校，看到我们把有毒物品锁在实验室壁橱里，或者禁止孩子在防火梯上玩耍时都会惊呼这违背了自由的理念。可见，整个自由运动之所以被鄙视和破坏，就是因为太多自由的倡导者没有理解自由的真谛。

最近就有人向我提出抗议，因为我严厉地批评了一个踢我办公室门的 7 岁"问题男孩"。他的想法是，我应该微笑着忍受噪声，直到那个孩子实现他踢门的愿望。的确，我花了好几年的时间耐心地忍受着"问题儿童"的破坏性行为，但我这样做是作为他们的心理医生，而不是与他们平等的普通人。

如果一个年轻母亲允许她三岁的孩子坐在地上往大门上涂红墨水，理由是孩子可以自由地表达自己，那么说明她并没有理解自由成长的真谛。

我记得我和一个朋友在考文特花园剧院看芭蕾演出时，坐在我们前面的一个女孩一直在和她的父亲大声说话。第一幕表演结束后，我赶紧换了座位。我的同伴问我："如果你们夏山的孩子这样，你会怎么做？"

"让他闭嘴。"我说。

"你不需要，"我的朋友说，"他们不会那样做的。"我也认为他们谁都不会那样做。

有一次，一位女士带着她 7 岁的女儿来看我。"尼尔先生，"她说，"我读了你写的每一句话，甚至在达芙妮出生之前，我就决定按照你的方法去抚养她。"

我瞥了一眼达芙妮，她穿着厚重的鞋子站在我的三角钢琴上。她猛地跳向沙发，差点没把沙发穿透。"你看她多自然，"那位母亲说，"按您的理念培养长大的孩子！"我感到非常尴尬。

许多父母无法理解自由和放纵之间的区别。在纪律严明的家庭中，孩子们没有任何权利。在溺爱孩子的家庭里，他们拥有所有的权利。而在正常的家庭里，儿童和成人享有平等的权利。学校也是如此。

必须一再强调的是，自由并不意味着溺爱孩子。如果一个三岁的孩子想在餐桌上走，你只要告诉他不行就可以了。他必须服从，这是真的。但另一方面，必要时你也必须满足他。如果他们让我出去，我就会离开孩子们的房间。

如果孩子要按照自己的内在本性生活，成年人必然会有一定的牺牲。明智的父母会达成某种妥协，不明智的父母要么变得暴力，要么溺爱孩子，让他们的孩子拥有所有的社会权利。

事实上，父母和孩子之间的利益分歧即使不能得到解决，也可以通过真诚的协商来缓解。佐伊没有乱动我的桌子，没有随意玩我的打字机、翻我的文件。同样，我也不会动她的房间和玩具。

孩子非常聪明，很快就会接受社会规则。但大人不应该经常利用这一点，比如当孩子正在投入地玩游戏时，父母经常会喊道："吉米，给我拿一杯水来。"

孩子多数的顽皮行为是父母错误的处理方法导致的。佐伊一岁多一点的时候，对我的眼镜产生了极大的兴趣，经常把它从我的鼻子上抓下来，看看它是什么样子。我没有提出任何抗议，没有用眼神或语气表现出恼怒的情绪。她很快对我的眼镜失去了兴趣，再没有碰过它了。毫无疑问，如果我当时严厉地告诉她不要动，或者更糟糕的是，打了她的小手，那么她就会一直对我的眼镜感兴趣，同时夹杂着对我的恐惧和反抗。

我妻子让她玩易碎的装饰品。佐伊玩得很小心，很少打碎东西。她用自己的方式探索周围的事物。当然，自由应该有限制。我们不能让一个6个月大的婴儿自己去发现触碰一根点燃的香烟会被烧疼。在这种情况下，朝孩子大声吼叫是错误的，正确的做法是安静地拿走香烟。

除非孩子有智力缺陷，否则他很快就会发现他感兴趣的东西。如果没有激动的哭声和愤怒的吼声，他在处理各种事物时会表现出令人难以置信的理性。很多焦虑的母亲在煤气炉旁边忙碌边心烦意乱地想着孩子在做什么，她们从不信任自己的孩子。"去看看孩子在做什么，告诉他不能那样做。"今天我们仍然可以在许多家庭听到这句话。

一位母亲写信问我，她忙着做饭时，孩子把东西弄得一团糟，她该怎么办。我只能回答说，也许是她把孩子养育成这样的。

有一对夫妇读了我的一些书，想到在抚养中给孩子造成的伤害时，他们感到良心不安。于是，他们召开家庭会议说："过去我们培养你的方式是错的。从现在开始，你可以自由地做你自己想做的事了。"我忘了他们告诉我后来收到了多少赔偿账单，但我记得他们不得不召开另一次会议，撤销之前的决议。

反对儿童自由的论点通常是：世事艰难，我们必须训练孩子，使他们适应未来生活。我们必须约束他们。如果我们允许他们随心所欲，他们将如何在老板手下好好工作呢？他们将如何与那些懂纪律的人竞争？他们怎么才能变得自律呢？

那些反对给予孩子自由并使用这一论点的人并没有意识到，他们是从一个毫无根据、未经证实的假设出发的，即除非强迫孩子这样做，否则他们就不会成长或健康发展。然而，夏山近40年的经验否定了这一假设。在数百个案例中，我以默文为例。从 7 岁到 17 岁，他在夏山学习了 10 年。在这 10 年里，默文没上过一节课。17 岁时，他几乎不知道该怎么读书。然而，当默文离开学校，决定成为一名乐器制造师时，他很快自学了如何阅读，并在短时间内自学了所有他需要的技术知识。通过自己的努力，他为学徒生涯做好了准备。今天，这个家伙精通文学，薪水也不错，是他所在领域的佼佼者。至于自律，默文亲手建造了他的房子的很大一部分，他用日常劳动成果养育了一个有三个男孩的美好家庭。

同样，每年在夏山，有很多平时很少学习的男孩和女孩，在决定考大学后，主动开始学习，为大学入学考试做准备，即使这样的过程漫长且枯燥。他们为什么要这么做？

我们普遍认为，小时候没有被迫养成好习惯，长大后就永远不会再培养起来。这是我们从小就习惯了的假设，我们毫无疑问地接受它，这个想法从未受到挑战。但我否认这个假设。

孩子需要自由，因为只有在自由的情况下，他才能以他自然的方式——良好的方式——成长。我见过来自预科学校和修道院的新生被束缚的结果。他们不够真诚，言行中体现出虚伪的礼貌。

他们对自由的反应是快速而又令人厌倦的。一开始，他们为老师开门，叫我"先生"，穿着整洁，带着"尊重"又稍显恐惧的目光看着我。经过几周的自由生活后，他们才展露出自己的真实面目。他们变得不讲礼貌、不讲仪表、不讲卫生。他们做了所有过去被禁止的事情：说脏话、抽烟、故意破坏东西。在这期间，从他们的眼神和声音里是感受不到礼貌和真诚的。

他们至少需要 6 个月的时间才会褪去不真诚。在那之后，他们放下过去对权威的敬畏，成为自然、健康的孩子，敢于不带着恐惧或仇恨情绪表达自己的想法。当一个孩子从小就获得自由，他就不必经历这个虚伪和表演的阶段。夏山最引人注目的就是学生们这种绝对的真诚。

这种对生活的真诚是至关重要的。这真的是世界上最重要的一件事了。如果你真诚，所有其他的东西都将随之而来。每个人都意识到言行真诚的价值。我们期待我们的政治家（这就是人类的乐观主义）、我们的法官和地方行政官、教师和医生能够真诚。然而，我们教育孩子的方式让他们不敢真诚。

可能我们在夏山的最大发现是：一个孩子生来就是真诚的。**我们不干扰孩子，这样我们就能发现他们原本的样子。**这是对待孩子唯一可行的方式。未来的先锋学校，如果想在儿童学习甚至是更为重要的儿童幸福方面有所贡献，就必须走这条路。

人生的目的是追求幸福。生活的邪恶是限制或破坏一切的幸福。幸福总是意味着善良，极端的不幸福意味着种族屠杀或发动战争等。

但我承认，真诚也有一些尴尬的时刻。最近一个叫玛丽的三岁女孩看着一个长着胡子的客人说："我不喜欢你的脸。"客人应对自如。"但我是喜欢你的。"他说。玛丽笑了起来。

不，我不会为是否应该给孩子自由而与人争论。和一个自由的孩子在一起待半小时比一本辩论书的论点更有说服力。毕竟，百闻不如一见。

要给予一个孩子自由并不容易，这意味着我们不能教他有关宗教、政治或阶级意识的内容。当一个孩子听到父亲猛烈抨击某个政治团体，或者听到母亲怒斥仆人时，他就不可能拥有真正的自由。想要孩子完全不受我们的生活态度的影响是不可能的。屠夫的儿子不太可能宣扬素食主义，除非他因痛恨父权而故意这样做。

社会在本质上敌视自由。社会——大众——是保守且憎恨新思想的。

流行时尚则象征着大众对自由的厌恶。群众要求统一性。在城里，如果我穿着草鞋，那我就会被视为怪人；在村里，如果我戴一顶高帽，那么我将被当成一个异类。很少有人敢于特立独行。

英国的法律——群众立法——规定，晚上8点后禁止购买香烟。我想没有人会赞成这项规定。但作为个人，我们平静地接受了那些愚蠢的群体裁决。

很少有人愿意承担绞死谋杀犯或者把罪犯送进我们称之为监狱的地方终身监禁的责任，但是群众保留了像死刑和监狱制度这样的野蛮规定，因为他们大多缺乏仁心。群众不会思考，只凭感觉。对群众来说，罪犯很危险，最简单的保护自己的方法是杀死危险分子或将其关起来。从根本上来说，我们过时的刑法建立在恐惧之上，我们具有压抑性的教育体系同样建立在一种恐惧——对新一代的恐惧——之上。

马丁·康威爵士在他那本令人耳目一新的书《和平与战争中的群众》中指出，群众似乎喜欢年老之人。在战争中，他们会选择老将军；在和平时期，他们更喜欢老医生。群众紧紧依附于老人，因为他们害怕年轻人。

人类自我保护的本能使得他们在新一代中看到了一种危险——一个崭新的、可与之匹敌的群体带来的危险，他们可能会击溃老一代人。在最小的群体——家庭中，年轻人也因为同样的理由被剥夺了自由。成年人坚持着旧的价值观，即旧的情感价值观。一个父亲禁止他20岁的女儿吸烟，这种行为是没有逻辑依据的。禁止行为源于感性和保守，但根本上是源于恐惧：她下一步会做什么？群众是道德的守护者。成年人害怕给予年轻人自由，因为他们担心年轻人可能确实会做他们这些成年人曾经想做但没敢做的所有事情。于是他们不停地将成年人的世界观与价值观施加给孩子，这是他们对孩子所犯下的一种极大的罪恶。

给予自由就是允许孩子过自己的生活。这样说起来似乎很简单，只是我们教导孩子时习惯采用强制性、填鸭式的说教形式，所以无法体会给予孩子真正自由的简单之法。

孩子对自由是什么反应？聪明的和不那么聪明的孩子都从中获得了他们以前从未获得过的东西——一种几乎无法定义的东西。它表现为孩子更加真诚和善良，攻击性也更少。当孩子没有处于恐惧和约束之下时，他们就没有明显的攻击性。从建校以来，在夏山我只见过一次孩子打架打出鼻血的情况。我们周围总是有一个"小恶霸"，毕竟学校里再多的自由也不能完全抵消不良家庭的影响。自由可以改变——但永远无法完全改变——在生命最初几个月或几年中形成的性格。自由最大的敌人是恐惧。如果我们告诉孩子关于性的知识，他们会不会变得放荡？如果我们不审查剧本，人们会不会变得道德败坏？

只有那些自己已经被腐蚀的成年人才会担心年轻人被腐蚀，就像那些思想肮脏的人要求我们都穿两件套泳衣那样。如果一个人因为某件事情而震惊，那件事往往就是他最感兴趣的事情。假正经的人只不过是没有勇气面对自己的赤裸灵魂。

然而，自由意味着克服无知。自由的人不需要别人为他审查剧本或服装，因为一个自由的人不会大惊小怪。夏山的学生不会对什么事情都感到震惊，这并非因为他们是在过错中成长的，而是因为他们对令人震惊的事情已经失去了兴趣，不再把它们当作谈话或打趣的主题。

人们总是对我说："但是你那些自由的孩子要怎样适应枯燥乏味的生活呢？"我希望这些自由的孩子能成为改变生活中枯燥乏味之事的先行者。

我们允许孩子是自私的、小气的，允许他自由地在童年时期追随自己幼稚的兴趣。当孩子的个人利益和社会利益发生冲突时，我们应该允许他们优先考虑个人利益。夏山的教育理念就是释放自我：让孩子实现他自然的兴趣。

学校应该把孩子的生活变成一场游戏。我并不主张必须给孩子铺就一条鲜花之路，毕竟让孩子一切顺利对塑造孩子的性格来说是致命的。只是生活本身已经出现了这么多困难，我们就没必要再给孩子人为地制造困难了。

我认为通过权威强加给孩子任何东西都是错误的。孩子不该被推着做任何事情，直到他自己认为这件事应该做。人类的不幸来自外部的强迫，无论是来自教皇、国家，还是老师、父母，都是如此。

大多数人需要一个神。当家庭中的父母追求完美的真理和道德行为时，你怎么能不需要一个神呢？自由意味着只要你不干涉别人的自由，你就可以做你想做的事。这样做的结果就是你能够自由成长。

在我们国家的教育政策中,我们拒绝放任自流,而是通过强制手段来推行教育。但是强迫一个孩子停止扔石头和强迫一个孩子学拉丁语是有区别的。扔石头涉及他人,但是学习拉丁语只涉及自己。社会有权限制反社会的男孩,因为他在干涉他人的权利。但是,社会没有权利强迫一个男孩学习拉丁语,因为学习拉丁语是个人的事。强迫孩子学习相当于通过议会法案迫使一个人皈依一种宗教,二者同样愚蠢。

我小时候学过拉丁语,准确来说是别人给了我一本拉丁语书让我学。当时还是小男孩的我并不想学这些东西,因为我的兴趣在别的地方。21岁时,我发现不会拉丁语就无法进入大学。在不到一年的时间里,我学会了足够多的拉丁语知识以通过入学考试。自我利益驱动我学会了拉丁语。

每个孩子都有权利穿这样一种衣服——即使被弄脏了也没关系。每个孩子都享有言论自由。多年来,我听到过很多处于青春期的孩子把那些在幼儿园中被禁止说的脏话都发泄了出来。

令人惊讶的是,虽然数以百万计的人们在性压抑、仇恨和恐惧中长大,但这个世界并不比过去更加神经质。我想这意味着人有某种与生俱来的力量,它最终战胜了强加给它的邪恶。如今在性与其他方面渐趋自由。在我的少年时代,女人需要穿着长筒袜和长裙去洗澡,如今,女性已经可以露出腿和其他身体部位。一代一代的孩子有了更多的自由。今天,只有少数过于紧张的父母才会把辣椒涂在婴儿的拇指上,防止他们吮吸手指,只有少数国家的学校老师还会体罚孩子。

自由的作用起效慢，一个孩子可能需要好几年的时间才能明白其中的含义。任何期望立竿见影的人都是无药可救的乐观主义者。自由最容易在聪明的孩子身上起效。我希望能够这样说，既然自由主要是触及情感，那么无论什么样的孩子——聪明或迟钝——对自由的反应应该都是一样的，但我不能这么说。

就课业学习而言，我们可以看到不同之处。多年来，每个自由的孩子大部分时间都在玩耍，但当时机成熟时，聪明的孩子就会坐下来学习掌握官方考试所涵盖的科目。在两年多的时间里，这样的一个聪明孩子就会完成那些在传统学校管制下的孩子需要学习8年的东西。

传统学校的教师认为，只有用纪律约束学生刻苦学习，他们才能通过考试。我们的结果证明，对于聪明的学生来说，这是一种谬见。在自由的环境下，有这么多分散注意力的事情，要集中精力学习是件十分困难的事情，只有聪明的孩子才能做到。

通过纪律约束，我知道成绩相对较差的学生也能通过考试，但我想知道那些通过考试的人以后的生活是怎样的。如果所有的学校都是自由的，所有的课程都是可选的，我相信孩子们会找到自己的定位。

我听说一些疲惫不堪的母亲正忙着做饭，孩子却爬来爬去，弄乱东西。有的母亲恼怒地问："自由成长到底能带来什么？这对雇得起保姆的有钱女人来说很好，但对像我这样的人来说，只不过是空话和困扰。"

另一个人可能会喊道："我也想这样啊，但我该怎么开始呢？关于这个问题我能读哪些书呢？"

答案是：没有书，没有神谕，也没有权威的说法。总之，我们只有极少数对孩子充满信心的父母、医生和老师，决心不做任何扭曲孩子人格的事情，也不通过任何错误的干预致使他们在生理上变得僵硬死板。我们都是追寻人性真相的非权威主义者，所能提供的只是我们对在自由中长大的孩子们的观察。

爱与认可

孩子的快乐和幸福取决于我们给予他们爱和认可的程度。我们必须和孩子站在一边。站在孩子这一边就是给予孩子爱——不是占有的爱，不是非理性的爱，只是以这种方式对待孩子，让孩子觉得你爱他，认可他。

这是可以做到的。我知道有很多父母站在他们的孩子一边，他们不要求任何回报，反而因此得到了很多回报。他们意识到孩子并不是一个小大人。一个 10 岁的儿子经常给家里写信："亲爱的妈妈，请寄给我 50 美分。希望你一切都好。告诉爸爸我爱他。"父母微微一笑，他们知道真诚的、不害怕表达自己的孩子都会这样写。而有错误观念的父母对着这样的一封信则会叹息一声，然后想：这个自私的小崽子，总是问我们要东西。

我们学校持有正确观念的父母从来不问他们的孩子过得怎么样，他们会自己观察。而有着错误观念的家长总是不断地问我：他会读书了吗？他什么时候才能爱干净？他有上过课吗？

这些完全是对孩子的信任问题。有些人会相信他们的孩子，大多数人不会。如果你没有这种信任，孩子也能够感受到。他们觉得你爱他们没那么深，不然你就会更信任他们。当你认可孩子的时候，你可以和他们谈论任何事情，因为认可能够让许多顾虑烟消云散。

但问题来了，如果你不认可自己，你能认可孩子吗？如果你都不了解自己，你就无法认可自己。换句话说，**你越了解自己和自己的动机，你就越有可能成为一个自我认可的人。**

因此，我热切地希望，父母能更多地了解自己和孩子的本性，从而帮助孩子远离焦虑和恐惧。我再说一遍，如果父母将他们自己过时的信仰、行为和道德观强加给孩子，那会毁了孩子的生活。他们正在把这个孩子献祭给过去。对于那些把权威性宗教强加给自己孩子的父母来说，这一点尤为真实，他们自己也曾经被这样对待过。

我很清楚，世界上最困难的事是放弃我们一向认为重要的东西，但只有通过放弃，我们才能找到生命力，找到进步，找到幸福。作为父母，必须学会放弃。他们必须放弃伪装成权威和批评的仇恨，他们必须放弃因恐惧而生的狭隘，他们必须放弃旧的道德规范和大众评判。

或者更简单地说，父母必须成为独立个体。他必须知道自己真正的立场。这并不容易，因为一个人不只是他自己，他是他遇到过的每个人的结合体，他保留了许多他人的价值观。每个男人都有自己父亲的影子，每个女人也都有自己母亲的影子，每对父母都会强加给自己的孩子来自他们父母的权威。正是这种严格的权威的强加，滋生了仇恨以及问题儿童。这与给予一个孩子认可是完全相反的。

许多女孩曾对我说过:"我做什么都无法让妈妈开心,因为她什么事都比我做得好。如果我在缝制或编织上犯了错误,她就会发脾气。"

相对于教学而言,孩子更需要爱和理解。被允许和给予自由,他们自然就会足够好。有能力给予孩子足够自由的父母才是真正强大和有爱的父母。

这个世界充斥着太多的谴责,这种说法只是比世界充满了仇恨显得温和一点而已。父母的仇恨使孩子出了问题,正如社会的仇恨造成了犯罪一样。救赎在于"爱",但困难在于,没有人可以被迫去爱。

问题儿童的家长必须坐下来问一下自己:我给予我的孩子真正的认可了吗?我给予他信任了吗?我给予他理解了吗?我并不是纸上谈兵,因为我知道问题儿童来到夏山学校后,会在这里变成一个快乐的、正常的孩子。我知道疗愈过程中发挥主要作用的是认可、信任和理解。

正常儿童和问题儿童一样,都是需要支持的。父母和老师都要遵守的信条是:你应该站在孩子这一边。正因为遵守这个信条,夏山成为一所成功的学校。我们绝对站在孩子一边,孩子自然知道这一点。

我并不是说我们是一群天使。有时,我们这些成年人会大惊小怪。如果我在粉刷一扇门的时候,罗伯特走过来往我新涂的油漆上扔泥巴,我会毫不留情地骂他,因为他早已是我们中的一员,他不会在乎我如何对他说话。但是,假设罗伯特刚从一所严格的学校来到夏山,他扔泥巴的行为实际上是在尝试挑战权威,那么我将和他一起扔泥巴，因为救赎他这件事比一扇门更重要。我知道，在他表达仇恨的时候，我必须站在他这一边，以此让他能够再次融入社会。这并不容易。我曾经站在一旁看着一个男孩糟蹋我珍贵的车床。我知道，如果我提出抗议，他会立刻认为我和他父亲一模一样。他父亲总是严厉地威胁说，如果敢碰一下他的工具，他就会揍他。

奇怪的是，即便你有时候骂了孩子，你依然可以站在孩子一边。如果你站在孩子一边，孩子就会意识到这一点。你们在土豆或刮擦工具上的任何细微的分歧都不会真正影响你们的关系。在孩子之前的生活中，权威和道德就像警察一样约束他。所以，当**你不带着权威和道德对待一个孩子的时候，这个孩子会感受到你是站在他这一边的。**

当一个8岁的女孩经过我时随口说一句，"尼尔是个愚蠢的傻瓜"，我知道她只是在以消极的方式表达她的爱，告诉我她感到自在。孩子不是那么在乎爱，而是更希望被爱。**对于每个孩子来说，成年人的认可意味着爱，而不认可则意味着仇恨。**孩子对夏山教职工的态度，就像他们对我的态度一样。孩子们感觉到夏山的教职工始终站在他们这一边。

我已经提到过自由儿童的真诚。这种真诚是他们被认可的结果。他们既不需要人为的行为标准，也没有被禁忌约束。他们没有必要过一种满是谎言的生活。

那些来自必须尊重权威的学校的转校生会称呼我为"先生"。只有当他们发现我不是权威时，他们才不叫先生，而叫我尼尔。他们从来不寻求我个人的认可，只寻求整个校委会的认可。但在我还是苏格兰乡村学校校长的时候，孩子们都很乐意留到最后帮忙收拾教室或在户外修剪树篱，他们会装模作样地寻求我的认可，因为我是老大。

在夏山，孩子们不需要做任何事情来获取我的认可，尽管当访客们看到那些男孩和女孩帮我清除杂草时，他们可能会得出相反的结论。他们做这项工作的动机与我个人无关。孩子们之所以会去清除杂草，是因为他们在全校大会上通过了一项规定，那就是12岁以上的人每周必须在花园里工作两个小时。这项规定后来被撤销了。

然而，在任何社会中，人们都有对获得认可的天然渴望。罪犯往往是那些不再渴望获得社会大部分人认可的人，或者更确切地说，是那些被迫将对获得认可的渴望转变成它的对立面的人，即蔑视社会的人。罪犯总是头号利己主义者："让我快速致富，让社会见鬼去吧。"刑罚只会强化罪犯的利己主义。监禁只是迫使罪犯与世隔绝，使他沉思自己并痛恨这个惩罚他的可恶的社会。刑罚和监禁也许并不能让罪犯改邪归正，因为对他们来说，它们只是社会仇恨他们的证据。社会消除了他为了获得其他人认可而重新社会化的机会。这种不理性的、不人道的监狱系统应该受到谴责，因为它没有触及囚犯的任何心理价值。

因此，我认为少管所的核心任务是使进来的人有获得社会认可的机会。但如果监督员一进入房间，孩子们就必须马上站起来排成军训的队列形式并向监督员敬礼，那说明后者根本没有什么自由可言，更没有获得社会认可的机会。霍默·莱恩发现，当一个男孩刚进入他所创办的学校时，他寻求伙伴们认可的方式通常是他在贫民窟街道上使用的套路：吹嘘他的罪行、吹嘘他在商店偷东西的小聪明、吹嘘他躲避警察的能力。当他发现听众早厌倦了这种寻求认可的方式时，这个新来的人就不知所措了，他只得轻蔑地说他的这些新伙伴是懦夫。渐渐地，希望得到认可的天性迫使他以新的方式向新环境中的人寻求认可。而且，不需要莱恩帮忙进行个人分析，他就适应了自己的新伙伴。几个月后，他就和大家打成了一片。

* * *

现在让我谈谈那位每天下午坐 5 点 20 分的火车回家，看上去平凡、体面、富有同情心的丈夫。

我认识你，约翰·布朗。我知道你想爱你的孩子，同时也想得到孩子的爱。我知道，当你 5 个月大的孩子在凌晨两点醒来，无缘无故不停地大哭大叫时，你就不会对他有多少爱了。请相信他是出于某些原因才哭的，即使你不能立即发现原因是什么。如果你生气了，尽量不要表现出来。对一个婴儿来说，男人的声音比女人的可怕，你永远不知道，在错误的时间，一个响亮且愤怒的声音会给婴儿带来怎样的心理阴影。

"不要和孩子一起躺在床上。"写给父母的小册子上这样写道。忘掉它。请给婴儿尽可能多的拥抱和爱抚。

不要把你的孩子当成一种炫耀的手段。在这方面，赞扬孩子和指责孩子一样需要谨慎。当一个孩子在场时，大肆夸奖他是不好的。"哦，是的，玛丽长大了。上周她是班里的第一名。多聪明的女孩。"我并不是说你永远都不应该表扬你的孩子,你可以对你的儿子说:"你做的风筝非常棒!"但为了给客人留下深刻印象而过于夸张地赞美孩子是错误的。当周围弥漫着赞美之情时,小鹅很容易像天鹅一样扬起脖子。这会让这个孩子对自己有不切实际的认知。你永远不应该鼓励你的孩子远离现实,把自己想象成一幅完美的画卷。另一方面,当孩子失败时,永远不要雪上加霜。即使学校发下来的成绩单中有很多低分,也什么都不要说。还有,如果孩子因为打架时挨揍了而哭着回家,不要管他叫"娘娘腔"。

如果你曾经说过"我像你这么大的时候……",那么你犯了一个可怕的错误。总之,**你必须认可你孩子本来的样子,并且避免把他塑造成你想要的样子。**

在教育和生活中,关于家庭,我的座右铭是:看在上帝的分上,让每个人过他们自己的生活吧。这种态度适用于任何情况。

唯有这种态度才可能培养出宽容的品质。奇怪的是,我以前从没想到过"宽容"这个词。这是对自由学校最确切的形容。我们将通过向孩子展示宽容来引导他们走向宽容。

恐惧

我花了大量的时间来安抚那些被恐惧伤害的孩子的心灵。恐惧在孩子的生活中可能是一件可怕的事情。恐惧必须被完全消除——对成年人的恐惧、对惩罚的恐惧、对不认可的恐惧、对上帝的恐惧。因为只要在恐惧的氛围中,仇恨就会滋生。

我们害怕很多事情——害怕贫穷、害怕嘲笑、害怕鬼魂、害怕窃贼、害怕意外、害怕公众舆论、害怕疾病、害怕死亡。人的一生就是一本恐惧故事集。数以百万计的成年人害怕在黑暗中行走。成千上万的人在警察按门铃时会有一种隐约的不安感。大多数旅行者都会幻想船只沉没或飞机失事。铁路旅客希望坐在车厢的中段位置。"安全第一"是人们最为关切的事。

在人类历史的长河中一定有过这样一个时期，对死亡的恐惧使得人们学会逃跑和躲藏。如今，生活变得很安全，以至于出于自我保护而滋生的恐惧理应不再被需要，然而，今天的人类可能比我们石器时代的祖先有更多的恐惧。原始人只需害怕那些体形庞大的野兽，但如今我们要面对许多"怪物"——火车、轮船、飞机、窃贼、汽车，以及最强烈的恐惧，那就是对被揭露真相的恐惧。对我们来说，恐惧仍然是必要的。恐惧让我小心翼翼地过马路。

在自然界中，恐惧起着延续物种的作用。兔子和马之所以能够生存下来，是因为恐惧驱使它们逃离危险。在野生动物生存法则中，恐惧是一个重要因素。

恐惧总是以自我为中心的：我们为自己的安危或者我们所爱的人感到恐惧，但大多数时候，我们是在为自己的安危感到恐惧。当我还是个孩子的时候，我常常害怕在漆黑的夜晚走去农场取牛奶。然而，当我的姐姐和我一起走时，我并不担心她会在路上被谋杀。恐惧必然是以自我为中心的，因为每一种恐惧最终都归结为对死亡的恐惧。

英雄是那种能将恐惧转化为积极能量的人，英雄能够驾驭自己的恐惧。对士兵来说，害怕感到恐惧是最令人痛苦的事情。懦夫无法将自己的恐惧转化为积极的行动。胆小的人比勇敢者多得多。

我们都是胆小鬼。有些人设法隐藏自己的懦弱，而有些人则表现出懦弱。懦弱总是相对的。你可能在某些事情上表现出英雄气概，而在其他事情上则显得懦弱。我记得自己作为新兵上的第一堂投弹课。有一个人没有把他的手榴弹投进坑里，手榴弹爆炸了，造成几个人受伤。幸运的是，没有人死亡。那天的投弹训练因此结束了。但是第二天，我们又被带到了投弹训练场。当我拿起第一颗手榴弹时，我的手颤抖了起来。军士用轻蔑的眼神看着我，说我是一个胆小鬼。对此，我并未否认。

这位军士，一个因赫赫军功而配得维多利亚十字勋章的人，对肉体上的恐惧一无所知。但不久之后，他向我吐露了秘密："尼尔，只要有你在，我就讨厌进行训练。我总是提心吊胆的。"我感到惊讶，便问他为什么。

"因为你拥有文学硕士学位，"他说，"而我说话总是乱七八糟的。"

在心理学的研究中，我们无法解释为什么一个孩子生来就具有勇气，而另一个孩子则生来就畏缩胆小。这与产前情况可能有很大关系。如果一个孩子是不被期望的，那么母亲在分娩时刻的焦虑可能会传递给未出生的孩子。这个不被期望的孩子生来就具有胆小怕事的性格，害怕生活，希望留在母体中。

虽然我们无法处理产前的影响，但可以肯定的是，许多孩子性格懦弱是因为受到了早期的养育模式的影响。这类懦弱是可以通过预防来避免的。

一位知名的心理分析师向我讲述了一个年轻人的案例。在他6岁的时候，他对一个7岁的女孩表现出了轻微的性兴趣，结果

养育孩子

被他的父亲发现了。父亲对他进行了严厉的惩罚。这次惩罚让这个男孩变得一生都很胆小。在他后来的人生中，他总能感受到自己被迫重复那次早期的经历——他一直在寻找打击，寻求某种形式的惩罚。因此，他只能够爱上禁忌之果，爱上订婚或已婚的女性，并且他总是极度害怕她们的未婚夫或丈夫会痛打他。同样的恐惧也转移到了所有其他事情上。这个男人总是不快乐、胆小如鼠，总是感到自卑，总是预期危险会发生。即使在小事上，他也极度胆怯。在一个阳光明媚的夏日，哪怕只走半英里路，他也会带上雨衣和雨伞。他永远对生活持否定态度。

惩罚一个孩子萌芽中的性兴趣一定会让他变得胆小，用将承受地狱之火来威胁他们也会达到同样的效果。

精神分析学家弗洛伊德经常谈论阉割情结。这种情结确实存在。我发现这是男孩和女孩都会有的恐惧。这种恐惧有着可怕的后果，因为恐惧和愿望往往相去不远。通常，对阉割的恐惧实际上是对阉割的渴望——阉割是对手淫的惩罚，是摆脱诱惑的手段。

对于受惊吓的孩子来说，性就是罪魁祸首。是的，孩子把所有恐惧都与性进行关联，因为他曾被告知性是邪恶的。患有夜惊症的孩子往往是对性感到害怕的孩子。他认为自己是一个应该受到惩罚的坏孩子，魔鬼可能会把他带到地狱。妖怪、鬼魂、小妖都只是伪装的魔鬼。恐惧来自罪恶感。孩子的罪恶感正是由父母的无知带来的。

让孩子感到恐惧的根源之一是在父母的房间睡觉。一个4岁的孩子会看到和无意中听到他不理解的事情，父亲变成了一个"虐待"母亲的坏人。孩子早期的这种误解和恐惧可能导致其出现施虐倾向。男孩将自己认同为父亲，长大后成为将性与痛苦联系在一起的青年。出于恐惧，他可能会对他的伴侣做出他父亲对母亲做的事情。

让我尝试区分一下焦虑和恐惧。对老虎的恐惧是自然和正常的，看到一个糟糕的司机开车而感到恐惧也是自然和正常的。如果我们没有恐惧，我们可能都会被公交车撞到。但对蜘蛛、老鼠或所谓鬼魂的恐惧是不自然和不正常的。这种恐惧只是一种焦虑，它是一种恐惧症。恐惧症是对某事物的非理性的、夸张的焦虑。在恐惧症中，引起恐惧的对象是相对无害的。这个对象只是一个象征，尽管它引起的焦虑是足够真实的。

在澳大利亚，对蜘蛛的恐惧是相对理性的，因为那里的蜘蛛可能是致命的。在英国和美国，对蜘蛛的恐惧则是非理性的，因此是一种恐惧症。蜘蛛是一个人内心深处恐惧的其他事物的象征。因此，孩子对所谓鬼魂的恐惧是一种恐惧症。鬼魂象征着孩子害怕的其他东西。如果他接受过敬畏上帝的教育，那可能就意味着对死亡的恐惧。或者可能是他自己的性冲动，他的家庭教育让他将其视为罪恶并进行压抑。

我曾经被邀请去给一个害怕蚯蚓的女学生做心理治疗。我让她画一个蚯蚓，她画了一个阴茎。然后她告诉我有一个士兵曾经在她上学的路上向她暴露自己的生殖器官，这让她感到害怕。这种恐惧转移到了蚯蚓身上。但是，在这种恐惧症出现之前，这个女孩对男性的生殖器官已经非常感兴趣了。这种不正常的兴趣源于性教育的匮乏，或者说源于她在性方面的无知。她的长辈们对这些问题所持有的神秘和保密态度使她对这些问题产生了异常的兴趣。当然,她绝对不应该撞见这个露阴癖者,但是更好的性教育本来可以使她在这场磨难中不做出神经质的反应,不会对男性性器官产生持久的焦虑。

恐惧症往往发生在年幼的孩子身上。一个严厉父亲的儿子可能会对马、狮子或警察产生恐惧。恐惧症的诱因还会扩展到其他任何象征父亲的事物上。在这里,我们再次看到了在孩子的生活中引入权威而产生的危险。

对孩子来说,生活中最大的恐惧是他们被灌输的永世不得救赎的想法。

在街上,我经常听到一位母亲说:"汤米,停下来!警察来了!"这种说法的次要后果是,孩子很早就发现他的母亲是个说谎者。主要的恶果在于,对孩子来说,警察就是恶魔——他是把你带走,把你锁在黑暗中的人。孩子总是把他最严重的过错与恐惧联系起来。因此,手淫的孩子在警察抓到他扔石头时,可能会表现出对警察的异常恐惧。这种恐惧实际上是对惩罚的神和惩罚的恶魔的恐惧。

还有许多恐惧源于我们对自己过去所做的坏事的思考。我们都曾在幻想中杀人。我相信,当一个5岁的孩子被我阻止实现他的愿望时,他会在幻想中杀死我。

在很多时候,我的学生们会高兴地用水枪对我进行射击,并喊道:"举起手来!你死了!"他们用这种方法杀死权威象征并缓解自身的恐惧。我有意在某个早晨表现出权威的样子,以观察这对当天射击活动的影响。在这种场合里,我已被"杀死"许多次。在幻想之后,恐惧随之而来——"假如尼尔死了!我会是那个有罪的人，因为是我希望他被杀死的。"

我们的一位女学生喜欢在游泳时把其他学生拉入水下。后来，她发展出了对水的恐惧症。尽管她的游泳技术很好，但她从不游到超出自己身高的地方。原来，在幻想中她使许多竞争对手"淹死"了，现在她害怕报应："作为对我罪恶思想的惩罚，我会被淹死。"

小阿尔伯特站在海滩上看着父亲游泳时，常常会陷入恐慌状态。他之所以害怕，是因为他常常希望父亲死去。他恐惧是因为自己的良心不安。当我们意识到，对孩子来说，死亡只是让令他们害怕的人消失，那么知道一个孩子会在幻想中杀人就不再那么令人震惊了。

我见过一些成年人，他们下意识地确信自己对父亲或母亲的去世负有责任。如果父母不再用暴风雨般的怒吼和打击激起孩子的恨意，便可以避免随后让孩子产生罪恶感和恐惧感。而数百所仍然使用体罚或其他严格的惩罚方式的学校，对孩子造成了无法修复的伤害。

许多人深信这一点：如果孩子没有敬畏的东西，他们怎么会成为一个好人呢？**依赖于对地狱的恐惧、对警察的恐惧或对惩罚的恐惧而表现出的善良根本不是真正的善良——那只是胆怯。那种希望得到奖励、希望得到赞美或希望可以升入天堂而表现出的善良实际上依赖于贿赂。**当代的道德观使孩子们变得胆小，因为它让他们害怕生活。这就是受纪律约束的学生收获的结果。成千上万的教育工作者在没有引入惩罚的情况下出色地完成了他们的工作，其他的则是无能的不合时宜的人，他们应该被驱逐出这个行业。

孩子可能会害怕我们，然后接受我们的价值观。而我们成人的价值观又如何呢！这周我花了 7 美元买了一条狗，花了 10 美元买了车床工具，用 11 美元买了烟草。虽然我反思并哀叹我们的社会弊端，但从未想过把所有的钱都施舍给穷人。因此，我现在不会对孩子说贫民窟是对世界的亵渎。我以前会这样做——在我意识到自己在这件事上有多么虚伪之前。

我所知道的最幸福的家庭，是那些父母坦诚地与孩子交流而不进行道德说教的家庭。 在这些家庭中，恐惧没有容身之地。父亲和儿子是朋友，爱可以茁壮成长。而在其他家庭中，爱被恐惧所扼杀。虚伪的尊严和被要求尊重使得爱望而却步。**被迫的尊重总是意味着恐惧。**

在夏山，害怕父母的孩子会时常出现在教师的休息室中。真正自由的孩子从不会靠近我们。受惊吓的孩子总是在试探我们。一个 11 岁的男孩——他的父亲非常严格——每天要打开我的门 20 次。他往里面看了一眼，什么也不说，然后又关上门。有时我会对他喊："小子，我还没死呢。"这个男孩把他父亲不要的那部分爱全部给了我，他害怕他理想中的"新父亲"可能会消失。这种恐惧背后实际上隐藏着这样一个愿望：他那个不称职的父亲最好消失。

与害怕你的孩子相处比与爱你的孩子相处要容易得多，也就是说，你的生活会更平静。因为当孩子害怕你时，他们会给你留出很大的空间。我的妻子和我以及夏山的教职工得到了孩子们的喜爱，因为我们认可他们，这就是他们想要的全部。因为他们知道我们不会否定他们，所以他们享受与我们亲近的感觉。

我发现在夏山几乎没有孩子会害怕雷电，他们会在最猛烈的风暴中睡在小帐篷里。我也不觉得他们有多害怕黑暗。有时一个8岁的男孩会把他的帐篷搭在田野的最远端,他会在那里独自睡上几个夜晚。自由激发了无畏。我经常看到胆小的小家伙在夏山成长为坚强、无畏的年轻人。但这样泛泛而谈是错误的,因为有些内向的孩子永远不会变得勇敢,有些人一生都保留着他们的恐惧。

如果一个孩子在没有恐惧的环境中长大,但仍然心存恐惧,那么有可能他是带着这些恐惧来到这个世界上的。在处理这类恐惧时的主要困难在于我们对胎儿状况的无知。没有人知道一个怀孕的母亲是否会将自己的恐惧传递给未出生的孩子。

另一方面,孩子肯定会从周围的世界中感知到恐惧。曾经,即使是小孩子,也难免会听到可怕的核战争即将到来这样的说法。将恐惧与这些事情联系起来是自然而然的。但是,如果没有对性和地狱的无意识恐惧加剧人们对炸弹的现实恐惧,那么对炸弹的恐惧将是一个正常的恐惧——不是恐惧症,不是普遍的焦虑。健康、自由的孩子不害怕未来,他们热情地期待它的到来。他们的孩子也不会有对明天的病态恐惧,从而可以勇敢地面对生活。

心理学家威廉·赖希指出,突然感到恐惧时,我们都会暂时屏住呼吸,而生活在恐惧中的孩子会经常屏住呼吸……并保持这种状态。一个被良好养育的孩子能自由、无拘无束地呼吸,这表明他不惧怕生活。

对那些关心如何培养孩子摆脱仇恨或不信任带来的毁灭性恐惧的父亲,我有一些重要的话要说:

永远不要试图成为家里的老板、审查员、怪物,当你的妻子说"等着爸爸回家"时,她暗示你就是那样的人。不要容忍这种情况！这意味着你将得到孩子原本会对你妻子生出的仇恨。

不要让自己高高在上。如果你的儿子问你是否曾经尿床或者手淫过，要勇敢而真诚地告诉他们真相。如果你把自己当成一个老板，你会得到他们的尊重，但这种尊重是不可靠的，因为里面夹杂着恐惧。如果你放低身段，告诉他们你在学校时有多么胆小，你会得到他们真正的尊重——那种包含着爱、理解和完全没有恐惧的尊重。

相对而言，父母要培养一个没有心结的孩子是比较容易的。不要让孩子被吓得胆战心惊，不要让他们心怀内疚。人们无法消除所有恐惧的反应，比如门"砰"地关上，人可能会被吓得突然跳起来。但是，至少你可以消除强加在孩子身上的不健康的恐惧：对惩罚的恐惧、对愤怒上帝的恐惧、对愤怒父母的恐惧。

自卑与幻想

是什么让孩子感到自卑？我想是因为他看到大人能做他做不到的事，或不被允许做的事。

自卑感与阴茎之间有很大关系。男孩们常因自己的阴茎太小而无地自容，女孩们则常因自己没有阴茎而感到自卑。阴茎作为某种力量象征变得如此重要，主要是由于所谓道德教育所赋予的神秘感和禁忌。而另一方面，关于阴茎的种种想法被压制禁锢，只能停留在幻想阶段。这件如此神秘的事在母亲和保姆小心翼翼的守护下变得过分重要。在很多故事中，我们都看到了阴茎的神奇力量。比如阿拉丁一摩擦他的神灯——手淫——世界上所有的快乐便都来到他身边。同样，孩子有时也会将排泄物视为一件重要的东西。

幻想总是以自我为中心的。这是一个把自己当作主角的人才会做的梦，也是一个理想主义的故事。我们成人通过威士忌、小说或电影进入那个梦境，孩子则通过幻想。幻想是对现实的逃避——那是一个美梦成真的世界、一个天马行空的世界。不理性的成人常去那里闲逛，而正常的孩子也常常心存幻想。幻想世界甚至比梦境更具吸引力。在梦境世界中我们还有噩梦，但在幻想中，我们可以控制自己只幻想那些愉悦的事情。

我在德国做老师时，曾教过一个 10 岁的犹太女孩。她常常害怕很多事，比如害怕上课迟到。第一天上课时，她带了一个巨大的书包，坐在桌子旁开始做那些枯燥乏味的数学题：用 4 563 207 867 除以 4 379。连续三天，她都在做这些数学题。我问她是否喜欢做这样的数学题，她小声地回答："嗯。"

第四天，我看她还在痛苦地做那些计算题，便忍不住再次问道："你真的喜欢做这些吗？"

她放声大哭，我默默拿起那本书，把书扔到教室尽头。"这里是自由的，"我说，"你可以做你真正想做的事情。"从那以后，她看上去开心多了，一整天吹着口哨。她什么事都不做，只是吹口哨。

几个月后的一天，我滑雪穿过一片树林时突然听到一个声音，寻声便看到了那个犹太女孩——斯洛维娅。她脱掉了滑雪板，走在雪中，开怀大笑，滔滔不绝地自言自语。显然，她正沉浸在各种角色扮演中，从我身边走过时都没注意到我。

第二天早上，我告诉她我无意中听见了她在森林中自言自语。

养育孩子

她一开始没反应过来，但紧接着便冲出教室。那天下午，她在我门口徘徊，最后还是走了进来并告诉我说："虽然很难开口告诉您当时我在做什么，但我想，现在我可以讲给您听了。"

这是一个精彩绝伦的故事。多年来，她幻想自己住在一个叫作格伦瓦尔德的梦想村庄里。她向我展示了她自己绘制的村庄地图，甚至还展示了房屋的平面图。村里的人被她赋予了不同性格。那天我在森林里听见的，正是名叫汉斯和赫尔穆特的两个小男孩之间的对话。

我花了几周时间才搞清楚她幻想背后的原因。斯洛维娅是家中独女，从小就缺少玩伴，所以她想象出了村庄里的玩伴。有一次，她告诉我赫尔穆特因为私闯种植园被看门人毒打了几次，这让我找到了打开幻想之谜的钥匙。后来，她向我透露有一个男人曾经对她进行了性骚扰。

我决定告诉她幻想背后的隐喻，帮助她冲破幻境。接下来的两天，她看起来非常痛苦。"我昨晚试着回到格伦瓦尔德，"她哭着对我说，"但我做不到。你毁了我生活中最喜欢的东西。"

10天后，一位老师对我说："斯洛维娅遇到了什么好事情？她整天唱歌，而且变漂亮了。"这是真的，她变漂亮了。她突然对一切都产生了兴趣。她甚至要求上课，并且学得很好。她开始画画，也画出了一些不错的草图。简而言之，她愿意主动接触现实了。她可怕的性经历和孤独感使她躲进幻想世界，去寻找一个没有性诱惑和坏男人的新世界。然而，即使在愉快的白日梦中，赫尔穆特依旧会闯入她的天堂。

另一个女孩经常幻想自己是一位出色的女演员，观众要求她返场16次。

吉姆，是一个爱发脾气的男孩，告诉了我他关于排尿和排便的幻想。他正在用性来表达力量。

还有一个9岁的男孩编织着关于开火车的长篇幻想。他总是幻想自己是司机，他的乘客通常是国王和王后（父亲和母亲）。

小查理想象他拥有庞大的飞机战队和汽车车队。

吉姆谈论起他的有钱叔叔送给他一辆儿童版劳斯莱斯，但却是汽油驱动的。吉姆说他不需要驾照就可以驾驶。有一次，我发现几个少年在吉姆的怂恿下，正准备步行前往4英里外的火车站。他们被告知，吉姆的叔叔已经把车送到了这个车站，需要他们把车开回来。我难以想象如果他们步行穿越泥泞的路，到达车站后发现这一切都是吉姆的想象，该有多难过。于是，我决定尝试阻止这次出行。我提醒他们，这次出行会让他们错过午餐。此时，吉姆看起来很不自在，只听他喊道："我们不想错过午餐。"他们的宿管阿姨突然想到了一种补偿方式，提出带孩子们去看电影，不出远门了。孩子们迅速脱下雨衣，吉姆也彻底松了口气，因为他知道那个送他车的叔叔只是他自己幻想出来的。

吉姆的幻想与性无关。自从到夏山以来，他就一直在用这种方式吸引其他男孩对他的关注。有好几天，一群少年站在远处，注视着莱姆港的入口。起因是吉姆告诉他们他还有一个叔叔拥有两艘远洋轮船。男孩们说服吉姆写信给这位叔叔，请求他赠送给他们一艘摩托艇。于是，他们期待能看到一艘远洋轮船拖着他们的摩托艇出现在港口。由此，吉姆找到了他的优越感。可实际上，他是一个被寄养的可怜的小家伙，他只能通过幻想来消除自己的自卑感。

摧毁所有的幻想将使生活变得枯燥乏味。每一次创造都必须先有幻想。在放置第一块石头之前，建筑设计师雷恩一定已经幻想建造出了整个圣保罗大教堂。

值得保留的幻想是那些可以在现实中实现的，而另一种即逃避现实的幻想，如果可能的话，应该被打破。如果长时间沉溺其中，会阻碍孩子的发展。在任何一所学校里，所谓的笨学生通常是那些一直活在幻想中的孩子。当一个男孩期待着叔叔送给他一辆劳斯莱斯时，他怎么可能对数学感兴趣呢？

我有时会与学生家长就阅读和写作问题进行激烈的讨论。一位母亲写道："我的孩子必须适应社会，你必须让他学会阅读。"我的回答通常是这样的："你的孩子生活在一个幻想的世界中，可能我需要一年的时间才能打破这个世界。现在要求他读书是在害他。在他耗尽了对幻想世界的兴趣之前，他不可能对阅读产生丝毫兴趣。"

哦，是的，我可以把孩子带到我的房间，严肃地说："把这些关于叔叔和汽车的蠢话从你的脑子里赶出去。那都是瞎编的，你懂。明天早上，你要不上阅读课，你就等着瞧吧。"我如果这样说，简直就是在犯罪。在孩子还没有找到替代品之前就打破他的幻想是错误的，最好的办法是鼓励孩子谈论他的幻想。十之八九他会慢慢对幻境失去兴趣。在一些特殊的情况下，比如一个幻想持续了很多年时，我们更不能随随便便、粗鲁地打破这个梦。

我说过，必须找到别的东西来替代幻想。为了保持身心健康，每个孩子和成年人都至少应该有一个能让他有优越感的领域。在课堂上，获得优越感的方法有两种：一是在班级中成绩名列前茅，二是能够指使班级中成绩垫底的孩子。后者是更具诱惑力的优越方式，因此外向的孩子很容易找到优越感。

内向的孩子则逃到幻想中去寻找他的优越感。在现实世界中，他没有优越感。他不擅长打架，不擅长打比赛；他不会演戏，也不会唱歌跳舞。但在他自己幻想的世界里，他可能是世界重量级拳击冠军。**找到自我满足之处是每个人的迫切需要。**

破坏性

成年人很难理解小孩子其实对财物毫不关心。他们不是故意要破坏东西，他们的破坏行为很多时候是无意识的。

我曾经看到一个正常、快乐的女孩，用滚烫的拨火棍在员工休息室的胡桃木壁炉上烧出一个洞。当有人上前阻止并质问她时，她吓了一跳，看起来相当惊讶。"我这么做的时候，没想太多。"她说。确实，她说的是真话。她的行为是象征性的，完全超出意识控制。

事实上，成人对有价值的东西具有占有欲，而孩子却没有。因此，若儿童和成人生活在一起，必然会因为这种观念的不同，而在处置很多东西时产生冲突。在夏山，孩子们会在上床前5分钟使炉子的温度变高。他们会毫不吝啬地加煤，对他们来说，煤块只是黑色的石头，但对我来说，它们意味着每年1 000美元的账单。孩子们常忘了关灯，因为他们不会把灯和电费账单联系起来。

家具在孩子心中实在没什么价值，所以在夏山，我们都是收购旧的汽车座椅和公交车座椅。一两个月之后，它们就会变得像是沉船上的残骸。每次用餐时，一些等待加餐的小孩子总要找些事情消遣，他们会把叉子几乎拧成结。这些动作通常都是下意识的，或者至少是在半意识的状态下完成的。不仅仅是学校财产会被孩子忽视或破坏，他们对待自己的东西也是一样，对新自行车的新鲜劲儿过去三周之后，就任其风吹雨打了。

儿童在9岁或10岁时做出破坏性行为并不意味着他们是坏蛋或是反社会的。他们在这个年龄尚未形成个人财产意识。当他们展开想象时，他们会用床单和毯子在房间里搭建海盗船，没过多久，床单脏了，毯子破了，可当黑旗升起、炮弹发射时，他们哪里会在意床单是否弄脏了呢？

说真心话，任何想要给予孩子自由的人应该都是百万富翁，因为孩子天生的"破坏性"总是会与经济因素发生冲突，如果因此而限制他们，对孩子而言是不公平的。

一些严肃的教育者认为必须强迫孩子尊重财产，我很不屑于这样的观点，因为它意味着牺牲童年的游戏生活。我的观点是，孩子应该出于自己的自由选择获得财富观。随着孩子们成长，过了对财产漠不关心的阶段，到了青春期，他们自然会成为尊重财产的人。这些曾被允许自由挥霍东西的孩子长大后，几乎不会成为奸商或者剥削者。

女孩不像男孩那样具有破坏力，那是因为她们的幻想世界里不需要海盗船和黑帮抢劫。然而，公平地说，女孩的客厅状况相当糟糕。我不相信女孩们说的，这些狼藉都是男孩打斗的结果。

几年前，我们在孩子们的卧室里衬上了纤维板，可以使卧室更温暖。纤维板是一种胶合纸板，小孩子只要看到它，就忍不住在上面挖洞。乒乓球室的纤维板墙壁看起来就像被轰炸后的柏林。

挖纤维板就像是在挖鼻孔，孩子们做出这个行为通常是完全无意识的，像其他破坏性行为一样，它通常有一个隐藏的动机——创造性。如果一个男孩需要一块金属来做船的龙骨，他会使用一枚他找到的钉子。但如果找不到，又发现我昂贵的工具中恰好有大小合适的，他就会毫不客气地拿去用。对于孩子来说，凿子和钉子毫无差别，只是一块金属而已。一个聪明的男孩曾经用一把非常昂贵的刷子来粉刷屋顶。

我们已经了解到，儿童的价值观与成人的价值观完全不同。如果一所学校试图通过在墙上挂美丽的古典绘画和在房间里放置漂亮的家具来提升孩子的审美品味，那就大错特错了。小孩子尚未开智，还保留着原始人的习性，所以在要求他们举止文明之前，我们应该在生活中为他们打造一个尽可能原始和随意的环境。

几年前，当我们搬到现在的校址时，看到孩子们朝古典精致的橡木门扔刀子，我们心疼极了。于是，我们连忙买了两节旧的火车车厢，并将它们改造成一个平房。在那里，我们的"小原始人"可以随心所欲地扔刀子了。然而，33年后的今天，这些车厢依旧保持完好，里面住着12至16岁的男孩。这些男孩中的大多数已经知道关心房间的舒适和环境的装饰，所以他们多数都会把房间收拾得整洁漂亮。只有一部分男孩生活邋遢，他们当中多半是最近从私立学校转来的。

在夏山，你总是能一眼分辨出那些从私立学校刚转来的男生：他们最脏，最不爱清洁，总爱穿最油腻的衣服。他们需要时间来释放他们的原始冲动，这些冲动往往在私立学校被压制了。但即使在自由的氛围中，这些孩子也需要时间来慢慢地真正融入集体。

工作坊是自由学校里麻烦最多的地方。在最初的日子里，工作坊一直对孩子们开放，结果每件工具不是丢失了，就是损坏了。一个9岁的孩子会拿一把精细的凿子当螺丝刀用，或者拿一把钳子去修理他的自行车，然后就把钳子落在了路边。

于是，我决定从公共的工作坊隔出一部分作为我的私人工作坊，并且上了锁。但我一直良心不安，觉得自己很自私而且显得太不合群。最后，我拆除了隔板。结果半年内，我的私人工作坊里没剩下一件好的工具。一个男孩用光了所有的钢钉来制作摩托车锁销，另一个男孩则试图把车床放进正在运转的切削机的齿轮里去，用来抛光打磨黄铜或银器的精致锤子被拿来砸砖块。工具一旦消失就再也找不到了。最糟糕的是，学生对手工的兴趣完全消失了，年长的学生说："去工作坊有什么用？现在所有的工具都坏了。"它们确实坏了。刨子的刀片上出现了锯齿，而锯子上反而一个齿都没有了。

我在全校大会上提议再次锁上我的工作坊，这个提议获得了通过。但有访客参观时，我不得不打开私人工作坊。每当此时，我都感到羞愧。什么？不是自诩自由吗？那为什么还上锁？这看上去确实不高明，于是我决定给学校增加一个额外的工作坊，它将一直保持开放。我置办了很多必需品——长凳、老虎钳、锯子、凿子、刨子、锤子、钳子、直角尺等。

大约4个月后的一天，一群访客来参观。当我打开私人工作坊时，其中一个人说："这里似乎也并不自由，对吧？"

"好吧，你看，"我急忙说，"孩子们还有另一个全天开放的工作坊。来吧，我带你们去看看。"结果，到了那里，只剩下长凳，其他什么都没有了，连老虎钳都找不到一把。那些凿子和锤子到底散落在 12 英亩[1]校园中的哪个角落，我大概也无从得知了。

工作坊的情况一直让教职工们头疼。这些人里以我为最，因为我对工具尤为珍视。我分析问题出在工具共享上。"现在，"我对自己说，"如果我们引入所有制——如果每个真正想要使用工具的孩子都有自己的一套工具——事情会有所不同。"

我在一次会议上提出了这个想法，大家普遍表示同意。在接下来的一个学期，一些年龄较大的孩子从家里带来了自己的工具包。他们仔细保管着每一件工具，并且在使用时比以往小心多了。

夏山学生的年龄参差不齐，这也可能是产生大部分问题的根源。对很小的孩子而言，工具确实没有任何意义。现在，手工课老师会锁上公共的工作坊。如果碰到一两个高年级学生想要使用我的个人工作坊，我也会欣然允许。他们不会捣乱，因为他们已经知道，要想制作出好作品，就必须爱护好工具。此外，他们在这方面也理解了自由和放纵之间的边界。

尽管如此，最近夏山教室上锁的情况还是有所增加。我在周六晚上的学校大会上提出了这个问题。"我不喜欢这样，"我说，"我今天早上带访客参观，不得不挨个打开工作坊、实验室、陶艺室和剧院的门。我提议所有公共房间白天都保持开放。"我的提议遭到了强烈反对："实验室必须上锁，因为里面含有有毒物品。"另一些孩子接着说道："既然陶艺室紧挨着实验室，那也得上锁。"

"我们不希望工作坊一直开着。看看上次的那些工具是什么下

---

[1] 1 英亩约为 4 047 平方米。——编者注

场!"其他人说。

"那么,"我恳求道,"至少剧院可以开着。没有人会带着舞台逃跑。"

话音刚落,剧作家、演员、舞台经理、灯光师都立刻站了起来。灯光师说:"今天早上剧院的门开着,下午有个淘气鬼打开所有的灯,然后走了——那可是3 000瓦的灯,每瓦要9美分!"

另一个人补充说:"小孩子会翻出戏服来乱穿。"

结果我提出的不锁门的建议只有两个人——我自己和一位7岁女孩——支持。后来我发现,她误以为我们还在对前一个提议进行投票,而上一个议题是"允许7岁孩子看电影"。孩子们已经从自己的经历中学习到应该尊重私有财产。

可悲的是,我们成人更关心心爱之物是否安全,而不是孩子的安全。他的钢琴、他的木匠工具、他的衣服以及其他许多东西已经成为他自己的一部分,看到刨子被滥用就像自己受到伤害一样。这种对物品的爱常常超越了对孩子的爱。每一次大喊"别碰它"都是将物品置于孩子之上。孩子是个麻烦,因为他的愿望往往与成人的利己愿望相矛盾。

三个小男孩曾经借用了我昂贵的手电筒。他们开始探索里面有什么,结果把它弄坏了。如果我说我喜欢他们的这种探索行为,那是在撒谎。我实在恼火,尽管我已经猜到他们的破坏行为背后的心理意义:从象征的角度来说,父亲的手电筒代表了父亲的阴茎。

我有一个白日梦,那就是有一个学生是百万富翁的儿子。在我的幻想中,我允许他尝试各种复杂的实验——由他的父亲支付费用!给予有心理问题的孩子自由是一件代价昂贵的事情。通常情况下，没有哪个心理健康的孩子会想在电视机控制板上钉钉子。

这让我想起我在演讲中经常被问到的一个问题："如果一个男孩在你的三角钢琴上钉钉子，你会怎么做？"现在我已经非常有经验了，通常能够在演讲时看出哪些人将要问这个问题。常常会是坐在前排的女士，她在听的过程中不时摇头表示不赞同。

对于这个问题的最佳答案是：**如果你对孩子的态度很好，那么你对孩子做什么并不重要**。你可以把孩子从钢琴旁带走，只要你没有让孩子对钉钉子产生负罪感，就没有什么害处。坚持自己的个人权利并不会造成伤害，除非你引入了对与错的道德判断。使用"淘气""坏""脏"这样的词语才会造成伤害。

再说回这个小家伙的锤子。当然，他应该在木头而不是钢琴上钉钉子。每个孩子都有权用工具表达自己的情绪，而且这些工具应该是他自己的。但要记住，他不会在意它们值多少钱。

问题儿童的持续破坏性与正常儿童的破坏行为完全不同。后者通常不是由仇恨或焦虑引起的：它们是创造性的幻想行为，并非出于恶意。

真正的破坏性意味着行动中带有仇恨。从象征的意义来说，它意味着谋杀。它并不局限于问题儿童。在战争期间，那些房屋被军队占领的人应该都知道，士兵比儿童更具破坏性。这是自然的，因为他们的任务就是破坏。

创造等于生命，破坏等于死亡。具有破坏性的问题儿童是反生命的。

焦虑儿童的破坏性源于许多因素。其中之一可能是对兄弟姐妹的嫉妒，因为他们觉得自己没有得到同样的爱。另一个可能是对所有限制性权威的反抗。还有一个可能,仅仅是他对一个物体的内部构造抱有简单的好奇心。

我们应该关注的不是物体被破坏成什么样了,而是孩子在破坏中表达的被压抑的仇恨,在特定情况下,这种仇恨会让孩子变成一个施虐狂。

这是一个非常关键的问题。它呈现了一个病态的世界,仇恨从摇篮蔓延至坟墓。当然,这个世界上有很多爱。如果没有,我们就只能对人类感到绝望了。每对父母和每个教育者都应该认真尝试在自己内心深处去发现那份爱。

撒谎

如果你的孩子撒谎,那么他不是因为怕你,就是在模仿你。父母撒谎,孩子也会撒谎。如果你想从孩子那里知道真相,请不要对他撒谎。这并不是在道德层面上的说法,因为我们都有撒谎的时候。有时我们撒谎是为了避免伤害别人的感情,有时当我们被指责为自负或自夸时,我们还会为自己掩饰。与其说"妈妈头疼,安静点",不如直截了当地喊"够了,吵死了!"后者显得更真诚。但你只能等孩子不怕你的时候,才能这么无所顾忌。

父母有时会为了维护自己的面子而撒谎。"爸爸,你能打倒6个人,对吧?""不,我的儿子,看看我大腹便便和肌肉松弛的样子,我连小矮人都打不过。"若是这样如实回答,确实需要一些勇气。

有多少父亲会向孩子承认他们害怕警察或打雷?几乎没有哪个父亲强大到愿意让孩子知道他在学校被称为"鼻涕虫"。

家庭谎言有两个动机：一是让孩子表现良好，二是强化父母在孩子心目中的完美形象。有多少父亲和老师能诚实地回答孩子的问题："你曾经喝醉过吗？""你曾经骂过脏话吗？"正是因为害怕孩子知道真相，成年人变成了伪君子。

作为一个小男孩，我无法原谅我父亲为了逃避一头野牛而翻墙。孩子把我们幻想成英雄和骑士，我们试图不辜负这一点。但总有一天，我们会被揭穿。总有一天，孩子会清楚地觉察到他的父母和老师在说谎。

可能每个年轻人在成长中都有过这样一个阶段：批评父母并且嫌弃他们老土。这个阶段发生在孩子发现父母的真相之后。孩子鄙视的正是原本他们心目中的理想父母。理想中完美的父母与现实中软弱的父母之间的差异太大了。一段时间后，孩子会回到父母身边，带着同情和理解，但不再有幻想。然而，如果父母一开始就坦诚地讲述自己，所有这些误解都是可以避免的。

告诉孩子真相的主要难题在于：我们所有人对自己从未坦诚过。我们对自己撒谎，也对邻居撒谎。所有已出版的自传中都有谎言。我们撒谎是因为我们被教导要达到一个无法达到的道德标准。早期的训练塑造了我们的行为模式，让我们总是试图隐藏真相。

那些对孩子撒谎的成人并没有真正理解孩子。因此，我们的整个教育体系充满了谎言。我们的学校标榜服从和勤奋是美德，谎称只有历史和法语才算教育。

在夏山的学生中，没有一个人真的愿意撒谎或者喜欢习惯性撒谎。当他们第一次来到夏山时，他们撒谎是因为他们害怕说出真相；但当他们发现学校里没人真正约束他们时，也就完全没有了撒谎的必要。大多数儿童撒谎都是出于恐惧，当恐惧消失时，谎言就减少了。我不能说它完全消失了。一个男孩会告诉你他打碎了玻璃窗，但他不会告诉你他偷了冰箱里的东西或偷拿了工具。完全不撒谎是过于乐观的期望。

自由不会消除儿童的幻想性谎言，父母却经常喜欢小题大做。当小吉米来到我面前说他爸爸给他送了一辆真正的劳斯莱斯时，我对他说："我知道，我在大门前看到了，超级棒的车。"

"继续编，"他说，"你知道我只是在开玩笑。"

虽然这乍看起来可能是矛盾和不合逻辑的，但我依旧要说清楚撒谎和不诚实之间的区别。你可以是个诚实的人，但有可能也是说谎者，也就是说，你在人生的大事上诚实，尽管有时在小事上撒了谎。我们的许多谎言是为了减轻他人的痛苦，说出真相有时过于残忍。比如回信说："亲爱的先生，你的信冗长而无趣，我懒得全部读完。"或者对一个想成为音乐家的人说："谢谢你的演奏，但你把那首练习曲彻底毁了。"成人撒谎通常是利他的，但儿童撒谎总是出于利己的动机。让一个孩子终生不说谎话的最好办法，就是对他说真话，且只说真话。

我承认总是说实话是非常困难的，但当一个人决定不对孩子撒谎或不在孩子面前撒谎时，他就会发现这比预期的要容易。唯一可接受的善意谎言是对一个生命处于危险的人必须说的谎言——例如，不将母亲去世的消息告诉一个重病的孩子。

我们大部分机械化的礼仪都是一个个活生生的谎言。我们言不由衷地说"谢谢"，我们向女性脱帽致敬并不完全是出于尊重。

说一句谎话算是小问题，生活在谎言中则是场大灾难。真正危险的是那些生活在谎言中的父母。"我只要求我儿子一件事——始终说真话。"一个父亲如是说,他那16岁的儿子喜欢偷东西。实际上,生活中这个男人恨他的妻子。同样,他的妻子也恨他。而他们在人前却表现得亲热,好似一对神仙眷侣。他们的儿子早就隐约觉察到他的家庭出了大问题。如果一个家庭本身就是一个谎言,那么在这样的家庭中成长起来的孩子怎么可能成为诚实的人呢?这个男孩偷窃是在用一种可怜的方式寻找家庭缺失的爱。

的确,孩子可能会模仿虚假的父母而撒谎。在一个父母不再相爱的家庭里,孩子不可能诚实。那对可怜夫妇的拙劣伪装其实早被孩子看穿了。然后,孩子进入一个不真实的幻想世界中。请记住,孩子可能不明白为什么,但他们感觉得到。

在一个充满谎言的社会中,父母发现要做到诚实非常困难。他们会告诉孩子:"如果你手淫,你会成为疯子。"这些撒谎的父母,对他们的行为给孩子造成的伤害表现出令人难以置信的无知。

我认为父母不需要撒谎,而且也不应该撒谎。有许多家庭是不撒谎的,正是这样的家庭才能培养出眼神清澈、待人真诚的孩子。父母可以如实回答任何问题——从婴儿是从哪里来的,到妈妈的年龄有多大。

在38年的教学生涯里,我从未有意识地对我的学生说过谎,实际上我也从未有过这样的想法。但这并不完全准确,因为有一次我撒了个大谎。一个女孩偷了一英镑,而我了解她过往不幸的历史。抓贼委员会——由三个男孩组成——看到她花钱买了冰激凌和香烟,便盘问她钱是从哪里来的。"这钱是尼尔给我的。"她告诉他们。他们把她带到我面前,问我:"是你给了丽兹一英镑吗？"我迅速感知到情况有些特殊，便平静地回答："怎么这么问？是的，我给了。"如果我揭穿她，我知道她将永远不再信任我。她偷钱的行为实际上是偷取爱的象征。为了不让这种象征行为再次受到敌对的挫折，我必须证明我始终站在她这边。我认为，如果她的家庭是诚实和自由的，这种情况就不会发生。我撒谎是有目的的——为了治疗——但在其他任何情况下，我都不敢撒谎。

若给孩子充分的自由，他们就不会经常撒谎。有一天，村里的警察来访，正巧听到一个男孩走进我的办公室说："嗨，尼尔，我打碎了休息室的玻璃窗。"他惊讶极了，要知道孩子为了保护自己通常会选择撒谎。**撒谎在充满恐惧的家庭中盛行。消除恐惧，谎言就会减少。**

然而，有一种类型的谎言并没有恐惧的基础，那就是因幻想而产生的谎言。"妈妈，我看见一只和牛一样大的狗"，这话和钓鱼者吹牛说钓到大鱼又让它跑了是一回事。在这些情况下，谎言强化了说谎者的个性。对待这类谎言最好的办法就是带着游戏精神进入他的幻想世界，所以当比利告诉我他爸爸有一辆劳斯莱斯时，我会说："我知道，它很漂亮，不是吗？你会不会开呀？"我很怀疑，这种具有浪漫性质的谎言是否会出现在那些从小就能够自我调节的孩子中。我认为他们不需要通过编造夸张的故事来补偿他们的自卑感。

一个私生子可能并不知道自己是私生子，但他能感觉到自己与其他孩子不同。当然，如果他知道真相，并且周围的人不在乎他是不是私生子，那他就不会有太大感觉。感觉比认知更重要，无知的父母用他们的谎言和禁忌造成了很多伤害。受到伤害的是孩子的心，而不是大脑。正是心灵受创引发孩子的心理问题。

父母必须告诉领养的孩子他们被领养的真相。作为继母，试图让丈夫的前妻所生的孩子相信自己是生母，那简直就是在自找麻烦，在大多数情况下，她都会遇到麻烦。我见过一些青少年在发现隐藏的真相后在生活中遭受严重的创伤。生活中总有一些心怀恶意的人会告诉孩子残酷的真相。

永远不要对孩子撒谎——无论是你自己的孩子，还是别人的孩子——只有如此，才能帮助你的孩子抵御所有心怀恶意的好事者。对孩子来说，没有别的路，只有绝对的真实。如果爸爸有犯罪前科，应该让儿子知晓；如果妈妈曾经是酒吧女招待，也应该让女儿了解。

当问题变成"妈妈，我们这些孩子中你最爱谁"时，真相就变得尴尬了。普遍且常常不真实的答案是："我对你们所有人的爱是一样，亲爱的。"我也不知道该如何回答这个问题。也许在这个问题上撒谎是有道理的，因为如果直说"我最爱汤米"，可能会产生灾难性的后果。

对性问题诚实的父母也不会在其他事情上撒谎。可是在无数家庭中，谎言无处不在：警察叔叔会抓走淘气的孩子，抽烟会让你无法长大，妈妈头疼（实际上是生理期不舒服）。

最近，一位女教师离开夏山去伦敦的一家幼儿园教书。小朋友们问她婴儿是从哪里来的，她如实以告。第二天早上，六位愤怒的母亲来到学校，称她"思想肮脏"，要求学校解雇她。

在自由的环境中长大的孩子不会故意撒谎，因为没有必要。他不会因为害怕被惩罚而用谎言来保护自己，但他会进行幻想性撒谎——讲述从未发生过的荒唐故事。

在源于恐惧的谎言这个问题上,我认为新生代的孩子应该没有任何需要隐藏的秘密或不光彩的过去。一切都可以坦诚相告。他们的词汇表中也将不需要"谎言"这个词。撒谎总是懦弱的,而懦弱是无知的结果。

责任

在许多家庭中,父母总是将孩子看成长不大的婴儿,孩子的自尊因此受到抑制。我知道有些14岁女孩的父母还不放心让她们生火做饭。父母出于好意,却妨碍了孩子学会承担责任。

"宝贝,你必须带上外套,我敢确定一会儿要下雨了。"

"离铁路轨道远点!"

"你洗脸了吗?"

曾经有个新生来夏山时,她母亲告诉我,她女儿在生活上非常邋遢,以至于她不得不一天催女儿十多次去洗漱。但孩子从到达夏山的第二天起,每天早上都洗冷水澡,每周至少洗两次热水澡。她的脸和手总是干净的。她在家里不爱干净(可能只是母亲的想象),是因为她总被视为一个婴儿。

应该允许孩子承担几乎无限的责任。接受蒙台梭利教育方式的小孩子被允许捧起装满热汤的大碗。我们有个7岁的学生,是学校里年龄最小的孩子之一,他会使用各种工具:凿子、斧头、锯子、小刀。实际上我切到手指的次数都比他多。

义务不应与责任混为一谈。即使要有义务感,也应该允许孩子在长大以后的生活中获得。"义务"这个词让人有很多不好的联想。我想到那些为了尽义务照顾年迈的父母而错过生活和爱情的女性，还有那些早已不再相爱但为尽义务而继续痛苦地生活在一起的夫妇。许多在寄宿学校或夏令营的孩子觉得写信回家是一种负担，特别是当他必须在周日下午写信时。

认为责任应该以年龄来衡量是一个谬论，这个谬论将青年人的生活困于孱弱的老年人手中，或者更确切地说，是一帮顽固的守旧派手中。相信这个谬论的人也认为，家庭中每一个成员都有责任保护和指引哪怕只比他小一岁的孩子。父母很难意识到他们6岁的儿子还不懂逻辑推理，还不足以理解父母说出这样的话："你比汤米大，你在这个年纪应该懂得不要让他跑到马路上去。"

不应该要求孩子面对他还不能承担的责任，也不应该让他做他还没有能力做出的决定。这是父母应该知道的常识。

在夏山，我们不会问5岁的孩子是否想要防火装置，我们不会让一个发烧的6岁孩子自己决定是否应该去户外，我们也不会问一个疲惫不堪的孩子是否应该去睡觉。当孩子生病时，我们不会寻求孩子的意见来给他开处方药物。

但是，对孩子施加权威——必要的权威——并不与孩子应该在特定年龄承担相应责任的理念相冲突。父母在决定应该让孩子承担多少责任时，必须始终遵循自己的内心，并且先进行自我审视。

那些不让孩子自己选择衣服的父母通常是由这样的想法驱动的，即孩子可能会选择一些让父母的脸上无光的衣服。

一般来说，那些要检查孩子读什么书、看什么电影或交什么朋友的父母，是在试图通过施压将自己的想法强加给孩子。这样的父母给出的理由通常是，只有他们才知道什么是最好的，然而他们深层的动机可能是行使权威。

总体而言，父母应该在充分考虑孩子安全的情况下，尽可能多地赋予孩子责任。只有这样，父母才能培养孩子的自信。

服从与纪律

提出一个有冒犯意味的问题：为什么孩子要服从？我的答案是：他必须服从以满足成人对权力的渴望。否则，为什么孩子要服从于成年人的命令呢？

"嗯，"你说，"如果他不服从穿鞋的命令，他的脚可能会湿；如果他不服从父亲对他的严厉警告，他甚至可能会从悬崖上掉下去。"是的，当然，当涉及生死问题时，孩子应该服从大人。但是，孩子有多少次是因为不服从涉及生死问题的命令而受到惩罚的呢？很少！如果有的话，他通常会被紧紧拥抱住："我的宝贝！感谢上帝，你安全了！"而更常见的情况是，孩子会因为一些小事受到惩罚。

现在，不需要孩子完全服从也可以很好地经营一个家庭。我跟孩子说，"去拿你的书来上英语课"，要是他对英语不感兴趣，他可能会直接拒绝。他拒绝只是表达了他自己的愿望，这显然不会干扰或伤害任何人。但如果我说，"花园的中心已经播下了种子，谁也不要跑过去"，所有的孩子都会一致地听从我说的话，就像他们接受德里克的命令那样："未经允许，不可以使用我的球。"服从应该是互相的。在夏山，他们偶尔也会违反全校大会通过的规定。对此，孩子们自己可能会采取行动。然而，通常情况下，夏山是没有任何权威或服从一说的。每个人都有去做他喜欢的事情的自由，只要他不侵犯他人的自由。这在任何集体都是一个可以实现的目标。

孩子能够自我调节的家庭里没有权威，这意味着没有人大声宣称："我说了算，你必须服从！"实际上，当然有另一种权威。这种权威可能被称为保护、关怀和成年人的责任。这种权威有时要求他人服从，但有时也服从他人。所以，我可以对我的女儿说："你不能把那些泥水带进我们的客厅。"同样，当她对我说，"爸爸，请离开我的房间，我现在不希望你在这里"，我当然二话不说就离开了。

与惩罚类似的情况是，父母要求孩子吃完面前的食物。孩子常常眼大胃口小，他会要求装满一盘他无法吃完的食物，但强迫孩子吃完盘子里的食物是错误的。在良好的亲子关系中，父母能够认同孩子、理解孩子的动机、意识到孩子的能力有限，而不带有隐藏的动机或怨恨。

一位母亲写信告诉我，她希望她的女儿服从她。而我在教她的女儿遵从自己。女孩的母亲发现她不听话，但我发现她总是很听话。5分钟前，她走进我的房间，想讨论狗和训练它们的方法。"嘘，"我说，"我忙着写东西呢。"然后，她一声不响地走了出去。

服从应该是社交礼貌。成年人无权要求孩子服从。它必须发自内心，而不是被外部强迫。

纪律是达到目的的一种手段。军队的纪律旨在提高战斗效率。所有这样的纪律都是让个人服从于集体。

然而，还有另一种纪律。在管弦乐队中，第一小提琴手会服从乐队指挥，因为他和指挥一样希望能够呈现出一场出色的表演。突然跳起来想引起注意的普通士兵通常并不关心军队的效率。军队大多被恐惧统治，士兵知道如果不服从，他就会被惩罚。如果有好老师，学校的纪律也可以是管弦乐队式的，只可惜，它往往是军队式的。家庭也是如此，一个幸福的家庭就像一个管弦乐队，享有同样的团队精神。一个不幸的家庭就像一个由仇恨和纪律统治的兵营。

奇怪的是，像管弦乐队一样的家庭通常可以容忍把孩子放在一所像部队一样的学校。一些在家里从未被打过的男孩却被老师体罚。如果有一个更古老、更睿智的外星访客到访，了解到现如今，一些小学生会因为算错加法或拼写错误而受到惩罚，他可能会认为这个星球上的父母是白痴。当父母抗议学校的体罚政策并为此告上法庭时，在大多数情况下，法律会站在体罚学生的老师一边。

如果父母愿意，他们明天就可以废除体罚。显然，大多数人并不愿意。因为这样的教育符合他们的要求，帮他们管教了他们的孩子。这样就可以巧妙地把孩子的仇恨指向惩罚他们的老师，而不是委托这些老师的父母了。这样的教育系统契合了这些父母的需求，因为他们自己从未被允许生活和爱。他们也是社会纪律的奴隶，这些可怜的灵魂无法想象真正的自由。

确实，家里必须有规则约束。一般来说，这些规则保护了每个家庭成员的权利。例如，我不允许我的女儿佐伊玩我的打字机。但在一个幸福的家庭里，这种规则通常表现为自我约束。生活在其中是愉快的，是彼此的给予，父母和孩子是好朋友，是共事的伙伴。

在不幸福的家庭里，规则成为仇恨的武器，服从变成了美德。孩子成为父母的财产和归属物，他们必须为其增光添彩。我发现，比利的父母之所以表现出最担心孩子的学习情况，正是因为他们自己缺乏教育成就而感到人生失败。

存在自我否定的家长反而更坚信孩子需要严加管教。一个总爱讲荤段子的风流男子听见他的儿子谈论排泄物时会严厉斥责，不诚实的母亲会因为孩子撒谎而打他，我见过一个嘴里叼着烟斗的男人因为儿子抽烟而鞭打他。我听到一个男人在打他12岁的儿子时说："看我不揍你，让你说脏话，你这个小杂种。"当我提出异议时，他不加思索地说："我骂人和他骂人能一样吗？他还只是个孩子。"

严格的家规通常是家长把对自己的厌恶投射在孩子身上的表现。成年人在生活中努力追求完美，可悲的是自己却没有达到，于是试图在孩子身上寻求实现的可能。这一切都是因为他无法爱，都是因为他将快乐视作魔鬼避之不及。当然，这就是为什么人类创造了魔鬼这个形象——它哼唱着世间最美妙的曲调，它热爱生活、追寻快乐、享受性爱。人们追求完美的目标就是征服魔鬼。于是，从这个目标衍生出神秘主义、非理性主义、宗教和禁欲主义。又由此派生出对肉体的折磨，表现为殴打、禁欲和性无能。

可以说，严格的家规是最广义的阉割，是对生活本身的阉割。没有一个只会服从的孩子可以成长为自由的大人。

我说过，父母希望孩子成为他们未能成为的人。除此之外，还有更大的问题：生活中，每个被压抑的家长坚决不让孩子得到的东西比他自己得到的多，死气沉沉的父母不允许孩子生气勃勃。这样的父母总是对未来充满过度的恐惧。他们认为孩子只有遵守规则，才能得到拯救。因为内心对自己缺乏信心，他们设想了一个外部的上帝，上帝会赋予人类善良和真理。因此，纪律约束成为一种宗教。

夏山学校和传统学校之间的主要区别在于，在夏山，我们对儿童的天性抱有信心。我们知道，如果汤姆想成为医生，他会自愿学习并通过入学考试。而深信纪律管理的学校则认为，在规定的时间内，除非汤姆被打骂或被施压，否则他永远不会成为医生。

我承认，在大多数情况下，学校摒弃纪律比家庭废除纪律来得更容易。在夏山，如果一个7岁孩子做出遭人厌弃的行为，整个集体都会表示不赞同。而每个人都渴望被集体认同，因此孩子很快会让自己表现良好，根本不需要纪律的约束。

然而在家里，因为有很多的情感因素和其他情况介入，事情就变得没那么容易了。忙着做晚餐的母亲早已疲惫不堪，面对不守规矩的孩子很难用"社会孤立"的方式解决；身心劳累的父亲下班回来后，发现自己新培育的苗圃被糟蹋后，同样也做不到。我想强调的是，如果一个家庭从一开始就允许孩子进行自我调节，那么他们通常不会出现对纪律的需求！

几年前，我去缅因州拜访了我的朋友威廉·赖希。他的儿子皮特只有三岁。家门口的湖很深，赖希和他的妻子只是告诉皮特别靠近水。由于没有受过令人生恨的纪律训练，皮特很信任他的父母，没有靠近水。他的父母也知道他们不必担心。如果那些用恐惧和权威管教孩子的父母生活在湖边，一定整天提心吊胆。孩子早已习惯听到谎言，所以当母亲说水边很危险时，他们根本不相信。越不让孩子去水边，他们反而越渴望到水边去看看。

受纪律约束的孩子会通过烦扰父母来表达他对权威的仇恨。**事实上，许多孩子的不良行为恰恰反映了之前训练方式的不当。**如果家里给予孩子足够的爱，孩子一般都会接受父母的建议。但如果家里充满仇恨，孩子什么都不会接受。或者他会以否定的方式回应：具有破坏性、无礼和不诚实。

孩子们是明智的。他们会以爱报爱，以恨还恨。他们很容易对集体纪律做出反应。我相信，人的本性是善良的，就像兔子或狮子的本性并不是"坏"的一样。可若死死拴住一只狗，这只好狗可能就会变成一只恶狗。严格约束一个孩子，也会使一个原本可以遵守社会规则的好孩子变成一个不真诚且内心充满仇恨的坏孩子。遗憾的是，大多数人确信一个坏男孩之所以坏，是因为他想变坏。他们相信，只有在上帝或一根大棒的帮助下，孩子才会选择做好事。如果他拒绝变好，那么他们会让这个孩子因自己的顽固不化而吃到苦头。

从某种意义上说，老派学校的精神象征了纪律所代表的一切。不久前，当我问一所大型男子学校的校长，这里的学生怎么样时，他对我说："他们是那种既没有想法也没有理想的人。他们在任何战争中都会成为炮灰，从不停下来考虑战争的原因和他们为什么要战斗。"

我已经将近40年没有打过孩子了。然而，当我还是一个年轻教师时，我曾经毫不犹豫地使用过皮鞭。我现在不再打孩子，因为我已经意识到打孩子的危害性，并且我非常清楚打击背后隐藏的仇恨。

在夏山，我们平等地对待孩子。总体而言，我们尊重孩子的个性和人格，就像我们尊重成年人的个性和人格一样，但我们也知道孩子与成年人不同。我们不会要求成年的比尔叔叔必须吃光他不喜欢的胡萝卜，或者要求父亲在吃饭前必须洗手。如果不断纠正孩子，他们会感到自卑。我们伤害了他们天生的自尊感。很多事情的价值都是相对的。看在老天的分上，如果汤米不洗手就坐下来吃饭，真的有什么关系吗？

在错误的管教方式下长大的孩子会一辈子生活在谎言中。他们从不敢做自己，他们成为既定习俗和礼仪的奴隶，他们不加思索地接受他们愚蠢的星期日礼拜服。遵守纪律源自对责罚的恐惧。同伴的惩罚不会让他们恐惧，但是当成年人惩罚他们时，恐惧就会自动产生。因为成年人高大强壮，令人生畏。最重要的是，成年人象征了令他畏惧的父亲或母亲。

38年来，我看到了许多顽皮、无礼、充满仇恨的孩子来到夏山这个自由环境后，都渐渐发生了变化。最终，这些被宠坏的孩子变成了快乐、合群、真诚和友好的孩子。

人类的未来掌握在新一代父母的手中。如果他们通过武断的权威破坏了孩子的生命力，犯罪、战争和苦难将会持续。如果他们继续走自己父母的老路，严格限制孩子的自由，他们将失去孩子的爱。没有人能爱他所害怕的东西。

神经症始于父母的严格管束——这与父母的爱完全对立。你**不能通过仇恨、惩罚和压制来塑造孩子良好的人性，唯一的方式**

就是爱他们。

一个充满爱、没有严格纪律控制的环境，可以解决童年的大部分麻烦。这就是我想让父母们意识到的一点。如果孩子在家中有一个充满爱和认可的环境，那么顽皮、仇恨和破坏行为就不会出现。

奖励与惩罚

虽然奖励孩子的危害性不如惩罚那么大，但要注意的是，给予奖励对孩子行动力的削弱实际上表现得很隐蔽。奖励是多余的，且带有负面影响。为了奖品去做某件事，等于说这件事本身并不值得去做。

没有艺术家仅仅是为了金钱而工作。创作带来的愉悦便是他所获得的奖励之一。此外，奖励强化了竞争体系中最糟糕的特点：必须战胜他人。然而，以此作为目标是极其错误的。

给予奖励对孩子有不良的心理影响，因为它激发了嫉妒心。一个男孩不喜欢弟弟，往往是因为妈妈的一句话："你弟弟能做得比你好。"对这个孩子来说，因为弟弟比自己做得更好，妈妈给了弟弟一份语言上的奖励。

当我们考虑到孩子对事物的天然兴趣时，我们开始意识到奖励和惩罚的危害性。奖励和惩罚倾向于向孩子施加压力以激发兴趣，但真正的兴趣源自孩子本身的天性，这种兴趣完全是自发的。我们可以强迫孩子集中注意力，因为"集中注意力"是有意识的行为。或许我们可以强迫一个心里念着海盗的孩子把注意力放到黑板上。虽然我们可以强迫孩子集中注意力，但却无法强迫他们对什么感兴趣。没有人能强迫我对集邮感兴趣，甚至连我自己也不能。然而，奖励和惩罚都是在激发孩子的兴趣。

我有一个大菜园。每逢需要除草的时候，若有一群小男孩和小女孩能来，可以帮上很大的忙。命令他们来帮忙确实不成问题，但这些 8 岁到 10 岁的孩子并不认为除草有什么必要性，他们对除草也不感兴趣。

我曾经找过一群小男孩。"有人想帮我除草吗？"我问。他们都拒绝了。

我问为什么。答案是："太无聊了！""让它们长吧。""我们忙着玩这个填字游戏呢。""我们讨厌清理菜园。"

我也觉得除草很无聊，我也喜欢玩填字游戏。公平地说，对那些孩子来说，除草和他们有什么关系呢？这是我的菜园。看到豌豆从土里长出来，我感到很开心，我可以省去一笔买菜的钱。简而言之，菜园关系到的是我自己的利益。如果孩子们对此并不感兴趣，我不能强迫他们。唯一可能的方式是我按小时雇用孩子们，这样，他们和我就有共同的利益基础了：我对菜园的收成感兴趣，他们对赚零花钱感兴趣。

兴趣的本质总是以自我利益为中心的。14 岁的莫德常常在菜园里帮忙，尽管她声明她讨厌园艺劳动。不过，她并不讨厌我。她除草是因为她想和我在一起，这符合她当下的自我利益。

当德里克（他也不喜欢除草）自愿来帮忙时，我知道他会再次要我给他一把他觊觎许久的小刀。这是他对此事唯一感兴趣的地方。

奖励在很大程度上应该是主观的：对完成工作的自我满足感。人们会想到世界上那些让人成就感很低的工作：挖煤、把 50 号螺母装配到 51 号螺栓上、挖排水沟、加减数字等。世界上到处都是这些让人没有内在兴趣或乐趣的工作。我们似乎正在让学校教育适应这种无聊的人生，我们的学校对这种枯燥的生活负有责任。通过迫使学生学习他们不感兴趣的科目，我们实际上是在让他们为适应未来他们不喜欢的职业做准备。

如果玛丽学会阅读或计数，那应该是因为她对这些科目感兴趣，而不是因为她在学习中表现出色将获得一辆新自行车，或者妈妈会为此感到高兴。

一位母亲告诉她儿子，如果他不再吮吸拇指，她就会送给他一台收音机。这对孩子而言是多么不公平的内心冲突呀！吮吸拇指是无意识的动作，超出了意志的控制。孩子可能会努力有意识地停止这个习惯。但就像手淫强迫症患者一样，他一次又一次地失败，从而积累起越来越多的内疚和痛苦。

出于对孩子前途的担忧，父母会贿赂孩子："亲爱的，你好好学习阅读，爸爸会给你买一辆滑板车。"这种贿赂方式很危险，它会使我们更容易接受贪婪和逐利的文明。我很欣慰的是，我见过不止一个孩子宁愿做文盲，也不愿得到一辆闪亮的新车。

另一种贿赂方式的表现是试图绑架孩子的情感："如果你总是在班上垫底，妈妈会很不开心的。"这两种贿赂方式都忽视了孩子的真实兴趣。

我对让孩子帮我们工作也有同样强烈的感受。如果我们想让孩子为我们工作，我们应该根据他的能力支付报酬。没有一个孩子仅仅因为我决定修补一面破墙就愿意主动帮我收集砖块。如果我提出每运一小车砖块，就有几美分的酬劳，可能会有男孩乐意帮忙，因为我在用他的自我利益驱动他。但是，我并不喜欢这种让孩子通过做家务来换取每周零花钱的方法。父母应该给孩子一些零花钱，而且并不要求他们做出回报。

惩罚永远无法公正地施行，因为没有人能够完全公正。**公正意味着完全理解**。法官的道德水平不比垃圾工高，偏见也不见得比他们少。一位既是坚定的保守派、又有军国主义倾向的法官，当他面对因高喊"打倒军队"而被捕的反军事者时，恐怕也很难做到公平公正。

一位对在性方面有不当行为的孩子施加严厉惩罚的老师，几乎肯定有意识或无意识地对性有深深的罪恶感。在法庭上，一位有同性恋倾向的法官，对被指控有同性恋行为的被告的判刑可能会非常严厉。

我们无法做到公正，因为我们不了解自己，也不承认我们自己被压抑的渴望。这对孩子来说非常不公平，太可悲了。成年人教育孩子时，永远无法超越自己个人成长经验形成的情结。我们如果被压抑的恐惧束缚，就无法给予孩子自由。我们所能做的只是将自己的内心情结传递给孩子。

如果我们试图理解自己，就会发现我们很难惩罚一个孩子，因为实际是一些其他事情而不是这个无辜的孩子触发了我们愤怒的情绪。早年教书的时候，我曾经一次次地打过男孩，因为我很担心检查员要来了，或者我和朋友吵了一架，或者任何其他理由。这些借口使我失去自我觉察，也使我失去发现自己生气的真正原因的机会。今天，我从经验中知道惩罚是不必要的。我不再惩罚孩子，也不再有惩罚孩子的冲动。

最近，我对一个新生，一个有反社会行为的男孩说："你做这些愚蠢的事情只是为了让我打你，因为你在生活中一直被打。但你在浪费时间，无论你做什么，我都不会惩罚你。"最终他放弃了破坏行为，不再需要满怀仇恨。

惩罚总是一个充满仇恨的行为。在惩罚的过程中，教师或父母对孩子抱有恨意——孩子会意识到这一点。被打的孩子在父母面前表现出的悔恨或敬慕之情并不是对父母真正的爱。他们真正感受到的是仇恨，这种仇恨必须伪装起来，以免自己感到内疚。原因在于，打屁股把孩子逼入了幻想情境！"我希望我的父亲突然死去。"紧接着，幻想立刻带来了内疚——"我希望我的父亲死去！我真是个罪人啊。"懊悔使孩子表面上对父母表现出尊重，但内心的仇恨已经存在，并且会一直存在。

更糟糕的是，惩罚总是会形成一个恶性循环。打屁股是父母在发泄仇恨，每一次打屁股都必然会引起孩子越来越多的仇恨。当孩子累积的仇恨通过更糟糕的行为表现出来时，又会招来父母更多的体罚。再次挨打会让孩子更加仇恨。结果是，一个坏脾气、内心愤懑、具有破坏力的小仇恨者最后对惩罚都已经麻木了，以至于他犯罪也只是为了引起父母的某种情感反应。因为得不到爱的反馈，所以即使是来自父母的仇恨，他们也会接受。孩子被打后会悔过，但第二天早上，他又会开始同样的循环。

据我观察，能够自我调节的孩子不需要任何惩罚，也不会经历这种仇恨的循环。他从未被惩罚过，也不需要表现不好。他不需要撒谎或破坏东西,他的身体从未被斥为肮脏的或邪恶的,他不需要反抗权威或害怕父母。他可能会有发脾气的时候,但都是短暂的,不会导致精神问题。

确实,我们很难定义什么是惩罚,什么不是惩罚。有一天,一个男孩借了我最好的锯子。第二天,我发现它被丢在雨中。我告诉他我不会再借给他那个锯子了。这不是惩罚,因为惩罚总是涉及道德观念。把锯子丢在雨中对锯子不好,但这个行为并不是不道德的。孩子需要知道借用他人物品要爱惜,不能损坏他人的财产或危及他人的安全。让孩子随心所欲,甚至不惜以他人为代价,这对孩子并不好。这会培养出一个被宠坏的孩子,而被宠坏的孩子长大后将会成为一个不良公民。

不久前,一个小男孩转校来到我们这里,他在原来那所学校用乱扔东西甚至威胁杀人的手段来恐吓所有人。他试图用同样的方式对付我。我很快就得出结论,他是在利用他的脾气来吓唬人,从而引起注意。

一天,我进入游戏室时,发现孩子们都聚集在房间的一端。在另一端站着那个"小恶魔",手里拿着一把锤子。他威胁要打任何接近他的人。

"住手,小子,"我严厉地说,"我们不怕你。"

他放下锤子,冲向我,咬我,踢我。

"你每次打我或咬我,"我平静地说,"我都会还击。"于是我还击了。很快,他放弃了这场较量,冲出了房间。

这不是惩罚,而是一堂必修课:他需要学习不能为了满足自己而伤害别人。

大多数家庭中的惩罚是针对不听话的孩子的。在学校里也是，不听话和无礼被视为严重的罪行。我还是一名年轻教师时，也习惯打孩子，就像当时英国的大多数教师被允许做的那样，我总是对不听话的男孩最生气。我那小小的自尊心受到了伤害。我可是课堂上的"神"，就像爸爸是家庭中的"神"一样。惩罚不听话的孩子就是将自己与全能的上帝等同：你不可以有其他的神。

后来，当我在德国和奥地利教书，当地老师问我是否在英国使用过体罚时，我总是感到很惭愧。在德国，体罚学生的老师会被起诉，通常会受到惩罚。英国学校使用的"合法"鞭笞是我们最大的耻辱之一。

一次，一个大城市的医生对我说："我们这里有一个老师，也是学校负责人，他性格残暴，殴打孩子。因为他，我经常会接诊一些神经紧张的孩子，但我无能为力。他有公众舆论和法律的支持。"

不久前，报纸上报道了一起案件，法官告诉一对犯错的兄弟，如果他们小时候多挨几次打，他们现在就不会出现在法庭上了。但随着证据展开，人们发现这两个人几乎每晚都挨父亲的打。

所罗门的棍棒理论所造成的危害超过了他的箴言带来的好处。任何具有自省能力的人都不会打孩子，甚至不会有打孩子的念头。

我要再次强调：只有与道德观念和错误观念联系在一起时，打孩子才会给他们带来恐惧。如果一个街头顽童用泥块打掉了我的帽子，我抓住他扇他一耳光，男孩会认为这是一个自然的反应。这大概率不会给男孩造成任何心灵伤害。但如果我找他的校长要求惩罚他，那么惩罚带来的恐惧对这个孩子来说将是一件坏事。

养育孩子

这件事会立刻变成道德和惩罚的问题，孩子会觉得自己犯了罪。

可以想象的场景是：我戴着沾了泥的帽子站在那里，校长坐着，用恶狠狠的眼神盯着男孩。男孩低着头，被校长的威严所震慑。可当我在街上追赶他时，我和他是平等的。帽子被打掉后，我没了尊严。此时我作为一个普通人打了他。男孩从中学到了生活中一个必要的教训——打人会让对方生气并回击你。

惩罚与脾气暴躁无关。惩罚是冷酷的司法行为，惩罚是道德至上的。惩罚宣称它完全是从犯错者的利益来考虑的，但就死刑而言，这个惩罚是为了维护社会的利益，惩罚是一种人类将自己视为上帝进行道德判断的行为。

许多父母遵循上帝奖惩的观念，认为他们也应该奖惩他们的孩子。这些父母试图做到公正，并且经常说服自己是为了孩子好而惩罚孩子。**"惩罚你，我比你更痛苦"这样的话，与其说是谎言，不如说是一种虔诚的自欺。**我们必须知道的是，宗教和道德使惩罚成为一种有吸引力的制度，因为惩罚可以安抚人的良心。"我已经付出了代价！"犯错的人说道。

在我讲座最后的问答环节，经常会有"老脑筋"的人站起来说："我父亲用拖鞋打我，但我从不怨恨他，先生！如果我没有挨打，我今天就什么也不是。"我从不敢问："顺便问一下，你今天到底成为什么样的人了？"

那些说惩罚并不总是造成心理创伤的人是在逃避问题，因为我们不知道惩罚在一个人未来的人生岁月中会造成什么后果。许多因露阴癖被捕的人，其实都是儿童时期因性习惯受到惩罚的受害者。

如果惩罚曾经成功过，那应该有一些论据可以用来为它辩护。确实，恐惧可以抑制行为，任何老兵都可以告诉你这一点。如果父母只想要一个因恐惧而精神崩溃的孩子，那么对于他们来说，惩罚是成功的。

没有人能说清楚，被惩罚的孩子中有多少人精神上受到了永久性的伤害，变得终身受挫，又有多少人会因反抗变得更加反社会。在50年的教学生涯中，我从未听到有父母说："我打了我的孩子，现在他是个好孩子。"相反，我无数次听到这样的悲伤故事："我打他，和他讲道理，从各方面帮助他，但他却变得越来越糟。"

受到惩罚的孩子确实会变得越来越糟。更糟糕的是，他长大后可能会成为一个施虐者，仇恨的循环就这样年复一年地继续下去。

我经常问自己："为什么那些通常很善良的父母，会容忍学校残酷地对待他们的孩子？"这些父母似乎主要关心的是孩子能否获得良好的教育。他们忽视了一点，一个施罚的老师会强迫孩子对学习产生兴趣，但孩子的关注点会集中在惩罚上，而不是黑板上的习题。事实上，**学校里的大多数尖子生后来都陷入平庸。他们对成功的兴趣大多是父母推动的结果，他们对学习的科目并没有产生真正的兴趣。**

对老师的恐惧和对他们施加惩罚的恐惧，必然会影响孩子与父母之间的关系。从象征意义上说，每个成年人对孩子来说都是父亲或母亲。每当老师惩罚时，孩子就会对象征背后的成年人产生恐惧和仇恨——对父亲的仇恨或对母亲的仇恨。这是一个令人不安的想法。虽然孩子们并没有意识到这种感觉，但我听到过一个13岁的男孩说："我以前的校长经常打我，我不明白为什么我的父母让我继续待在那所学校。他们知道他是个残忍的暴徒，但他们什么也没做。"

说教形式的惩罚比鞭打更危险。这些说教是多么可怕！"你难道不知道自己做错了吗？"孩子抽泣地点头。"说！你为做了这件事感到抱歉！"

说教式的惩罚在培养伪善者和伪君子方面可谓登峰造极。更糟的是，成年人最后在孩子的面前，为他"迷途的灵魂"祈祷。这是不可原谅的，因为这种行为必然会激起孩子深深的内疚感。

另一种惩罚——非体罚但同样对孩子的身心发展有害——是唠叨。我不知道多少次听到一位母亲唠叨她10岁的女儿："不要在太阳下晒，亲爱的……""亲爱的，拜托远离那个栏杆……""不，宝贝，今天不能去游泳池，你会感冒的！"这种唠叨绝不是爱的象征，它是母亲恐惧的表现，掩盖了无意识的憎恨。

我希望那些提倡惩罚的人都能去看并消化一部有趣的法国电影，它讲述了一个骗子的故事。骗子小时候有一次做错事，被罚不准参加周日的晚宴，反而因为没有误食晚宴中的毒蘑菇成为家中唯一的幸存者。后来，他看着全家人的棺材被一个个抬出去，便认定做好人是没有好结果的。这是一个有道德色彩但并不道德的故事，可能许多施罚的家长都看不明白。

排便和如厕训练

夏山的访客肯定经常对我们有一些奇怪的印象，因为我们有时会集体讨论厕所。我认为绝对有必要这么做。我发现每个孩子都对粪便感兴趣。

关于孩子对自己的粪便感兴趣的报道太多了,因此我期待通过观察我的小女儿学到更多。然而,她对此完全没有兴趣,也没有表现出厌恶。她没有想要去玩自己的排泄物的欲望。但是当她三岁时,她的一个朋友——一个比她大一岁,受过如厕训练的女孩——向她介绍了一种在角落里玩粪便的游戏,她俩不时窃窃私语,发出羞愧的笑声。这是一个令人厌烦的游戏,我们对此无能为力,因为我们知道干涉有可能会导致孩子心理压抑。幸运的是,佐伊很快就厌倦了那个小女孩对此的单方面兴趣,粪便游戏就此结束了。

成年人很少能意识到,对于孩子来说,粪便和它的气味没有什么可让人吃惊的。是成年人的吃惊态度使孩子感到内疚和不安。我记得有一个11岁时来到夏山的女孩,她生活中唯一感兴趣的就是厕所。她的乐趣是透过钥匙孔向里面窥视。我立即把她的课程从地理改为厕所,她非常高兴。10天后,我提到了厕所。"不想再听到这个了,"她无聊地说,"我已经厌倦了谈论厕所。"

另一个学生,一个男孩,因为满脑子都是粪便之类的东西,无法对任何课程产生兴趣。我知道只有当他耗尽了这种兴趣,他才能继续学习数学。事实表明,确实如此。

老师的工作很简单:找出孩子的兴趣所在,并帮助他实现。情况总是如此。压制和沉默只会让孩子把兴趣转移到地下。

"但你们的这种方法不会让孩子的思想变得肮脏吗?"一位道德范儿的女士问道。

"不,是你们的方法让他们对所谓的污秽产生了永久的兴趣。只有当一个人耗尽了对一个事物的兴趣,他才能自由地转向新事物。"

"你真的鼓励孩子谈论厕所吗?"

"是的,当我发现他们对厕所感兴趣时。在孩子对这个问题有些神经质的情况下,谈论有时需要超过一周的时间。"

几年前发生了这样一个神经质的案例。我们接收了一个因为整天弄脏裤子而被送到夏山的小男孩。他的母亲因为他弄脏裤子痛打了他很多次,你可以想象我们必须面对的问题有多严重。原来这个男孩有一个弟弟,问题始于弟弟的出生。原因足够明显。男孩推断:他从我这里夺走了妈妈的爱。如果我像他一样弄脏裤子,就像他弄脏尿布一样,妈妈会再次爱我。

我给他上了"私聊课",旨在揭示他真正的动机,但治愈的发生很少是突然的和戏剧性的。一年多的时间里,那个男孩每天弄脏自己三次。没有人对他说过一句刻薄的话。我们的护士科克希尔夫人默默地做着清洁工作,没有多说一句责备的话。但当他弄得特别脏而我开始奖励他时,她提出了抗议。奖励意味着我对他的行为表示认可。

在这期间,这个男孩是个讨厌的小恶魔。这并不奇怪,他有他的问题和冲突。但被治愈后,他变得非常干净,并和我们一起待了三年。最终,他变成了一个非常可爱的男孩。他的母亲以希望他能学到更多东西为由,把他从夏山带走了。他在新学校待了一年后回来看我们时,变成了一个不一样的男孩——不真诚、恐惧、不快乐。他说他永远不会原谅他的母亲把他从夏山带走,永远不会。奇怪的是,他是我们这些年来遇到的唯一弄脏裤子的例子。也许,许多这样的案例都是孩子因母亲拒绝给予爱而心生仇恨的结果。

我们可以让孩子保持干净，不让他对自己的生理机能产生固定的、压抑的兴趣。小猫和小牛似乎对粪便没有复杂情绪。孩子的这种情结来自他的教养方式。当母亲说"淘气"或"脏"甚至是"哎呀"时，对与错的因素就出现了。这个问题变成了一个道德问题——当它本应该保持为一个生理问题时。

因此，错误地对待一个对粪便感兴趣的孩子的方式是告诉他他很脏。正确的方式是给他提供泥巴或橡皮泥，来满足他对粪便的兴趣。这样，他将在没有压抑的情况下升华他的兴趣。他将经历他的兴趣，并且在这样做的过程中逐渐消除它。

有一次，在一篇报纸文章中，我提到了孩子有做泥饼的权利。一位著名的蒙台梭利式教育家在一封信中回复说，他的经验表明，**当给孩子提供更好的事情**做时，孩子就不会想做泥饼了（加粗部分为我的强调）。但是，当一个人的兴趣固定在泥巴上时，就没有什么比做这个更好的了。然而，问题儿童必须被告知他在做什么，因为他有可能玩了很多年泥饼却没有满足自己最初对粪便的兴趣。

我想起了8岁的吉姆，一个对粪便有幻想的孩子。我鼓励吉姆做泥饼，但同时，我告诉他让他真正感兴趣的是什么。这样，治疗的过程就加快了。我没有直接说，"你喜欢做泥饼，是因为它是另一个东西的替代品"。我只是提醒了他两者之间的相似性。这个方法奏效了。一个大约5岁的小孩不需要被告知背后的原因，因为他很容易仅仅通过做泥饼来实现他的幻想。

对于孩子来说，粪便是最值得研究的主题。任何对这种兴趣的压制都是危险和愚蠢的。另一方面，除非孩子对他的排泄物感到自豪——在这种情况下，赞赏是恰当的——否则不应过分重视粪便。如果孩子意外弄脏了，应该像对待正常事情一样自然地处理。

排便不仅对孩子来说是创造的工作，对许多成年人来说也是如此。成年人常常对他们能够畅快地排便感到高兴和自豪。从象征意义上说，这是非常有价值的东西。一个在抢劫保险箱后在旁边的地毯上排便的窃贼，并不是想雪上加霜，而是想留下一些"有价值"的东西来代替他偷走的东西，以象征性地表示他的愧疚。

动物对自然功能是无意识的。狗和猫自动用土覆盖它们的粪便是一种本能行为，这在远古时代一定是必要的，当时必须保持食物的清洁。人类对粪便的道德态度可能与他们不自然的饮食有很大关系。马、羊和兔子的粪便是干净的东西，一点也不令人厌恶。人类的排泄物令人厌恶，因为他们的食物是一堆令人讨厌的人造制品。我有时想，如果人类的排泄物像动物的一样容易触摸，孩子们将有更好的机会在情感自由的环境中成长。

成年人对人类粪便的厌恶无法避免地在形成孩子消极、仇恨心理的问题上发挥了很大作用。大自然将排泄器官和性器官放在彼此的附近，孩子由此得出结论，两者都是肮脏的。父母对粪便的否定不可避免地会使孩子以同样的方式看待性。因此，对性和粪便的否定形成了一种压抑。

当母亲洗婴儿的尿布时，她可能没有任何厌恶感。然而，三年后，当她不得不从地毯上擦去一小坨粪便时，她可能会表现出相当恼怒的情绪。任何母亲在处理排泄物问题时都应该非常小心，记住，婴儿永远不会错过任何情绪上的愤怒。它渗透并停留，被记录在性格中。

食物

极权思想过去始于并仍将始于育婴室。**成年人的专制体现在直接干涉儿童的天性**。第一步的干涉总是发生在食物问题上,强迫新生儿按照时间表进食。

表面上的解释是,按时进食会对成年人的日常生活和舒适度产生较少的干扰。但在成年人的内心深处,真正的动机其实是对新生命及其自然需求的仇恨。这一点在某些家庭有时对饥饿婴儿的哭闹无动于衷和若无其事的态度中可以看出。

孩子的自我调节应该从出生开始,从第一次喂食开始。每个婴儿都有权在他想吃东西的时候被喂食。如果母亲在家中分娩,她很容易让婴儿随心所欲。但在大多数医院的产房,婴儿在出生后就被从母亲身边带走,安置在育婴室里。在最初的24小时内,母亲不被允许哺乳或给婴儿喂奶瓶。谁能说得清这会对婴儿造成什么样的永久性伤害呢?

如今,有一些医院提供母婴同室护理,以便婴儿在整个住院期间都能与母亲在一起,得到她的照顾。如果不事先确认这一点就在产科病房登记,就意味着必须接受现状。任何想要为婴儿提供自我调节条件的母亲,都不应该进入不提供母婴同室护理的——换句话说,不赞成婴儿自我调节的——医院。在家里分娩总比让婴儿遭受这种虐待要好得多。

原本受医生和护士推崇的"按时进食"守则遭到了质疑,以至于许多从业者放弃了它。它显然是非常错误和危险的。如果一个孩子在4点钟饿哭了，但直到图表上指示的时间到了才被喂食，那么他就被置于一种愚蠢的、残酷的、反生命的规则之下，这会对他的身心健康和精神成长造成无限的伤害。婴儿必须在他想吃东西的时候被喂食。起初，他的需求会很频繁，因为他无法一次吸收大量的食物。

晚上给孩子喂一瓶水的做法是不好的。晚上，如果婴儿饿了，应该像往常一样喂食他。两三个月后，婴儿会自我调节到更大的食量，每次喂食之间的时间间隔会变长。在三四个月大时，婴儿会想在晚上10点到11点之间以及第二天早上五六点之间吃东西。当然，关于这一点没有硬性规定。

每个育婴室都应该写上一条基本原则：**永远不要让婴儿哭到自己停止**。他的需求每次都必须得到满足。

基于时间表训练，母亲的行动总是可以比婴儿早几步。像效率专家一样，她会确切知道下一步该做什么。但她这样是在抚养一个机械的婴儿、一个被塑造的婴儿。这样的婴儿——以牺牲自己的自然发展为代价——当然会给成年人带来最小的麻烦。但是，如果婴儿自我调节，对母亲来说，每一天甚至每一分钟都意味着一个新的发现。因为那时，母亲总是比婴儿落后一步，并且始终需要通过密切观察来学习。如果一个婴儿在饱餐一顿后还是哭了半个小时，年轻的母亲将不得不自己思考问题，而不是参考时间表制定者对此怎么说。他是不舒服吗？他是不是胃里有气？还是他想要更多的食物？他是不是因为感到孤独而想要得到关注？母亲应该以她自发的爱来做出回应，而不是依据书中任何一条可怜的规则。

如果任其发展,每个婴儿都会形成自己的时间表。这意味着婴儿不仅有能力在母乳喂养时自我调节,而且在稍后的固体食物喂养中也是如此。

在后面的儿童期,甚至到青春期,吸吮拇指是按时喂养最明显的后果。吸吮有两个组成部分:对食物的渴望和吸吮的感官乐趣。当喂食时间到来时,会有一股口腔快感,这在饥饿得到满足之前就出现了。如果婴儿因为时间表认定他现在不饿而不得不尖叫和等待,这两个组成部分都会被抹除。

我在产科病房里曾看到一位母亲根据医生的指示,当时间表上的时间一到,就把婴儿从乳房上抱开。我想不出比这更有效的培养问题儿童的方法了。

令人难以置信的是,无知的医生和父母竟然粗鲁地干涉婴儿自然的冲动和行为,用他们荒谬的指导和塑造的理念去破坏孩子的快乐和天性。正是这样的做法使人们在身体和心理上患上了普遍疾病。后来,学校和教堂继续对孩子进行这种反快乐和反自由的教育管束。

一位母亲在给我的信中写了关于她的小儿子的自我调节,例如,当他开始吃固体食物时,她会提供一些他可以选择的食物,量也是他能吃得完的。如果他拒绝某种蔬菜,他会得到另一种蔬菜,甚至可能会得到他想要的甜点。他经常在吃了甜点后又去吃他之前拒绝的蔬菜。有时他会拒绝吃任何东西——这肯定是他不饿的迹象。然后在下一餐,他会吃得特别好。

很多时候,一位母亲会认为她比孩子自己更了解孩子需要什么。事实并非如此。关于儿童喂养的这个事实很容易测试。任何母亲都可以在桌子上摆放冰激凌、糖果、全麦面包、西红柿、生菜和其他食物，然后让孩子完全自由地选择他想要的。一般情况下，一个普通的孩子如果不受干扰，在大约一周的时间内会做出均衡的选择。我了解到，这一事实也在美国进行的对照实验中得到了证实。

在夏山，哪怕是最小的孩子，我们也会给予他选择每日菜单的完全自由。每天的正餐总是有三道主菜可供选择。当然，这样做的一个结果是，夏山的食物浪费比大多数学校的要少。但这并不是我们的动机，因为我们想要拯救的是孩子而不是食物。

当孩子们饮食均衡时，他们用零花钱买的糖果就不会有什么坏处了。孩子喜欢糖果，因为他们的身体渴望糖分，而糖分是他们应该有的。

强迫一个孩子吃他讨厌的培根和鸡蛋是荒谬且残酷的。佐伊一直被允许选择她想吃的东西。当她感冒时，她只吃水果，只喝果汁，而不需要我们提出任何建议。我以前从未见过一个对吃东西这么不感兴趣的孩子。一袋巧克力可以放在她桌子上好几天都没被碰过，面对午餐或晚餐中最美味的菜，她也经常无动于衷。如果她坐下来吃早餐，另一个孩子在外面喊她去玩，她总是放下食物就往外面跑，然后回来也不会再吃了。但是因为她的身体很好，我们也没有什么好担心的。

当然，大多数父母会根据自己对饮食的想法来规划菜单。如果父母是素食者，他们会给孩子吃素食。然而，我经常注意到，来自素食家庭的孩子会非常高兴地吃大量的肉。

作为一个不擅长营养学的外行，我认为孩子吃肉还是不吃肉并不重要。只要饮食均衡，就可以很健康。我从未听说过在夏山有腹泻的发生，便秘的情况也很少。我们总是有很多生的绿色蔬菜，但有时新来的孩子会拒绝吃它们。通常，随着时间的推移，孩子会接受并开始喜欢它们。不管怎样，夏山的孩子大多对美食无意识，应该是这样的。

因为吃东西在童年给孩子们提供了很多乐趣，它太基本了，太重要了，因此它不能被餐桌礼仪破坏。可悲的事实是，在夏山，餐桌礼仪最差的孩子是那些被优雅地抚养长大的孩子。家庭越是苛刻的孩子一旦被给予了自由做自己，他的餐桌礼仪和其他所有礼仪就会越差。别无他法，我们只能帮助孩子摆脱被压抑的倾向，这样他们才能在青春期结束后发展出自然的良好礼仪。

食物是童年生活中最重要的事情，比性重要得多。胃是以自我为中心的、自私的。童年处于利己主义时期。一个 10 岁的男孩对他那盘羊肉的占有欲比老部落首领对他的女人的占有欲要强得多。当孩子被允许像在夏山那样自由地活在他的利己主义中时，这种利己主义逐渐变成了利他主义和对他人自然而然的关心。

健康与睡眠

在夏山的 38 年里，我们的学生很少生病。我认为原因是我们站在生命成长的这一边，因为我们遵循了身体的自然需求。我们把幸福放在节食之前。访问夏山的人通常会评论孩子们看起来吃得很好。我认为是幸福让我们的女孩们看起来很有吸引力，男孩们看起来很帅气。

生吃蔬菜可能在治疗肾脏疾病方面发挥了重要作用。但是，如果灵魂的疾病是由压抑引起的，那么世界上所有的绿色蔬菜都无法治疗它。一个饮食均衡的人可能会通过道德说教来扭曲他的孩子，而一个非神经质的人不会伤害他的后代。我根据自身经验得出一个结论，扭曲的孩子比自由的孩子在身体上更不健康。

顺便说一下，我注意到夏山的许多男孩都会长到6英尺[1]高，即使他们的父母相对较矮。这可能没什么特别的原因，也可能是自由成长意味着身高的自由增长。当然，我确实看到在禁止手淫的规定被取消后，男孩们的生长速度加快了。

然后是睡眠问题。我想知道医生关于孩子需要多少睡眠时间的告诫有多可靠，不过小孩确实需要足够的睡眠。让一个7岁的孩子晚上熬夜，他会经常因为不能在早上继续睡觉而遇到健康问题。有些孩子讨厌被打发去上床睡觉，因为他们觉得会因此错过很多事情。

在一所自由学校，就寝时间是魔鬼——不是对低年级学生，而是对高年级学生而言。年轻人喜欢熬夜，我也有同感，因为我自己也不愿意去睡觉。

工作为大多数成年人解决了这个问题。如果你必须在早上8点上班，你会放弃熬夜到凌晨的诱惑。

其他因素，如幸福和美食，可能会平衡睡眠不足。夏山的学生在周日早上弥补他们损失的睡眠，如果需要的话，他们宁愿错过午餐。

---

1 1英尺约为0.3米。——编者注

至于工作与健康的关系,我做的许多工作都有双重动机。我挖土豆的时候意识到,如果我写文章投稿挣钱,然后付钱给园丁,请他们帮我去挖土豆,那么我可以更有效地利用时间。然而,我挖土豆是因为我想保持健康——这个动机对我来说比写文章挣钱更重要。一个汽车经销商朋友认为我在机械时代自己动手挖土豆很愚蠢,我告诉他,机器正在破坏国民的健康,因为现在已经很少有人愿意多走路或者自己挖土豆了。他和我都已经足够老到应该重视健康问题了。

然而,孩子对健康完全没有意识。没有哪个孩子是为了保持健康而去挖土豆。他们做任何事情都只有一个动机——他们当时的兴趣。

我们在夏山享受的良好健康生活归功于:第一,自由;第二,良好的食物;第三,新鲜的空气。

清洁和着装

在个人清洁方面,总体而言,女孩比男孩更干净。在夏山,我们的男孩和女孩大约从 15 岁时开始关心自己的外表。不过,14 岁以下的女孩并不比男孩爱干净。她们给洋娃娃穿衣服,制作戏剧服装,地板上到处都是垃圾,但这些都是创造性的垃圾。

在夏山我们很少遇到不愿意洗澡的女孩。我们曾经有过一个叫米尔德丽德的 9 岁女孩,她的祖母有洁癖,据说一天要给她洗 10 次澡。她的宿管阿姨有一天找到我,说:"米尔德丽德已经一个星期没洗澡了。她不愿意洗澡,而且她开始有味道了。我该怎么办?"

"让她来找我。"我说。

米尔德丽德不久后进来了,她的手和脸都非常脏。

"听着,"我严厉地说,"这样不行。"

"但我不想洗澡。"她抗议道。

"住口,"我说,"谁在谈论洗澡?看看镜子。"她照做了。"你觉得你的脸看上去怎么样?"

"不是很干净,对吧?"她笑着问。

"太干净了,"我说,"我不允许学校里有脸干净的女孩。现在出去!"

她直接去了煤窑,把脸揉得发黑。她得意地回到我身边。

"这样可以吗?"她问。

我认真地检查了她的脸。"不行,"我说,"脸颊上还有一块白的。"

米尔德丽德那天晚上洗了澡,但我装作不明白她为什么会这么做。

我记得一个 17 岁的男孩,他从私立学校来到我们这里。来到这里后的一个星期,他和车站负责装煤的工人混得很熟,并且开始帮助他们装车。当他来吃饭时,他的脸和手都是黑的,但没有人说什么,没有人在乎。

他花了好几个星期才摆脱了他从私立学校和家里带来的清洁观念。当他放弃煤车装运工作后,他的身体和衣着再次变得干净了,但却有所不同。清洁不再是被强加给他的东西,他已经克服了他的脏乱情结。

当威利做泥饼时，他的母亲担心邻居会批评她允许孩子弄脏衣服。在这种情况下，社会的要求必须让位于个人的需求——玩耍和制作的乐趣。

父母们往往过于重视整洁。它是七大致命"美德"之一。一个自夸整洁的人通常是一个二流的人，他重视生活中次要的事。最整洁的人往往也会拥有最混乱的头脑。我说的是那些在公园里张贴"禁止乱扔垃圾"标志而自己的桌子上文件乱成一堆的人。

在我自己的家庭中，允许孩子自我调节的最大困难集中在衣着的问题上。如果允许的话，佐伊会整天赤身裸体地跑来跑去。另一位自我调节的孩子的母亲说，当天气转凉时，她两岁的女儿会自动进屋要求穿暖和的衣服。我们没有这种经历。佐伊颤抖着，即使她的鼻子和脸颊冻得发青了，还是会抵制我们让她穿上更多衣服的所有努力。

勇敢的父母可能会说："她自己的身体会引导她。让她接着颤抖吧，她会没事的！"但我们没有勇气冒着让她得肺炎的风险这样做，所以我们强迫她穿上我们认为她应该穿的衣服。

父母必须决定小孩子应该穿什么衣服。然而，当孩子到青春期时，应该允许他们选择自己的衣服。不计其数的女孩因为她们的母亲坚持为她们选择衣服而受苦。通常，男孩在穿衣方面的麻烦会少很多。如果父母负担得起，给孩子服装津贴会是一个好方法。如果他想把钱花在看电影和买糖果上，那是他的事。

不可原谅的是让你的孩子穿得与他的朋友不同。当所有同学都穿长裤时，让一个大男孩穿短裤是残忍的。

女孩应该自由地按照她们的喜好打理她们的头发：留长发、

剪短发或编成辫子。如果她们想涂口红，为什么不允许呢？我个人讨厌这种东西，但如果我的女儿持不同看法，我不会试图去劝阻她。

小孩子对衣服没有天生的兴趣，但那些父母在衣着问题上比较敏感的家庭的孩子很快就会产生一种情结。他害怕爬树，以免撕破他的裤子。

但凡是个正常的孩子，都会随手乱扔衣服，有时脱下一件毛衣，随手一丢，最后忘记放在哪里。如果我在夏日的傍晚在校园里走一圈，我总是可以捡到各种鞋子和球衣。

不去寄宿学校的孩子不得不应对邻居的意见。想想成千上万个被迫为所谓的礼拜服做出牺牲的孩子。你会看到孩子们严肃地走出去，穿着硬领衣服或白裙子，害怕踢足球或爬大门。幸运的是，这种愚蠢的做法正在慢慢消失。

在夏山，炎热的日子里，男孩和老师们会光着膀子坐在一起吃午餐。没有人会介意。夏山将小事情放在次要的位置，对它们漠不关心。

在衣着问题上，父母呈现出他们的金钱情结。在夏山，我们曾经有一个非常糟糕的小偷学生，他的老师经过4年的努力，付出了无限的耐心治愈了他。这个男孩17岁时离开了夏山。他的母亲写道："比尔到家了，但他的两双袜子不见了。你能确保它们被退还给我们了吗？"

有时，父母对在夏山照顾他们孩子的宿管阿姨表现出嫉妒情绪。曾经有来访的母亲直接去查看她孩子的衣柜，然后皱着眉头，发出"啧啧"声，暗示宿管阿姨做得不够好。这样的母亲通常对她的孩子感到非常焦虑，因为对衣服的焦虑总是意味着对学习和一切其他事情的焦虑。

玩具

如果我有点商业头脑，我就会开一家玩具店。每个育婴室都堆满了破损的和被忽视的玩具，每个中产阶级家庭的孩子都有很多玩具。事实上，大多数花费超过两美分的玩具都被浪费了。

有一次，佐伊收到夏山的一位老生送给她的礼物，是一个会走路、会说话的漂亮洋娃娃。这显然是一个昂贵的玩具。大约在同一时间，一个新生送给了佐伊一只便宜的毛绒玩具兔。她和那个昂贵的大娃娃玩了半个小时，但和那个便宜的小兔子玩了好几个星期。事实上，她每天晚上都带着玩具兔上床睡觉。

在她所有的玩具中，佐伊唯一长时间喜欢的是贝琪·韦茜，这是我在她18个月大的时候给她买的一个会自动撒尿的洋娃娃。她对自动撒尿装置一点也不感兴趣。直到她长到4岁半时，佐伊才在一天早上说："我厌倦了贝琪·韦茜，想把它送人。"

几年前，我给大一点的孩子做了一个问卷调查。"你什么时候最生弟弟或妹妹的气？"在每个调查问卷中，答案都是一样的："当他或她弄坏我的玩具时。"

永远不要向孩子展示玩具是怎么玩的。的确，我们不应该以任何方式帮助他们，除非孩子没有能力自己解决问题。

在自由的环境中长大的孩子似乎很满足于长时间用玩具和游戏自娱自乐，他们不会像从小被"塑造"的孩子那样把玩具砸碎，弄得到处都是。

在私人家庭或隔音较好的公寓住宅家庭中，没有理由不允许孩子在父母不使用厨房的时候去玩厨房用具，比如用木勺当鼓槌、把锅盖当锣鼓。比起玩具店里卖的普通玩具，孩子可能更喜欢这些玩具。事实上，普通的玩具都会起到催眠的作用，使婴儿昏昏欲睡。

所有的父母都有过度购买玩具的倾向。当宝宝急切地向一些玩具——一辆迷你拖拉机、一只会点头的长颈鹿——伸出手时，父母会当场买下。因此，大多数孩子的卧室里堆满了玩具，孩子们其实从来没有真正对这些玩具感兴趣。

市场上有创意的玩具太少了。有很多用金属和木头做的构建式玩具，但很少有充满创意的玩具。构建式玩具其实就像填字游戏或数学谜语。既然玩具是别人制作的，他们搭建起来的成品就不可能完全是原创的。我承认我发明不出任何一种有创意的玩具，在这方面我也没有什么建议。但我确信，玩具世界正在等待一个天才的出现，他能制作出今天的玩具制造商永远想不到、更接近孩子内心的玩具。

噪声

孩子天生爱吵闹，父母必须接受这个事实，并学会忍受它。如果想要一个孩子健康地成长，就必须让他有相当多吵闹的玩耍时间。

近40年来，我一直生活在孩子们发出的噪声中。一般来说，我已经注意不到那些吵闹声了，就好像黄铜工厂的工人们习惯了铁锤不断的敲打声，那些住在繁忙街道的人渐渐对车辆的轰鸣声浑然不觉。有一个区别是，敲击声和车辆声或多或少都是恒定的声音，而孩子们的声音则是变化多端、刺耳的。噪声会使人心烦。我必须承认，几年前，当我从主楼搬到小屋里住的时候，在经历了大约50个孩子多年的吵闹后，夜晚的宁静对我来说实在是令人愉快。

夏山的餐厅是个嘈杂的地方。孩子们像动物一样，在吃饭的时候很吵。我们只允许没有噪声综合征的访客和我们一起用餐。我和妻子独自吃饭，但之后我们每天花大约两个小时为孩子们准备晚餐，我们需要暂时远离噪声。老师不喜欢太多的噪声，但中年级学生似乎并不介意低年级学生的吵闹声。而当一位高年级学生提出低年级学生在餐厅吵闹的问题时，低年级学生们就会大声抗议，说高年级学生们也吵吵闹闹的。

比起对身体机能兴趣的抑制，父母对噪声的抑制不算什么。噪声从来不被认为是肮脏的东西。父亲喊"别吵了"，是一种坦率的、发自内心的表达。妈妈说"呸！""脏！"时，那是一种厌恶的、带有道德色彩的语气。

在夏山，有些孩子整天都在玩耍，尤其是在阳光灿烂的时候。他们玩的游戏通常都很吵。在大多数学校里，吵闹声和玩耍一样是被禁止的。一名就读于苏格兰大学的夏山毕业生说："学生们在课堂上大吵大闹，实在是令人心烦。我们夏山人10岁的时候就结束了那个爱吵闹的阶段。"

我想起了那部伟大的小说《带绿色百叶窗的房子》中的一件事，爱丁堡大学的学生们用脚演奏《约翰·布朗之歌》，以起哄、戏弄一个差劲的讲师。吵闹声和玩耍是如影随形的，但两者最好是在7岁到14岁这个阶段出现。

礼仪

有礼貌意味着为别人着想，更确切地说是将心比心。一个人必须有群体意识，有换位思考的能力。讲礼貌是不会伤害任何人的。有礼貌意味着有真正的好品位。懂礼貌是教不会的，因为那是无意识的行为。然而，礼仪是可以教授的，因为它是属于意识层面的，是懂礼貌的表面修饰。

按照礼仪，人们不可以在听音乐会时讲话，不可以谈论流言和丑闻。礼仪要求我们在吃饭前穿好衣服，当女士走近我们的餐桌时要站起来，离开餐桌时要说"慢用"。这些都是有意识的、外在的、没有真正意义的行为。

不良的举止总是源于心理失调。诽谤、丑闻、流言蜚语和说人坏话都是主观上的过错，它们显示出自我憎恨。它们证明散布谣言的人是不幸福的。如果我们能将孩子们带入一个他们感到快乐的世界，我们将自动消除他们所有的仇恨欲望。换句话说，这些孩子在最深层次上将拥有良好的举止，他们将展现出仁爱之心。

用餐刀吃豌豆的孩子不一定会在听贝多芬的交响乐时冒犯他人。即使孩子从布朗太太身边走过时没有脱帽致敬，他们也不一定会把布朗太太喝白兰地的消息散播出去。

有一次我正在讲课，一位老人站起来抱怨现在的孩子不懂礼貌。"这到底是怎么回事呢，"他温和地说，"上星期六我在公园散步,两个小孩子经过。其中一个竟然对我说:'你好,伙计。'"

我回答他:"'你好,伙计'有什么不对吗?如果他们说'你好,先生',会不会让你更高兴?事实是你受了伤,你的尊严被冒犯了,你要的是孩子们的顺从,而不是懂礼貌。"

这是很多成年人的样子,这完全是自负的表现,他们把孩子当作封建制度下的附庸来对待。这种自私比孩子的自私更没有道理。孩子们一定是自私的,但是一个成年人应该把他的自私限制在事情上,而不是在人身上。

我发现孩子们会互相纠正彼此的问题。我的一个学生吃东西时声音很大,直到其他孩子嘲笑他,他才改掉了这个毛病。另一方面,当一个小家伙用他的餐刀吃碎肉时,其他人都倾向于认为这是一个好主意。他们会问对方为什么不能用餐刀吃饭。"你可能会割到自己的嘴",这个回答被驳回了,因为大多数餐刀都足够钝。

孩子们应该有权质疑礼仪规则,因为用餐刀吃豌豆是一件私人的事情。但是,他们不应该随意地质疑社会礼仪。如果一个孩子穿着沾满泥巴的靴子走进我们的客厅,那么我们肯定会大声制止他,因为客厅是属于成年人的,成年人有权决定谁能进,谁不能进。

当一个男孩对我们的肉类供应商无礼时,我会在全校大会上告诉学生们,那位肉类供应商对此十分不满。但我认为如果那位肉类供应商打了那男孩一巴掌会更好。人们通常所说的礼仪是不值得教的,它们充其量是残存的习俗。在女士面前脱下帽子是一种毫无意义的习俗。很小的时候,我就对牧师的妻子脱帽致敬,而不是对我的母亲或姐妹脱帽致敬。我想我模模糊糊地意识到我不必在她们面前假装。不过，像脱帽这种习俗，在最糟糕的情况下也是无害的。男孩们长大后会遵守习俗的。然而，在他7岁的时候，任何虚伪礼节都应该远离他。

礼仪永远不应该被教授。如果一个7岁的孩子想用手指吃东西，他就可以自由地这样做。孩子不应该被要求按某种方式行事，以得到玛丽阿姨的认可。**我们宁可牺牲世界上所有的亲戚和邻居关系，也不要通过让孩子不真诚地表现来阻碍他一生的成长**。礼貌是自然而然形成的。老夏山人彬彬有礼——尽管他们中有些人12岁时还在舔盘子。孩子不应该被强迫说"谢谢"，甚至成年人不应该鼓励他们说"谢谢"。

大多数人——无论是父母还是其他人——都会惊讶于那些普通的、性格被"塑造"过的男孩和女孩来到夏山后在礼仪上的修养不够。孩子们曾经举止优雅，但很快就完全放弃了这种做派。毫无疑问，他们意识到自己的虚伪行为在夏山是不适合的。逐渐减少在声音、行为举止上的虚伪是一种常态。私立学校的学生通常要花很长时间才能放下他们的虚伪。自由的孩子从不无礼。

对我来说，对老师的尊敬是一种人为的虚伪。当一个人真正给予他人尊重时，他是在不知不觉中做到的。我的学生可以随时叫我傻瓜；他们尊重我，是因为我尊重他们年轻的生命，而不是因为我是校长，也不是因为我被奉为高贵的神。我和我的学生互相尊重，因为我们互相认可。

一位好奇的母亲曾经问我："如果我把儿子送到这里来，他放假回家时不会表现得像个野蛮人吧？"

我的回答是："会的，如果你已经把他教成了一个野蛮人。"

的确，一个被宠坏的孩子来到夏山，回家后至少在第一年会表现得像一个野蛮人。如果他从小接受礼仪教育，那么他每次都会退化到野蛮状态，这只能说明矫揉造作的礼节对孩子的影响力十分肤浅。

矫揉造作的举止是自由之下的第一层虚伪外衣。刚来夏山的孩子通常表现出令人不可思议的优雅举止，也就是说，他们表现得不真诚。随着时间的推移，他们开始懂礼貌了——真正的礼仪。因为在夏山，我们根本不要求礼仪，甚至连一句"谢谢"或"请"都不要求。然而，访客们一次又一次地说："他们的举止令人愉快！"

彼得从8岁到19岁一直和我们在一起，后来他去了南非。他的女房东写道："这里的每个人都被他的彬彬有礼所吸引。"然而，我完全不知道他在夏山时是否有礼貌。

夏山是一个不讲贫富、没有阶级之分的集体，一个人的父亲的财富和地位并不重要。在夏山，最重要的是一个人的个性，一个人的社交能力，也就是说，成为群体中的好成员。我们的礼仪源于我们的自治，每个人都不断地被迫去关注到别人的价值观。很难想象夏山的孩子会嘲笑一个口吃者或一个跛脚的人；然而，其他学校的男生有时两者都做。那些说"请"、"谢谢"和"对不起，先生"的男孩可能很少真正关心别人。

礼貌是一个关于真诚的问题。当杰克离开夏山到一家工厂工作时，他发现那个负责分发螺母和螺栓，名叫比尔的人总是脾气很坏。杰克想了想，找到了问题所在——人们走到比尔面前喊道：

"嘿，比尔，扔一些惠特沃斯半英寸[1]螺母套过来。"比尔喜欢穿西装打领带，杰克断定他一定觉得自己比穿工作服的普通机械师强一些，他的脾气坏是因为他没有得到他本应得到的尊重，因此，当杰克需要螺栓或螺母时，他会走到比尔面前说："打扰一下，布朗先生，我需要螺母和螺栓。"

杰克对我说："我这不是在拍马屁，我只是运用了心理学。我为他感到难过。"

"结果如何？"我问。

"哦，"杰克说，"我是他在工厂里唯一以礼相待的人。"

我认为这是一个很好的例子，说明了夏山的群体生活使孩子们学会了真正的礼仪——为他人着想，为他人的感受着想。

毫无疑问，我从来没有注意到孩子们的不礼貌，因为我没有刻意地去注意。然而，我从未见过一个夏山孩子冲到正在谈话的两位来访者中间。孩子们进我的客厅时从来不敲门，但如果发现有人来拜访我，他们会默默地退出去，经常还会说一声"对不起"。

最近，一个推销员对他们的举止给予了很高的赞扬。他告诉我："在过去的三年里，我一直开车来这里，从来没有一个孩子刮伤我的挡泥板或试图到车里面去。但就是在这所学校，孩子们被认为整天都在打碎玻璃窗。"

我已经提到过夏山的孩子们对访客的友善态度。这种友善可以说是一种礼貌，因为我从来没有听到过一个哪怕最有敌意的访客抱怨说，他受到了在这所学校待了6个月以上的学生的任何形

---

1 1英寸等于2.54厘米。——编者注

式的骚扰。

我们的剧场表演总是以出色的观众礼仪而著称。即使是一个糟糕的剧情转折或拙劣的剧本，也会或多或少地得到掌声，虽然掌声不够热烈，但足以让人感觉到，演员或剧作家已经尽了最大的努力，他不应该受到指责或鄙视。

礼仪问题对一些父母来说绝对是件麻烦事。一个来自良好家庭的10岁男孩来到了夏山。他进来时敲了敲客厅的门，出去时总是把门关上。我说："这会持续一个星期。"结果表明我错了，这种情况只持续了两天。

当然，我对一个孩子大喊"把门关上"，不是因为我想训练他的礼仪，而是因为我不想自己站起来去把门关上。礼仪是成年人的概念。孩子们——不管是教授的孩子，还是搬运工的孩子——一般都对礼仪不感兴趣。

文明的进步在于消除世界上的虚假和伪装。我们必须给孩子们留下自由，让他们超越我们粉饰过的文明。通过消除孩子们的恐惧和仇恨，我们正在推动一个更好、更新的文明的发展。

金钱

对大多数孩子来说，钱是爱的象征。比尔叔叔给了我一枚25美分的硬币，玛格丽特阿姨给了我1美元，因此，玛格丽特阿姨比比尔叔叔更爱我。父母不自觉地知道这一点，很多时候，他们给孩子太多钱，宠坏了他们。作为补偿，不被爱的孩子往往会得到更多的钱。

没有人能摆脱生活中金钱的束缚，它无处不在地强加在我们身上。它决定着我们是坐在靠近乐队的贵宾席中，还是坐在楼道里，也决定着我们的孩子是去私人夏令营还是城市公园过暑假。金钱的多少对我们每个人来说都是一件要命的事情。

一位母亲会半开玩笑地大声喊道："就算给我世界上所有的金子，我也不会卖掉我的孩子。"5分钟后，她又会因为孩子打碎了一个10美分的杯子而打他的屁股。金钱的价值是家庭中如此繁多的纪律的根源。"别碰那个，那是花钱买的。"

孩子往往被拿来和金钱做比较，但这只限于孩子，而不针对成年人。过去，如果我们打碎盘子，妈妈就会打我们的屁股；但是当爸爸打碎了一个盘子，那就只意味着一个意外。

父母给了孩子太多与金钱有关的焦虑。我经常听到一个孩子沮丧地哭喊："我把手表弄掉到地上摔坏了，妈妈会怎么说啊？我不敢告诉她。"

偶尔，人们会看到相反的情况。我见过有孩子故意破坏东西，以此作为对家庭的报复："我要让不爱我的父母为此付出代价。他们收到尼尔寄去的账单后，不生气才怪！"

夏山学生的父母中有些给孩子的零花钱太多，有些则太少。这一直是我烦恼的一个问题，一个我无法解决的问题。夏山的学生们每个星期一都会得到一笔零花钱；有些人会收到邮寄来的额外的钱，而另一些人得到的很少或没有。

在我们的全校大会上，我不止一次地主张把所有的零花钱集中起来共享，一个男孩每周得到5美元，而另一个男孩只能得到25美分，这是不公平的。尽管零用钱比较多的学生总是极少数，但我的建议从来没有获得多数票通过。即使是每周只有10美分的孩子，也会激烈地抗拒任何瓜分他们较富裕同学的零花钱的提议。

给孩子太少零花钱总好过给孩子太多。给11岁的孩子塞5美元钞票的父母是不明智的，除非这笔钱有特殊的用途，比如买一盏灯或一辆自行车。给太多的钱会破坏孩子的价值观。一个孩子可能会得到一辆漂亮而昂贵的自行车或一台收音机，或者一个昂贵但毫无创意的玩具，但他通常是不会爱惜它们的。

拥有太多的钱会阻碍孩子对生活的幻想。给孩子买一艘价值20美元的船模，会剥夺他用一块木头做船模的所有创作乐趣。一个小女孩常常珍视她自己做的布娃娃，而看不上那些精心制作、昂贵、穿着漂亮、会睡觉或会发出声音的商业洋娃娃。

我注意到小孩子不重视钱。我们5岁的孩子会弄丢硬币，有时会把它们扔掉。这表明，教孩子存钱是错误的。要求孩子存钱太不符合实际了，父母对孩子说，"想想明天"，而此时他只在乎今天。对一个7岁的孩子来说，银行账户里有27美元毫无意义，尤其是当他怀疑父母有一天会把钱取出来给他买一些他不想要的东西时。

幽默

在我们的学校里，以及在我们的教育学报上，幽默的部分太少。我知道幽默有它的危险之处，有些人用幽默来掩盖生活中更严肃的问题，因为人们很容易一笑而过，而不是去面对它。孩子不会用幽默来达到这个目的。对他们来说，幽默和它带来的乐趣意味着友好和情谊。严厉的老师意识到了这一点，就把幽默从课堂上驱逐了出去。

问题来了，"一个严厉的老师会有幽默感吗？"对此我表示怀疑。我发现在我自己的日常工作中，总少不了幽默。我会和每个孩子开玩笑，但他们都知道，在适当的场合，我是非常认真的。

无论你是家长还是老师，为了顺利地与孩子相处，你必须能够理解他们的想法和感受。你还必须有幽默感——孩子气的幽默感。幽默地对待孩子会让他感觉到你爱他。然而，幽默绝不能是尖酸刻薄的或批评性的。

看着孩子的幽默感如何形成并提升是令人愉快的。应该称它为乐趣而不是幽默，因为孩子在幽默感形成之前就已经懂得开玩笑的乐趣。大卫·巴顿实际上是在夏山出生的。他三岁时，我对他说："我是访客，我想找尼尔。他在哪儿？"

大卫会轻蔑地看着我："笨蛋，你就是他。"

大卫7岁的时候，有一天我在花园里拦住了他。"告诉大卫·巴顿，我想见他，"我严肃地说，"我想，他应该在小屋那边。"

大卫咧嘴一笑。"好的。"他回答，然后向小屋走去。两分钟后他回来了。

"他说他不过来了。"他带着一丝狡黠的笑说道。

"他说理由了吗？"

"是的，他说他在喂他的老虎。"

大卫7岁就懂得开这种玩笑了。但当我告诉9岁的雷蒙德，他因为"偷了学校的大门"而被罚了一半的零花钱时，他哭了，我知道我犯了大错。不过，两年后，他就能和我开这样的玩笑了。

当我在去小镇的路上遇到三岁的莎莉，问她去夏山的路怎么走时，她只是咯咯地笑。但若是七八岁的女孩，她们会故意给我指错方向。

我带着访客四处参观时，通常会把住在小木屋里的孩子称为"小猪"，他们会配合地发出"哼哼"声。有一次，当我介绍他们为"小猪"时，屋里的8个孩子不屑地说："这个笑话现在是不是有点过时了？"我不得不承认确实如此。

女孩和男孩一样有幽默感，但她们很少像男孩那样用幽默来保护自己。有些男孩用这种方法成功地保护了自己。我见过戴夫因为一些不恰当行为而受审，但他用一种幽默的方式为自己辩护，成功地赢得了谅解，并且只受到了轻微的惩罚。一个女孩子，一旦意识到自己是错的，就不会像戴夫这样为自己"开罪"。即使在最开明的家庭里，女孩也会受到我们这个社会强加给女性的普遍自卑的影响。

永远不要在错误的时候用幽默对待孩子，也不要借此伤害他的自尊心。如果他有真正的委屈，就必须认真对待。和一个高烧将近39摄氏度的孩子开玩笑是错误的，但是当他正在康复阶段时，你可以假装是医生，甚至是殡仪员，他会喜欢这个笑话的。也许孩子们喜欢被幽默对待，因为幽默包含着友好和欢乐。即使是那些爱说俏皮话的高年级学生，开玩笑时也不会使用尖酸刻薄的话语。夏山的成功在很大程度上是由于它欢乐的氛围。

第三章 性

性态度

我还从来没有遇到一个初来夏山的学生,对性和身体功能不是持有病态态度的。现代父母在告诉孩子婴儿是如何出生的时候,说到性过程,就像给孩子讲述宗教极端分子一样仍是隐晦的态度。对于老师和父母来说,最困难的就是找到一种对于性的新态度。

对于性禁忌的原因我们知之甚少,所以只能贸然去猜测它的起源。性禁忌为什么存在对我而言并非当务之急,但对于受托治疗被压抑的孩子的人来说却极为重要。

还在婴儿期,我们就被错误教导,对于性,我们从来就是不自由的。在意识层面,我们也许是自由的,甚至可以成为针对孩子的性教育团体中的一员。但是在潜意识层面,我们仍然在很大程度上保留着婴儿期所形成的对性的状态:厌恶和恐惧。

我特别坚信潜意识里我对性的态度是加尔文主义的,这源于我早年在苏格兰乡村生活所受的影响。可能成年人已经无药可救了,但是对于孩子们,如果我们不把曾经被迫接受的观点强加给他们的话,就还有解救他们的机会。

孩子们很小的时候就了解到关于性的错误是极大的罪恶。父母总是对做出违反性道德行为的孩子进行最严厉的惩罚。怒斥弗洛伊德"在一切事物中都能看到性"的人，恰恰是那些爱讲性故事、听性故事、嘲笑性故事的人。每个在军队待过的人都知道军队的语言是带有性内容的。几乎每个人都喜欢读周末报纸中关于离婚和性犯罪的花边新闻，并且大部分男人会把自己在酒吧和俱乐部听到的类似故事带回家讲给妻子听。

对性故事"津津有味"完全是源于我们在性态度方面不健康的教育，性趣味源于压抑。就像弗洛伊德所说的，这样的故事"让猫从口袋里逃了出来"[1]。成年人对孩子性趣味的谴责是虚伪的且具有欺骗性，这种谴责是把罪恶感投射给了他人。父母对孩子的"性犯罪"严惩不贷，是因为他们本身就对性犯罪非常感兴趣，即使这是不健康的。

弗洛伊德把性视为人类行为中最伟大的力量。每个诚实的观察者对此观点都表示赞同，但是道德教育过分强调了性。一个母亲做的"最重要"的事，就是在她的孩子触摸自己的性器官时立刻制止，这使得孩子把性视为世界上最令人痴迷和最为神秘的事情。正是"禁果效应"导致性变得更加美味和诱人。

性禁忌是压制孩子的罪恶之源。我不愿意谈到"性"时只是指生殖器官的"性"。如果一个妈妈厌恶自己身体的任何部位，或者压抑孩子对自己身体感到的快乐，那孩子在吃奶时有可能也是不愉快的。

性是生活中所有消极态度的根基。没有性罪恶感的孩子从来

---

[1] 指秘密被泄露了出去。——编者注

不需要诉诸宗教或者任何神秘主义。尽管性被认为是最大的罪恶，但是完全没有性恐惧和性羞耻的孩子是不会向任何神灵寻求原谅或者宽恕的，因为他们没有负罪感。

6岁时，我和妹妹发现了彼此不同的外生殖器，并且自然地互相玩起来。母亲看见后，非常严厉地抽打我们，并把我锁在小黑屋里好几个小时，然后让我跪下乞求上帝的宽恕。

几十年后，我才从这段早年受到的惊吓中恢复过来，但事实上，有时我也怀疑自己是否完全走了出来。

现今有多少成年人曾有过类似的经历呢？现今的孩子又有多少因为遭遇性方面的惩罚，而把对生活自然的热爱变成憎恨和攻击呢？他们被告知的是，手淫是糟糕的和有罪的，自然的排便功能是令人作呕的。

每个遭遇性压抑的孩子都有一个像木板一样坚硬的腹部。看看一个受压抑的孩子的呼吸，再看看一只小猫优雅自然的呼吸。没有哪个动物有僵硬的腹部，也没有哪个动物为性和排泄感到羞愧。

威廉·赖希在他著名的《性格分析》中指出，道德训练不仅使思维过程变得扭曲，也会影响身体结构，确实会导致骨盆收缩和姿势僵硬。我赞成赖希的观点，在夏山这么多年以来，在和各种各样的孩子打交道的过程中，我观察到孩子如果不再因恐惧而变得肌肉僵硬，自然就会优雅地走路、跑步、跳跃和玩耍。

那么我们可以做些什么来阻止对孩子的性压迫呢？有，至少有一件事情可以做，那就是当孩子还在生命最早期的时候，允许他们可以完全自由地触摸自己身体的任何一个部位。

我的一个心理学家朋友对他4岁的儿子说："鲍比，你在陌生人面前不能玩你的鸡鸡，因为他们会认为这样不好。你只有一个人在家或者在花园时，才可以这样做。"

我和朋友讨论过这个话题，我们一致认为，保护孩子不受反人性的性憎恨者的影响是不可能的。唯一令人欣慰的是，如果父母是生命的真诚信仰者，孩子一般会接受父母的标准，并且很有可能拒绝外在的伪善。一个5岁的孩子了解到他不能不穿裤子就在海里游泳时，就足以形成某种——哪怕只是轻微的——对性的不信任。

现在很多父母不再对手淫持禁止态度。他们认为这是自然的事情，并且知晓压抑它的后果。这一点，非常棒！

然而，这些开明的父母在下一步却畏缩不前，如果自己的小儿子和其他小男孩玩性游戏，他们并不介意；但是如果一个小男孩和一个小女孩玩性游戏，他们就会加强警惕。

如果我那善良且受过良好教育的母亲在我幼时和妹妹玩性游戏时采取漠视的态度，我们一定会随着年龄的增长，发展出对于性的理智态度。

我怀疑成年人阳痿和性冷淡的根源很大程度上可以追溯到童年早期和异性第一次接触时所遭遇的干预。我怀疑同性恋很大程度上源于幼时玩同性性游戏时被容忍，而和异性间的性游戏被禁止。

我相信，儿童时期的异性恋游戏是一条通往成年人拥有健康、平衡的性生活的康庄大道。如果孩子没有在性方面受过严苛的道德训诫，他们会拥有一个健康的而不是滥交的青春期。

反对年轻人有性生活的论断没有一个是站得住脚的。几乎每一种论调——无论是宗教的、道德的、妥协的、武断的，还是色情的——都建立在对情感的压抑和对生命的憎恶之上。如果年轻人只有得到社会里年长者的批准才能使用性本能,那为何大自然又赋予人类这种强烈的性本能呢?这个问题没有答案。在这些年长者中,有些人会在某些公司拥有股份。其中一些公司以拍摄色情电影为业;一些公司以出售各种化妆品为业,这些化妆品使女孩在男孩面前更加妩媚动人;一些公司以出版某种杂志为业,这种杂志充斥着用来吸引读者的性虐狂故事和图画。

我知道青春期就享有性生活在现今社会中是不切实际的,但我的观点是,这是一条通往明天健康生活的正确道路。我可以这样写,但是在夏山,如果我赞成少男少女们睡在一起,我的学校就会被关闭。我在此忧虑遥远的未来,是为了让社会可以意识到性压抑是多么的危险。

我并不期望夏山的每个学生都没有神经症的问题,在当今社会,谁能免于心结的困扰呢?我所期望的是子孙后代们能开始摆脱人为的性禁忌,并最终塑造出一个热爱生命的世界。

从长远来看,避孕工具的发明必将产生一种新的性道德观,因为对后果的恐惧或许是性道德中最强的因素。为了自由,在爱情里的人必须感到自己是安全的。

当今的年轻人很少有真正爱的机会。父母不允许他们的儿子或者女儿生活在如他们所说的罪恶中,所以年轻的情侣们不得不去寻找潮湿的树林,或者公园和小轿车。于是每件事都让我们的年轻人负荷沉重。这种环境迫使他们把本应美好快乐的两情相悦变成邪恶和不道德的感受,变成淫秽、猥亵和耻笑。

这些盛行的对性行为的禁忌和恐惧,催生出那些性侵犯案件。

性禁忌把性冲动锚定在了家人身上。限制手淫迫使一个孩子对父母产生兴趣。每次一个母亲因为孩子触摸自己的生殖器而打他的手时，孩子的性兴趣就集中转移到母亲那里，对母亲潜在的态度就变成渴望和排斥、爱和恨交织在一起。对性的压制在不自由的家庭中盛行，这维护了父母的权威，但代价是带来大量患上神经症的孩子。

如果孩子被允许触碰自己身体的任何一个部位，家长的权威便会陷入危机，孩子和父亲或者母亲的联结便会变得松动，孩子自然而然便会从情感上远离家庭。这听起来十分荒谬，但是这些联结确实是父母权威保障的重要支柱。对于权威而言，解除性压抑，年轻人便会陷入迷途。

父母们正在做的，恰是他们的父母曾经对他们做的——养育受人尊重的、纯洁的孩子——自然就会忘却儿童时期那些潜藏的性游戏和色情故事，忘却那些痛苦的曾用无限内疚来压抑的对父母的反抗。他们没有意识到他们正带给孩子同样的负罪感，而这种感觉也曾在很多年前让他们自己彻夜痛苦。

人们严重的神经症起源于儿时的生殖器触摸禁忌：不可触碰。成年后的性无能、性冷淡和焦虑源于孩子触摸生殖器时对他们双手的捆绑和打他们的手掌。被允许触摸自己的生殖器而长大的孩子，有充分的机会成长为一个对性拥有真诚的、愉悦的态度的人。小孩子之间的性游戏是自然健康之举，不应该被反对；相反，作为进入青春期和成年期的前奏，还应该被鼓励。如果父母对于孩子在黑暗的角落里玩性游戏知之甚少，那么最好就像鸵鸟一样把头埋在沙子里。这种秘密的、遮遮掩掩的游戏滋生着罪恶感，并在日后的生活中持续存在。当这些玩性游戏的孩子成为父母时，通常这种罪恶感会让他们反过来反对自己的孩子玩性游戏。让性游戏见光是唯一的明智之举。如果孩子们的性游戏被正常接受，性犯罪会极大减少。平常父母不会也不敢承认，性犯罪在某种程度上就是对儿童的性游戏采取禁止态度的直接后果。

著名的人类学家马林诺夫斯基指出：在备受震惊的传教士们把男孩和女孩分隔在不同的宿舍之前，特罗布里恩德人中没有性犯罪。为什么呢？因为小孩子们没有受到关于性方面的压制。

今天父母要思考的问题是：我们希望孩子像我们这样吗？如果这样，社会还会继续像现在这样充斥着性犯罪、不幸福的婚姻和神经质的孩子吗？如果第一个问题的答案是肯定的，第二个问题的答案也必然是相同的，并且两个问题的肯定答案都是引爆原子弹的前奏，因为他们认定仇恨会继续，并且可以用战争来表达这种仇恨。

我问那些道德说教的父母：当原子弹爆炸时，你有多担心孩子的性游戏？当原子弹爆炸后的蘑菇云使生命无法存续，你有多担心女儿的贞操？当你的儿子应征入伍在大屠杀中死去，你仍然会坚持你那狭隘的信念，认为对孩子童年的性压制是件好事吗？你以亵渎的态度所祈祷的上帝会拯救你和你孩子的生命吗？

你们中的一些人也许会回答：这种生活只是一个开始，接下来的世界将没有仇恨、没有战争、没有性。如果是这样，请合上这本书——我们之间没有交集。

对我来说，永生只是人类的一个梦想——确实是一个可以理解的梦想，因为除了机械发明，人类在几乎所有其他方面都失败了。不过，这个梦想还不够好。我想在地球上而不是在云端看到天堂。可悲的是，大多数人虽然也想要同样的东西，但没有去实现它的意愿，这种意愿被第一个巴掌、第一个性禁忌所扭曲。

对于父母来说，没有中立立场，只有在负疚、秘密的性或者公开、健康愉悦的性两者之间做出选择。如果父母选择道德感方面的寻常标准，他们就不应该抱怨性堕落社会的苦痛，因为这是性禁忌的必然后果。这样的父母也不应该憎恨战争，因为他们带给孩子对于自身的憎恨通过战争表达了出来。人类在情感上是病态的，这种由负罪感和焦虑感导致的病态源于童年时期。在我们这个社会中，这种情感上的病态遍布各处。

佐伊6岁时，来找我说："在所有的孩子中，威利的鸡鸡最大。但是一位来参观的女士告诉我说，'说鸡鸡'是粗鲁的。"我立即告诉她这并不粗鲁。我在心里谴责这位女士对孩子无知又狭隘的理解。我可以容忍政治或者礼仪方面的宣讲，但是当任何人用让孩子产生负疚感的方式来攻击他们时，我一定会毫不客气地反击回去。

所有我们对待性的恶心态度、我们在音乐厅的哄笑、我们在小便池墙壁上乱涂乱画的下流之作，都源于对婴儿期触摸生殖器的制止以及把性游戏驱赶到见不得人的角落里。在每个家庭中，都有秘密的性游戏。因为隐秘和负疚，许多人对兄弟姐妹的依恋会持续一生，使婚姻不幸成为可能。如果5岁左右的兄弟姐妹之间的性游戏被视为自然、正常的事情，他们彼此将会自由发展，寻找到家庭以外的性伴侣。

对于性的极端仇恨是虐待。没有良好性生活的男性可能会虐待动物、折磨同类或者支持犯罪。性生活不满意的女性可能会辱骂养育私生子的单亲妈妈。

当然，我愿意接受公开的指责："这个男人就是满脑子的性。性并不是生活中最重要的事情，还有友情、工作、快乐和悲伤。为什么非要谈性？"

我的答案是：性带来生活中最大的快乐。有爱的性是喜悦的最高形式，因为它是最高形式的给予和接受。当然，性明显是被人们讨厌的，否则，就没有母亲会禁止手淫，没有父亲会禁止婚外性关系，歌舞厅里将不会有淫荡的笑话，公众也不会把时间浪费在看爱情电影和言情故事上。

事实是几乎每部电影都会与爱情有关，事实证明性就是我们生活中最重要的因素。人们对这些电影感兴趣，主要是因为心理上不够健康，这是那些对性有负罪感、受过挫折的人的乐趣。不能自然地去爱，很明显是源于对性的罪恶感，于是他们蜂拥到电影院去看把爱情描述得无比浪漫和美好的爱情电影。性压抑者会通过替代品来表达他们对性的兴趣。没有哪个已经拥有充分爱情生活的男人或者女人能够一周两次坐在电影院里忍受那些蹩脚的画面，那些不过是对真实生活的模仿而已。

流行小说也是这样，要么描述性，要么描述犯罪，通常是二者兼有。流行小说《飘》非常受人喜爱，并不是因为它具有美国内战和奴隶制的悲剧背景，而是因为它集中描述了一个乏味的、以自我为中心的女孩和她的爱情故事。

时尚杂志、化妆品、美腿秀、高雅复杂的艺术评论、言情故事，所有这些都清清楚楚地表明性是我们生活中最重要的事情。

与此同时，它们也证明唯有这些性的外在标志物——换句话说，就是这些小说、电影和美腿秀中暗含的性内容——才是大众所青睐的。

英国小说家D. H.劳伦斯指出色情电影的罪恶之处在于：性压抑的年轻人在他的生活圈子中害怕与真实的女孩相处，而把自己所有的性情感都倾注在好莱坞明星的身上——然后回家手淫。当然，劳伦斯的意思并不是说手淫是不好的，而是说依赖对好莱坞明星的幻想进行手淫是不健康的性方式。健康的性显然是在身边的人中寻找到一个伴侣。

想想那些因为人们的性压抑而繁荣起来的巨大利益的既得者：时尚人士、口红制造商、教堂、剧院和电影院、畅销小说作家和长筒丝袜制造商。

一个性自由的社会将消除对漂亮衣服的需求，这种说法肯定是愚蠢的。当然不是这样。每个女性都想在她爱着的男性面前展现她最美的一面，每个男性也都想在和意中的女孩约会时看上去温文尔雅。应该消失的是拜物主义——对于虚化价值的看重，因为现实中的性是被禁止的。性压抑的男性将不再长时间盯着商店橱窗里女性的性感内衣。可怕的遗憾是，性是如此被压抑，世界上最大的享乐竟然伴随着罪恶感。这种压抑进入人类生活的方方面面，使生命变得狭隘、无趣和令人厌恶。

憎恶性，你就会憎恶生活。憎恶性，你就不会真的喜欢你的邻居。如果你憎恶性，在最糟糕的情况下你在性生活中会变得性无能和性冷淡，即使不会如此糟糕，你的生活也是不完整的。因此，已经生育孩子的女性通常会说"性是被高估的消遣"。如果性不能得到满足,那么它一定会去别处寻求一条出路,因为它是太过于强烈的冲动,不可能被消除。它会导致焦虑和仇恨。

并不是所有成年人都把性行为看作一种给予,否则被性无能和性冷淡折磨的人的比例不会达到70%,这个数据是相当多的专家提出来的。对于许多男性来说,性交是有礼貌的强奸;对于许多女性来说,这是一种不得不忍受的令人生厌的仪式。

成千上万的已婚女性在生命中从来没有经历过性高潮,甚至有一些受过教育的男性压根不知道一个女性还可以拥有性高潮。在这样的一个社会里,付出越少越好;性关系或多或少带有残暴和淫秽的特点。由于错误的性教育,这些人不能给予真正的爱,除非是以扭曲的恨的形式呈现出来。

在夏山,每个年长一些的学生都会从我的谈话和书籍中知晓,我赞同无论多大年纪,都可以根据自己的意愿享有完整的性生活。在我的演讲中,我也经常被问到,在夏山,我是否提供避孕套,如果没有,又为什么不提供呢?这是一个老套的、令人沮丧的问题,牵动着我们所有人的深层情感。我不提供避孕套折磨着我的良心,因为任何形式的承诺对我来说都是困难和令人警觉的。另一方面,不管我给达到法定年龄还是没达到法定年龄的孩子提供避孕套,都肯定会导致学校被关闭。在现实生活中,人不能超越法律的界限。

我不会忘记许多父母对于性都有出于宗教或者其他消极观点的罪恶感。对于这些父母,我也无能为力,他们不会转变从而接受我们的观点。另一方面,如果他们侵犯我们学校孩子的权利,无论是性方面的还是其他方面的,我们都必定会反抗。

性

对于有女儿的父母，我会说："当你16岁的女儿想要过属于自己的生活时，你就会感到头疼了。她可能在半夜回家。绝对不要问她去过哪里。如果她没有自我调节的能力，她就会撒谎，就像你我曾经对我们的父母撒谎那样。"

当我女儿16岁时，如果我发现她爱上一个不顾及他人情感的男人，我肯定远不止忧虑这一件事。我知道自己无力做任何事情。我希望我不要试图插手。既然她已经具备自我调节的能力，我想她不会爱上一个不值得她喜欢的年轻人，但是谁又说得准呢。

我确信，许多糟糕的结合从根本上来说是为了对抗父母的权威。我的父母不相信我，我根本不在乎，我就要做自己喜欢的事情。如果他们不喜欢，他们就自己受着吧！

你害怕的可能是女儿会被引诱，但是女孩子们并不总是被引诱的一方，引诱是相互的。如果你的女儿一直是你的朋友而不是你的下属，那她16岁时面临的困难将不会太难解决。你将不得不面临的事实是没有人可以替代别人去生活，在情感这样重要的问题上，经验无法被传授。

毕竟，最基本的问题是家庭对于性的态度。如果家庭对待性的态度足够健康，你就会给女儿提供她自己的私人空间，还有房间的钥匙。如果家庭对待性的态度是不健康的，她就会以错误的方式去探寻性体验——有可能就是和不合适的男性在一起——对此你就无能为力了。对你的儿子也是如此，不用那么担心他，因为他不会怀孕。然而如果性观念是错误的，他会很容易把自己的生活搞得一塌糊涂。

很少有婚姻是真正幸福的。想想大多数人"训练"婴儿的方法,如若世上真有幸福的婚姻,那才让人震惊。

如果性关系是失败的,那么婚姻中的一切也将是失败的。一对不幸福的夫妻,在被养育的过程中是厌恶性的,自然会彼此厌恶。他们的孩子也必然不会幸福,因为他们的家庭没有温暖,而这种温暖对孩子未来过自己的家庭生活来说是必需的。父母对性的压抑态度会不自觉地传递给孩子。最糟糕的问题孩子就来自这样的家庭。

性教育

如果父母诚实地回答孩子的问题,没有什么避讳的话,性教育就会成为孩子童年生活中很自然的一部分。那些伪科学的解释方法是糟糕的。我知道有一个孩子的性知识就是这样被传授的,他会在有人提到"花朵授粉"的时候脸红。性知识当然是重要的,但是最重要的还是其中的情感内容。医生们熟知人体生理构造的一切,但是相较于原始岛屿的岛民,他们未必是更好的情人——极有可能他们还远远不及。

对于一个自由发展的孩子而言,性教育并不是必要的,因为"教育"这个词暗含之前被忽略的意思。如果孩子自然流露的好奇心都已经被开放的不带情感偏向的回答满足了,性就不会变成需要特别教导的东西。毕竟,我们并不会专门给孩子上几节课,告诉他们消化器官和排泄器官的功能分别是什么。"性教育"这个术语源于这样一个事实:性行为是被禁止的并且是带有神秘性的。

在公立学校课程中加入性教育课会增加很大的风险,因为课程内容往往会充斥道德说教，反而会造成性压抑。可以想象一个谨小慎微的老师在讲解一堂解剖生理学课程时的尴尬情景，他时刻需要担心话题会一不小心误入"禁区"。

在大多数公立学校，如果一个老师把性爱和出生的真相完全讲解清楚，可能会面临被解雇的风险。公众（以一些母亲为代表）并不支持老师这样做。我知道不止一件这种事情：暴怒的妈妈觉得女老师用那种"肮脏的教学内容"腐蚀了她的孩子，因此威胁老师要承担严重的后果。

另一方面，告知一个自由的孩子他想知道的所有关于性的知识，唯一的困难在于知晓怎么能把事情讲得清楚明白。一个孩子想知道为什么不是每匹公马都是种马，为什么不是每头公羊都是种羊。答案会超出一个4岁孩子的认知范围，因为阉割并不是一个很容易解释清楚的概念。在这种情形下，父母最好尽力而为，但请记住不要用撒谎或者回避的方式来对待孩子。

一个5岁男孩在爸爸的口袋里发现一只避孕套，很自然会问那是什么东西。爸爸不带任何情感的简洁清晰的解释，孩子很容易就会接受。

然而在某些情况下，我们也可以对孩子说：有些东西对你来说太难理解，需要以后才能给你解释清楚。毕竟，别的事情你也是这样处理的。举例来说，当一个孩子问蒸汽机是如何工作的，或者是谁创造了上帝，父母可以说这个答案在他这个年纪理解起来比较复杂。

比起一些愚蠢的父母总是给孩子讲述太多，更好和更安全的方式是推迟告诉孩子答案。我想起一个15岁的瑞士女孩说："厄姆加特（10岁）认为婴儿是医生带到这个世界上来的。我很早就知道婴儿是怎么来的了，是我妈妈告诉我的，她还告诉了我很多其他的事情。"

我问她还知道什么。她告诉我她还知道一些关于同性恋和性变态的事情。这就是一个如实告知但极不明智的例子。这位妈妈应该仅仅回答孩子提问的内容，她不了解孩子的天性，告诉了孩子太多还不能消化的内容，结果让女儿变得神经质。然而，我认为这个不明智的妈妈比那种在孩子询问出生之谜时完全撒谎的妈妈还是要明智一些的，因为孩子很快就会发现自己的妈妈在骗人（通常有一半是被同伴以淫秽的方式告知）。当孩子终于发现真相时，他自以为他明白了为什么妈妈会撒谎：妈妈怎么能够告诉我这么肮脏的事情呢！

这就是当今社会对生育的态度，认为生育是一件肮脏羞耻的事情。怀孕的准妈妈竭力通过某种装扮来掩饰她的状态，这个事实足以让我们谴责所谓的"道德"。

也有些妈妈会告诉孩子关于生育的真话。然而其中仍有许多讲真话的妈妈在讲到性爱的时候会撒谎，她们巧妙地回避，不会告诉孩子性爱过程是令人非常愉悦的。

我和妻子从来没有在佐伊的性教育问题上遇到困难。这个过程看起来那么简单、那么明显、那么有意思——尽管确实有令人尴尬的时刻。一次，一位未婚的大龄女士来做客，佐伊对这位女士说，她能来到这个世界，是因为爸爸使妈妈受孕，然后兴致勃勃地问对方："是谁使你受孕的呀？"

顺便提一下，我们发现能自我调节的孩子很早就懂得如何机智、得体地说话。佐伊在三岁半的时候会像上面那样说话,但是到了5岁时,她就开始意识到某些话不能对某些人说。我观察到其他孩子并不像佐伊这样老练,那是因为他们一开始就没有发展出自我调节的能力。

自从弗洛伊德发现小孩子也有性兴趣以来,学术界对其表现形式的研究其实还是不够充分的。有些书籍描述了婴儿的性欲,但是据我所知,还没有一本描述关于自我调节的儿童的性兴趣的书。我们的女儿佐伊对自己的父母或同伴的性器官并没有表现出特别的兴趣。她经常看见我们在浴室或者厕所没穿衣服。令我满意的是,她在某种程度上"推翻"了一些心理学家所持有的观点——孩子内在有一种本能的、无意识的、天生的羞耻感,会让他们在看见成人的生殖器或知晓其他自然功能时感到尴尬。这个理论,就像手淫天然让人产生罪恶感的类似理论一样,是无稽之谈。

具有自我调节能力的孩子的父母,会尽力避免所有关于性教育方面危险和愚蠢的错误,会尽力避免将性与错误和罪恶感关联在一起。但是我并不能确信从另一个角度看,即把性看得崇高就没有危险。很早以前,还没有任何关于自我调节能力的言论,一些父母教育自己的孩子说,性是神圣不可侵犯的,应该以敬畏、惊奇和某种宗教崇拜的态度来对待。现代父母可能不会尝试延续这种教育方式,但是会有某些相似的屈从:把性崇拜为一个新造的神。这很难界定,也许是太微妙而无法界定。我能感觉到的是,谈到性时那些人的声音和表情变得虔诚。这种态度显示出对于色情的恐惧:如果我不用敬畏的态度提到性,他们会认为我是那种拿性乱开玩笑的人。现在用词和语调极为虔诚的认真的年轻父母和旧时恭敬地谈论身体某些部位的保守父母并无二致，我对此感到有些不安。很久以来，性都被当作一个粗俗的笑话，如今变成另外一个极端，变成不能随便提了，不是因为它的邪恶，而是因为它太崇高。这种态度势必会导致一种新的性恐惧和性压抑。如果一个孩子对性有一个健康的看法，长大后就会有健康的爱情生活。性必须贴近生活，它无处不在，所有拔高它、赋予它更高权力的企图，都是画蛇添足。

告诉孩子性是神圣之举，和说有罪者将堕入地狱的性质是一样的。如果你愿意把吃饭、喝水和大笑都称为是神圣的，我就愿意和你一起说性也是神圣的。我们可以把每件事都说成是神圣的，但如果我们仅仅把性神圣化，就是在欺骗自己和误导我们的孩子。只有孩子才是神圣的，他们的感知力是神圣的，不应被无知的教导损毁。

当宗教对性的仇恨日渐消亡的时候，其他敌人出现了。有些性教育热衷者给孩子们看示意图，讲解蜜蜂和花粉的关系，引导性地说："看，性只是一门科学，没有什么令人激动之处，不是吗？"在性方面，我们已经有太多限制，几乎已经不可能保有自然中立的态度。我们要么就是过于褒扬性，要么就是过于贬低性。褒扬性是好的，但是用这种方式来对抗自己小时候曾经遭遇的贬低性的方式，也会导致神经质。因此，有必要找到一个对待性的合乎情理的态度，只有当我们不干涉孩子对性的自然看法时，这种态度才能形成。

如果这听上去不够清楚或者不合实际，我建议年轻父母在谈到和性相关的事情时，要避免表现出任何羞愧、厌恶或者道德感，避免说教或者先要照顾邻居的感受。唯有如此,孩子对性的态度才会自然发展,他才不会憎恨自己的身体。这样的孩子,不需要别人训诫、警告或者提供任何其他帮助。

如果我们能阻止孩子在性中看到邪恶,孩子长大后就会成为一个有道德的人——不是一个道德说教者,不是一个教导他人的人。唐璜似乎获得了性的快感部分,但同时拒绝了爱的部分。新的有道德的人会发现,他必须实现性的两个功能:他会发现,除非他有爱,否则他不会在性行为中找到最大的快乐。

手淫

大多数孩子都会手淫。然而人们告诉孩子手淫是罪恶的,会限制长高、导致疾病或者其他什么。如果一个明智的妈妈对孩子探索自己下体的行为保持无视的态度,手淫就不会有很强的驱动力,禁止反而会激发孩子对手淫的兴趣。

对于婴幼儿来说,口腔(不是生殖器)才是性敏感区。如果母亲以道德观念对待孩子的口腔活动,就像对待生殖器那样,那么吮吸手指和接吻将会成为道德问题。

手淫满足了孩子寻求快乐的欲望,因为它是兴奋的顶点。但是动作一旦结束,曾经被训导的道德感就会抓住良心叫喊着:你是一个罪人!我的经验是当道德感消失的时候,孩子对手淫的兴趣也就减少了。

这听起来难以想象,一些父母宁愿让孩子犯罪,也不愿让孩子手淫。我发现很多青少年犯罪的根源是手淫欲望被压抑。

一个 11 岁男孩来到夏山的时候，除了其他坏习惯以外，还有纵火的毛病。他曾被父亲和老师鞭笞过。到夏山后不久，他提了一瓶汽油，把它倒进了一大缸油漆和松节油中，然后把这些混合物点燃。幸好两个雇工及时进行扑救，才把这场火扑灭了。

我把他带到我的房间，问他："火是什么？"

"可以燃烧。"他说。

"你现在想要哪种火？"我继续问。

"地狱之火。"

"汽油瓶是什么？"

"一个长长的顶端有孔的东西。"他停顿了一会儿，回答道。

"关于这个长长的顶端有孔的东西，给我多讲一些吧。"我说。

"我的鸡鸡，"他尴尬地说道，"顶端也有一个孔。"

"给我多讲讲，"我友善地说道，"你曾经碰过它吗？"

"现在没有。过去碰过，但是现在不碰了。"

"为什么不碰了呢？"

"因为 X 先生（他的上一位校长）告诉我，这是世界上最大的罪恶。"

我断定他纵火是手淫的一个替代行为。我告诉他 X 先生完全错了，他的生殖器不会比他的鼻子或者耳朵更差或者更好。从那天开始，他对纵火的兴趣消失了。

如果早期手淫没有受到压抑，孩子们自然就会在某个恰当的时间点发展为异性恋。许多不幸福的婚姻都源于这样一个事实，即夫妻双方都经受着不易觉察的性厌恶的折磨——这种厌恶源于深埋着的自我仇恨，这份自我仇恨又源于孩童时代被禁止的手淫。

手淫的问题在教育上非常重要。如果手淫的问题不解决，那么学科、纪律和游戏都是徒劳无效的。手淫自由带来开心、幸福和有活力的孩子，他们反而并没有多少兴趣在手淫上面。禁止手淫带来痛苦的、不幸福的孩子，也意味着容易生病、憎恨自己并且继而憎恨他人。我必须说，**解除了性禁忌产生的恐惧和自我仇恨，是夏山的孩子们幸福的根本原因之一。**

弗洛伊德让我们熟知性是与生俱来的这个观念，孩子在吮吸中享受到快感。渐渐地，嘴部的兴奋区转移到生殖器上。因此，手淫对孩子来说是一个自然而然的发现，并不是第一次的重大发现，因为生殖器对于婴儿并不像嘴巴或者皮肤那样敏感，完全是因为父母的禁止才导致手淫变得更加严重。禁止越严厉，罪恶感就越深，而沉溺其中的冲动就越强。

一个受到良好教育的孩子，上学时对于手淫根本没有罪恶感。在夏山，少量小班孩子会对手淫有些特别的兴趣。性对一般学生来说，不是某种神秘的有吸引力的事情。他们一到学校（如果他们在家里并没有被告知），就知道出生的真相——不仅知道婴儿从哪里来，也知道他们自己是如何来的。孩子们在这个年纪接受这些信息不会有什么特别情绪，部分原因是我们讲述的时候也平静自然，所以到了15岁或者17岁的时候，他们可以公开讨论性话题，而且不会感觉到罪恶和下流。

父母对年幼孩子说话的语气宛如全能的上帝。当妈妈说性是神圣的，孩子就全盘接受她的说辞。一个妈妈告诉儿子手淫会使他变笨，儿子就接受这个警示，变得不擅长学习任何内容。当他的妈妈被劝说后，承认她以前的话是一派胡言，儿子自然就变得聪明些了。

另一个妈妈告诉儿子,如果他手淫的话,每个人都会恨他,儿子就像妈妈口中暗示的那样,成为全校最不招人喜欢的家伙。他偷东西,朝人们吐口水,破坏东西,进行种种可怜的尝试,活成妈妈警告的那样。在这个案例中,妈妈没能被劝服承认她先前的错误,结果这个孩子持续不受欢迎,将来也会不受欢迎。

也曾有过一些男孩被警告,他们如果手淫,就会发疯,结果他们就故意尝试做些发疯的事情。

我认为学校并不能完全纠正来自孩子父母早期的暗示。在我的工作中,我总是尝试让父母自己纠正,因为我知道我对孩子的影响甚微,我通常太晚进入他们的生活。因此当一个孩子听见我说手淫并不会使一个人发疯的时候,他也不会轻易相信我,5岁时听到的父亲的权威声音才是至高无上的。

当一个婴儿把玩生殖器的时候,父母就开始面临挑战了。他们必须认为手淫是合适的、正常的和健康的。任何压制它的企图都是危险的,包括那些不动声色的、不诚实的尝试,比如想把孩子的注意力转移到其他事物上的企图。

我想起一个能够自我调节的小女孩的例子,她被送到一个不错的日间幼儿园。她看起来很不快乐。她把手淫取名为"抱抱"。当妈妈问她为何不喜欢学校时,她说:"当我想要'抱抱'的时候,他们并不是告诉我不可以,而是说'来呀,来看这个或来做那个',所以我就不能在幼儿园里'抱抱'了。"

婴儿期的手淫是一个问题,因为几乎所有父母在自己的婴幼儿期都是被他们的父母以性禁忌的态度进行训练的,所以他们无法克服那种羞耻感、罪恶感和厌恶感。父母有可能在理智层面认为手淫是健康无害的，但是与此同时，他们无法克制自己通过声调和眼神传达给孩子这样的信息——不能手淫。

在平常无人时婴儿玩弄自己的生殖器，父母似乎是完全赞同的。但是当一本正经的玛丽阿姨来家里时，父母就会经受巨大的焦虑考验，因为害怕孩子在阿姨面前玩起来。"玛丽阿姨代表着你的自我中被压抑的性禁忌的那部分"，对父母这样讲很容易，但是这样说对他们自己或者孩子本身并没有什么帮助。

父母害怕婴儿期的手淫会导致性早熟，这是一种根深蒂固并且普遍存在的恐惧，当然这个恐惧是合理的。但事实上，手淫并不会导致性早熟。如果真的会如此，那又怎样呢？确保孩子到了青春期对性有异常兴趣的最好方法就是当他还在摇篮中的时候，就制止他触摸自己的生殖器。

告诉一个已经有理解力的孩子不要在公共场合玩弄生殖器是必要的，这也许有些残酷。这个建议对孩子而言，听起来可能有些怯懦和不公平，但是不这样做也很危险。因为如果孩子遇到一个不友好的成年人用厌恶和震惊的话语对他严加指责，比起来自爱他的父母的限制，他受到的伤害可能更大一些。

如果一个很小的孩子可以在完全没有性惩罚、性教育和性禁忌的环境中自由发展，他就会发现除了玩弄性器官，生命中还有很多其他乐趣。

关于那些能够自我调节的孩子在性游戏中是如何相互反应的，我没有个人经验。从小被禁止玩性游戏的男孩会把性游戏和施虐狂联系在一起，受到同样性禁忌教育的女孩会把施虐的性视为正常。由于能够自我调节的孩子相对较少具有攻击性和憎恨情绪,这样的两个孩子之间的性游戏极有可能是温和的和友爱的。

我们的自我否定主要源于婴儿期,并且很大部分源于对手淫的罪恶感。我发现孩子的不愉快往往也是因为对手淫有着很重的罪恶感,消除这种罪恶感是我们带领问题儿童变成快乐儿童的最重要的一步。

裸体

许多夫妇,直到其中一方为另一方穿寿衣时才会看到对方的身体。我认识的一个农妇在一桩涉及暴露狂的法庭案件中担任证人。她真的感到震惊。"来吧,来吧,简,"我轻声责备她,"哎呀,你已经有7个孩子了。"

"尼尔先生,"她郑重地说,"我从来没见过约翰的……结婚以来我从来没见过我丈夫光着身子。"

不应该禁止裸体,婴儿从一开始就应该看到父母的裸体。不过,当孩子能够理解时,应该告诉他,有些人不喜欢看到孩子光着身子,因此,在这些人面前,他们应该穿上衣服。

有一位女士抱怨说,我们不应该让女儿光着身子在海里游泳。当时,佐伊只有一岁。游泳这件事简洁地反映了整个社会的反生命态度。我们都知道游泳要脱衣服,但是又要为不暴露私密部位而烦恼。那些拥有自我调节、自由的孩子的父母知道,向三四岁的孩子解释为什么在公共场合必须穿泳衣这件事是相当困难的。

法律不允许暴露性器官这一事实必然会给孩子带来扭曲的身

体观念。我曾经为了满足一个对裸露身体有罪恶感的小孩的好奇心而裸露过，同时也鼓励另一个女老师做同样的事情。但是，任何试图强迫孩子裸露身体的行为都是错误的。他们生活在一个讲究穿衣的文明中，无所顾忌地赤身裸体是不被法律允许的。

很多年前，当我们来到莱斯顿时，这里有一个水塘。早上，我会去游泳。一些教职工和年龄较大的学生也会加入。后来我们接收了一批私立学校的转校生。当女孩开始穿泳衣时，我问其中一个漂亮的瑞典女孩为什么。

"是因为这些新来的男孩，"她解释道，"老生把裸露身体当成一件自然的事，但是这些新来的男孩会瞪大眼睛盯着看——我不喜欢这样。"从那以后，我们只有在晚上才到海边进行集体裸泳。

人们可能会认为在自由的环境中长大的孩子，在夏天会光着身子到处乱跑。事实并非如此。9岁以下的女孩在炎热的夏天会赤裸身体，但小男孩们很少那样做。依照弗洛伊德所说，男孩为有阴茎感到自豪，而女孩会因没有而感到羞愧，这让夏山的情况令人困惑。

我们夏山的小男孩没有想要暴露自己的欲望，而年长的男孩和女孩也几乎从不脱光衣服。在夏天，男孩和成年男性只穿短裤不穿衬衫，女孩们穿泳衣。洗澡时没有隐私感，只有新生会把浴室的门锁上。虽然一些女孩会在田野里晒日光浴，但男孩们从未想过要去偷看她们。

我曾经看到我们的英语老师在曲棍球场边挖水沟，一群9岁到15岁的男女生在旁边帮忙。那是个炎热的日子，他脱掉了衣服。另一次，一位男教职工光着身子打网球。在学校大会上，他被告知要穿上裤子，以防万一有小商贩或是访客经过。这些正反映了夏山对裸体的务实态度。

色情故事

我确信我们夏山的学生将来会比那些在遮遮掩掩的方式下被抚养长大的孩子更不容易倾向于色情。正如一个夏山毕业生在大学假期回来访问时对我说的："夏山在某种程度上宠坏了我们。你会发现你和你的同龄人在一起太无聊了，他们谈论的是我多年前就不再关心的事情。"

"色情故事？"我问。"是的，或多或少。他们讲的都是一些粗俗且毫无意义的内容。有趣的是，我发现自己更倾向于和比我年龄大的人交往。"

几年前，夏山有三个女孩，她们已经过了谈论禁忌话题的常规阶段。后来，一个新来到夏山的女孩，被分配和这三个女孩住在同一个房间。有一天，这个新来的女孩向我抱怨说，其他三个女孩都是极其无聊的伙伴。"当我晚上在卧室里谈论性话题时，她们让我闭嘴，说她们不感兴趣。"

这是真的。自然，她们对性也有兴趣，但不会把它当作一个隐藏的秘密。对于一个刚从女校转来的女孩来说，性话题是新奇的，但夏山的女孩们似乎显得非常具有道德感。她们也确实有着非常高的道德水准，因为她们的道德感是建立在知识上，而不是建立在虚假的好坏标准上。

在自由地谈论性问题的环境中长大的孩子对所谓的粗俗抱有

开放的心态。不久前，我在伦敦帕拉丁剧院听到一个滑稽演员以一种伊丽莎白时代的轻佻方式，不断游走在世俗道德标准的边缘。当时我就意识到，他从观众那里得到的笑声，不可能从夏山的学生中得到。当他提到女士的内衣时，女士们会尖叫，但夏山的孩子根本不会认为这样的言论有其可笑之处。

在夏山自由成长的孩子不太可能患上窥阴癖。夏山的学生在看到电影中出现厕所和婴儿出生的画面时不会窃笑或有负罪感。我们还时不时会在厕所的墙上爆发创作热潮。对于孩子来说，厕所是一所房子里最有趣的空间。它似乎激发了许多小作家和小艺术家的灵感，对他们来说，在浴室中创作也是很自然的事情。

认为女性的思想比男性的更加纯洁显然是一个错误。然而，男性俱乐部或酒吧的确比女性俱乐部更有可能是色情的。色情故事的流行完全是因为其不可言说性。在一个没有性压抑的社会里，不可言说的事情就会消失。在夏山，没有什么是不可言说的，也没有人会感到震惊。震惊意味着你对这件令自己震惊的事情有一种低俗的兴趣。

那些惊呼"剥夺小孩子的纯真是多么罪恶"的人就像是把头埋在沙子里的鸵鸟。孩子从来都不纯真，尽管他们往往是无知的。而这些"鸵鸟"会因为有人帮助孩子消除无知而变得歇斯底里。

就算是最被压抑的孩子，对很多事情也不会是一无所知的。与其他孩子的接触让他们获得了那些"知识"，可怜的孩子们总是在黑暗角落里窃窃私语。那些从小就在夏山的孩子不需要躲在黑暗的角落。夏山的孩子确实也对性问题感兴趣，但这种兴趣并不病态。这样的孩子对生活有着真正健康的态度。

同性恋

夏山没有同性恋。然而，正如每一批到夏山的学生一样，孩子们在成长的某个阶段，都会在无意识中排斥异性。

我们9岁到10岁的男孩对女孩根本不感兴趣，他们鄙视女孩，自己拉帮结派，不和女生来往。相反，他们的兴趣是让别人"举手投降！"同样，同年龄段的女孩只对同性别的女孩感兴趣，也形成自己的团体。即使她们会先一步进入青春期，也不会去追求男孩，看起来女孩无意识的对异性的排斥比男孩的时间更长。虽然她们也许会以一种友好的方式与男孩较量，但还是和自己的同伙玩。不过，在这个年纪，女孩会嫉妒男孩的权利。男孩在力量上的优越性和他们的粗鲁举止让女孩们很恼火。这是她们对抗男性的时期。

通常来说，男孩和女孩直到十五六岁才对异性感兴趣。他们还没有彼此结成一对的自然倾向。事实上，他们对异性的态度呈现出一种攻击性。

正是因为夏山的孩子对手淫没有内疚感，所以他们在潜在的同性恋阶段没有做出不健康的反应。我不知道是不是早期的性压抑导致了同性恋，但可以肯定的是，它的确起源于儿童早期。夏山现在不收5岁以下的学生，所以我们经常不得不处理被幼儿园错误对待的孩子。尽管如此，在过去的38年，学校没有培养出一个同性恋者。自由，孕育出了健康的孩子。

非婚生子女和堕胎

滥交的人是神经质的,他们会经常更换性伴侣,希望最终找到理想的。但是理想的伴侣永远也找不到,问题在于这些风流成性的人本身就是性无能或是神经质的。

如果"自由性爱"这个词有邪恶的意义,那是因为它代表了病态的性。滥交——性压抑的直接结果——总是令人不悦和羞耻。在一群无拘无束的人当中,自由性爱根本不存在。

性压抑的人会把性寄托在任何一件可能的物体上:手套、手帕等任何与身体接触的东西。自由性爱之所以成为滥交,只是因为它没有柔情、温暖或者真情。

一个少妇在经历了一段时间的滥交后告诉我:"和比尔在一起,我第一次有了满意的性体验。"我问她为什么是第一次,她回答说:"因为我爱他,而以前的那些人我都不爱。"

在那些大一些(13岁或者以上)才来夏山的孩子中,有滥交的倾向,虽然他们并不总是将其付诸行动。滥交的根源可以追溯到孩童时期,我们知道的最重要的事情是,它们的根源是不健康的。这种行为可能会导致不同的后果,但很少带给人满足感并且几乎没有幸福感可言。

爱情中真正的自由不会导致滥交。爱情也许不会永远持续,但是身心健康的人恋爱时确实是持久、真实、忠诚而幸福的。

非婚生孩子通常都有一段艰辛的人生旅程。有些母亲告诉自己的孩子,他的父亲在战争中丧生或死于疾病,这绝对是错误的。在看到别的孩子有父亲时，他会有被伤害的感觉。另一方面，对非婚生子女的社会舆论不可能不以某种方式影响到他。在夏山，有几个学生是非婚生子女，但是没有人注意到这一点。在自由的环境中，这些孩子就像出生在婚生家庭的孩子一样快乐地成长。

在学校之外，有些非婚生孩子会责怪母亲，并对母亲行为不敬。另外，他可能会爱慕他的母亲，并且担心有一天她会嫁给一个不是他父亲的人。

世界是多么反常啊！堕胎是非法的，非婚生孩子被社会排斥。令人欣慰的是，现在许多女性不接受社会对非婚生孩子的歧视。她们可以公开自己的孩子，并为他们感到骄傲，为他们工作，幸福快乐地抚养他们。据我所见，这些孩子都是发展均衡而真诚的人。

公立学校的女老师不能够同时拥有自己的工作和一个非婚生孩子。我不止一次听说牧师的妻子会将怀孕的女佣辞退。

堕胎问题是人性疾病中最令人厌恶和伪善的病症之一。几乎不会有哪个法官、牧师、医生、老师或任何所谓的社会名流希望自己的女儿生下私生子，而是选择堕胎来避免让整个家庭蒙羞。

富人家庭为了避免不愉快的复杂场面，经常以月经不调或任何别的借口将女儿送到高级疗养院。实际上，只有中下阶层的女孩才会将孩子生下来，因为她们别无他路。如果一个中等阶层的女孩想尽办法，也许还可以花一大笔钱找到一个能够给她堕胎的医生。再贫困一点的女孩要么冒险去找一个技术不精、也许不择手段的"堕胎专家"，要么把孩子生下来。

这些做法让我想起公共厕所墙壁上的低俗文字，它典型地代表了一种需要为所谓的道德付出的代价。这个代价最终包括肉体上的疾病，以及精神上的痛苦和绝望。

第四章

信仰与道德

宗教

最近一位女性访客问我:"你为什么不向学生讲述耶稣的生平事迹,好让他们受到启示,去追随他的脚步呢?"我回答,人不是通过听别人如何生活,就能学会如何生活的,而是要真实地体验生活,因为言传不如身教。许多人称夏山像是一个宗教场所,因为它给了孩子们满满的爱。

也许看上去是这样的,只是我不喜欢"宗教"这个词,在当今社会说起宗教,好像就意味着和自然生活对立。我印象中的宗教,是一群穿着朴素的男男女女,在单调乏味的配乐中,唱着悲伤的赞美诗,请求上帝宽恕他们的罪恶——这些都不是我所认同的东西。

我个人并不反对那些信仰神明的人——不管他信的是什么神,我所反对的是那些声称他的神有权掌控人类成长和幸福的人。这不是神学信徒和非神学信徒之间的斗争,而是"应当给予人类自由"和"应当限制人类自由"两种信仰之间的斗争。

宗教和国家一样,都不是永恒的。一个宗教或者说任何宗教都会经历新生、青春、衰老和死亡。数以百计的宗教诞生了,又消逝了。在古埃及存在的4 000年中的大部分时间里,数百万埃及人信仰阿蒙拉神，但今天已经找不到这个宗教的任何信徒了。神明的概念随着文化的变化而变化：在草原地带，上帝是温柔的牧羊人；在战争时期，他是战斗之神；当贸易繁荣时，他是公正之神，代表着公平与怜悯。今天，在人类的机械制造如此有创意的时代，神是威尔斯所说的"伟大的缺席者"，因为在人类能够自己发明原子弹的时代，已经不需要一个充满创造力的神了。

总会有那么一天，新一代将不接受当今的宗教和神话，因为对他们来说这些已经过时了。当新宗教出现时，它将批判人生来有罪的观念，它将赞美带领人们走向快乐和幸福的神明。

新宗教将否定身体与精神的对立。它将认可肉体不是罪恶的，它将知道，在周日早上游泳比唱赞美诗更加神圣，因为上帝并不需要赞美诗来保持精神充盈。新宗教将在草地上而不是在天空之上迎接神明。想象一下，如果在用于祈祷和去教堂的时间中抽出十分之一去做良善之事来帮助他人，那人类将做出多少有价值、有意义的事情啊！

每天，我订阅的报纸都在告诉我，我们目前的宗教已经奄奄一息，我们监禁人类、我们扼杀言论、我们压迫穷人、我们积极备战。作为一个组织，教会是软弱无能的。它没有能力阻止战争，而且很少或根本没有做任何事情来改革我们的严刑峻法，它甚至很少站在剥削者的对立面上。

"你不能同时侍奉上帝和财神。"用现代的流行语来说，就是你不能周日去教堂祈祷，周一练习刺刀战术。我不知道有什么比各种教会在战争期间宣扬全能的上帝支持他们的立场更恶劣的了，这是一种亵渎。上帝不可能相信双方都是正义的，因为上帝不能既做爱的化身，又是毒气攻击的守护者。

从根本上说，宗教害怕真实的生活。换言之，它是远离现实生活的。它轻视此时此地的生活，把当前的生活仅视作追求更圆满的来世的前奏。神秘主义和宗教意味着此时此刻在地球上的生活是失败的，光凭一个人的价值和品德无法实现自我救赎。但是自由成长的孩子不会觉得当前的生活是失败的，因为还没有人教过他否定人生。

宗教和神秘主义促进了不切实际的思考和脱离现实的行为。举个简单的例子，我们拥有电视机和喷气式飞机，但与非洲原住民相比，其实我们离真实的生活更远。当然，原住民的宗教也因恐惧而生；但他们不是没有爱的能力，也没有被压抑天性。虽然他们的生活是原始的，但是在许多核心原则上，他们都保持着积极的态度。

像原始人一样，我们也因恐惧而寻求宗教的庇护。但是我们又与原始人不同，我们是一群被阉割的人。我们要向孩子灌输宗教，就要先阉割他们，并用恐惧摧毁他们的精神意志。

但是我想请父母们拓宽视野，提升至一个远超他们日常生活范畴的更高层次。我邀请父母们共同创造一个孩子在出生时不会被强加罪恶的文明。我请求父母告诉孩子他生来就是良善的，而不是邪恶的，根本没有任何救赎的需要。我恳请父母告诉孩子，让这个世界变得更美好的真正途径，就是将精力投入此时此地，而不是寄望于神话般的永恒来世。

没有哪种孩子应该被灌输宗教神秘主义。神秘主义为孩子提供了一种逃离现实的途径，但这是一种极度危险的形式。我们偶尔会遇到需要逃避现实的情况，否则我们也就永远不会去读小说、看电影或者喝一杯威士忌了。但我们是在睁大眼睛的情况下逃避的，很快我们就会回归到现实生活中。

没有哪个孩子天生就是神秘主义者。有一个晚上，夏山自发的即兴表演课上发生了一件事，恰好印证了这一点：如果孩子没有被恐惧裹挟，那么他对现实生活就保有自然而直接的理解方式。

那天晚上，我坐在椅子上说："我是看守'天堂门'的圣彼得，你们要扮演试图进来的人。开始吧。"

他们为了进去想出了五花八门的理由。一个女孩甚至从相反的方向过来，恳求我放她出去！但当晚的明星是一个14岁的男孩，他吹着口哨，双手插在口袋里，径直走过我的身旁。

"嗨，"我喊道，"你不能进去。"

他转过身看着我。"哦，"他说，"你刚来上班，对吗？"

"你什么意思？"我问。

"你不知道我是谁，对吗？"

"你是谁？"我问。

"上帝。"他说，然后吹着口哨进入了"天堂"。

孩子们祷告的时候并不是出于真心。对孩子来说，祷告是一种形式主义。我曾问过许多孩子："当你做祷告时，你心里在想什么？"每个人的回答都很雷同，他们一直想着别的事情。一个孩子必然会想着别的事情，因为祷告对他来说毫无意义。这是外部力量强加给孩子的命令。

假设每天有100万人在餐前说一句"感恩"，可能有999 999个人是在机械地照做，就像我们在电梯里想越过某人时说"借过"

一样。但为什么要将我们机械式的祷告和机械式的礼节传给新一代呢？这是不真诚的。强迫一个弱小无助的孩子接受宗教也是不真诚的。他应当享有充分的自由成长空间，直到他成长到能自主选择信仰的年龄时再做决定。

比神秘主义危害更大的是使孩子成为仇恨者。如果孩子被教导做某些事情是有罪的，他对生活的热爱肯定会转变为憎恨。当孩子完全自由地长大，他们根本不会认为另一个孩子是罪人。在夏山，如果一个孩子偷窃，并接受了由他的小伙伴组成的陪审团的审判，他并不会因为盗窃而受到惩罚。最终生效的裁决结果就是他被要求偿还债务。孩子在无意间认识到偷窃是一种病态行为。他们是小小的现实主义者，非常明智，不会去想象一个愤怒的上帝和一个诱人的魔鬼。那些被奴役的人按照自己的形象创造了上帝，但是那些渴望并勇敢面对生活的自由孩子，根本不需要创造任何上帝。

如果我们想让我们的孩子保持灵魂上的健全，我们必须警惕，不要给他们灌输错误的价值观。许多对基督教持怀疑态度的人，却毫不犹豫地给他们的孩子灌输连他们自己都质疑的信仰。有多少母亲真的相信有一个燃烧着熊熊火焰的地狱，或是有一个金色的到处都传来竖琴曲的天堂呢？然而，成千上万并不虔诚信教的母亲却用这些过时的原始故事来扭曲孩子的灵魂。

道德教育

大多数父母认为，如果他们没有教导孩子道德价值观，没有持续指出孩子做对了什么、做错了什么，就是对孩子教育的失职。

实际上，每对父母都认为，除了满足孩子的物质需求之外，教导道德价值观是他们的主要责任。他们认为，如果缺乏这样的教导，孩子长大后可能会变得野蛮、缺乏自控力或者很少为他人考虑。这种观念在很大程度上源于我们的文化，大多数人或许是被迫地接受了这样一个观点：人生而有罪，人性本恶，除非他能接受良好的教育，否则他将变得贪婪、残忍，甚至成为杀人犯。

经常有父母对我说："我不明白为什么我的孩子会变坏。我已经严厉地惩罚了他，而且我相信我们家里也从来没有树立过坏的榜样。"我的工作使我经常与那些被恐惧伤害过的孩子打交道，他们都经历了严苛的"教育"，因为恐惧，这些孩子被迫变得乖巧。

父母很少意识到，一连串的禁令、劝告、说教以及强加给年幼孩子的一整套道德体系，对孩子造成了多么可怕的影响。这些孩子还没做好接受的准备，因此不理解，也不愿意接受。

心焦火燎的父母从未质疑自己的道德准则，他们大多认为自己能够明辨是非。这些父母很少会质疑他们自己的父母和老师的教导，或公认的社会传统。他们倾向于理所当然地接受所处文化的全部信念。思考、分析这些信念需要花费太多的脑力，而质疑它们则会带来太大的观念冲击。

因此，陷入焦虑的父母只能认为是他们的孩子犯了错，那个孩子被认为是在故意使坏。我强烈声明我的立场：不是那个孩子的错。我处理过的每一个类似案例中的孩子，其问题根源都是早期接受了错误的教导和不当的训练。通常在这些儿童接受早期教育的过程中，父母没有遵循心理学的一些基本原则。

首先，几乎所有人都相信人是一种具有意志的生物——他做什么由他自己的意愿决定。但是，任何一位心理学家都不会同意这个观点。精神病学已经证明，一个人的行为在很大程度上会被他的潜意识控制。大多数人会说，如果迪林格能够运用他的意志力，他本可以避免成为一个杀人犯。刑法是基于每个人都有能力选择邪恶或善良这一错误信念而建立的。就在本书成书不久前，伦敦的一个男人因为用墨水泼脏女士的裙子而被监禁。对社会来说，这个泼墨者是一个可恶的浑蛋，但是只要他愿意改正，他还可以做个好人。但心理学家却认为，他只是一个可怜的、生病的神经症患者，做出了一些连他自己都不明白其中含义的象征性行为。一个文明的社会应当温和地引导他去看医生。

潜意识心理学已经表明，我们的大多数行为都有一个隐秘的缘由，我们无法通过简单的分析触及这个源头，只能通过长期且复杂的分析才能真正接近真相。即便是专业的精神分析，有时也无法触及潜意识最深层的部分。我们做出了某种行为，但我们却不知道自己为何会做出如此行为。

不久前，我把我众多的心理学书籍放到一边，开始专注于铺设瓷砖。然而，我并不清楚缘由何在。如果我"改行"泼墨水的话，我自然也不明白缘由何在。因为铺设瓷砖是一种正常的社会活动，所以我就是一个受尊敬的公民；而因为泼墨水的行为是反社会的，所以另一个人就变成了一个被人蔑视的罪犯。当然，这个泼墨犯和我之间确实存在区别：我是有意识地喜欢做手艺活，但罪犯并不是有意识地喜欢泼墨水。在做手艺活的时候，我的意识和潜意识是协同工作的；而在泼墨水的时候，他的意识和潜意识之间是存在冲突的。反社会行为不过就是这两种冲突导致的结果。

几年前，在夏山，我们有一个 11 岁的学生——聪慧、可爱。他能够安静地坐着看书，但忽然之间他会猛地跳起来，冲出房间，想要纵火烧屋。一种冲动驾驭着他，这是一种他难以控制的冲动。

之前的许多老师都曾借助劝告和体罚的方式，教导他利用自己的意志力去控制那股冲动。但是，潜意识中想要纵火的冲动太强烈了，他根本压制不住，它远比有意识的冲动——不想被人轻视的意识——强大得多。这个男孩不是一个坏男孩，他只是一个生病的男孩。是什么导致他生病的呢？是什么导致男孩和女孩变成了病态、犯罪的孩子呢？我尝试给大家剖析一下。

当我们观察一个婴儿时，我们知道他身上不存在邪恶天性——就像卷心菜或小老虎身上不存在邪恶一样。**新生儿带来了一种生命力，他的意识和潜意识中的冲动都是为了生存。他的生命力促使他进食、探索自己的身体、满足自己的愿望。**他顺应自然的旨意行事，按照自己的本能行事。但是，对成人来说，孩子天生的本能意志却是恶魔的意志。

几乎每个成年人都认为孩子的天性必须接受改造和提升，因此，每位家长都开始教导孩子如何生活。

孩子很快就遇到了一整套禁令：这样太调皮，那样太肮脏，以及若是这样或那样就太自私了。孩子天生的生命力总是与"教育"相冲突，教会声称本能的指引是恶魔的声音，而道德教育的指引则是上帝的声音。然而我坚信这两种观念应当互换才对。

我认为正是这种错误的道德教育才让孩子变坏的。我发现当我打开了一个坏小子的道德镣铐之后，他就变成了一个好孩子。

或许对于成年人的道德教育还有一些成功的案例，尽管我对此也持怀疑态度。但是对儿童进行道德教育则完全没有任何必要，而且从心理学的角度上看，这就是大错特错。要求一个孩子做到无私简直是异想天开。每个孩子都是以自我为中心的人，甚至以为整个世界都是属于他的。当他拥有一个苹果时，他唯一的愿望就是吃掉那个苹果。母亲鼓励他与弟弟分享的直接结果，就是让他讨厌弟弟。利他主义会在后天自然形成——如果孩子从没有被教导要无私的话。如果孩子被迫无私，利他主义可能永远不会出现。压制孩子自私行为的母亲，实际上是把孩子永远囚禁在那种自私之中。

那么这种情况究竟是如何发生的呢？精神病学已经证明，未实现的愿望会在潜意识中继续存在。因此，被教导要无私的孩子为了取悦母亲，只好顺从她的要求。可是他会把自己真正的愿望——他的自私愿望——埋藏到潜意识中，并且因为这种对自私的压制，始终保留着儿童时期的欲望，而自私将伴随他的一生。**因此，违背天性的道德教育造成了适得其反的效果。**

涉及性的领域也是如此。童年的道德禁忌禁锢了儿童对性的好奇心。那些因为性侵害而被逮捕的可怜人，通常有一个严守道德规范的母亲。儿童时期完全无害的兴趣被贴上了"十恶不赦"的标签。孩子压抑了儿童时期的欲望，但这些欲望在潜意识中继续存在，并在将来以原始的形式再度出现，或者更常见的是，以某种象征性的形式出现。因此，女人在百货公司偷窃手提包正是这样的一种象征性行为，其根源就在于童年因道德教育而产生的压抑。她的行为实际上弥补了儿童时期被压抑的未被满足的性愿望。

这些可怜人都是不幸福的人。偷窃会被自己生活圈子里的人厌恶，而希望融入群体是人类的一种非常强烈的本能。与周围的人和谐共处是人类生活中的一个真正的本能需求。反社会并不符合人性。利己主义本身就足以使正常人具有亲社会性。只有在比利己主义更强大的因素的影响下，人才会变得反社会。

这个更强大的影响因素是什么？当两个自我——天然形成的自我和道德教育塑造的自我——之间的冲突过于激烈时，人就会退行到以自我为中心的儿童时期。此时，对于公众会如何看待他的顾虑就只能退居次位了。因此，盗窃狂虽然知道出现在法庭上和被报纸报道会让他感觉极度羞耻，但面对公众舆论的恐惧还不够强烈，不能压制住儿时被埋藏起来的未被满足的愿望。归根到底，盗窃癖意味着一种寻找快乐的愿望；但象征性的满足永远无法真正弥补最初未被满足的愿望，被压抑的他只能不断重复他的替代试验。

我在这里举个例子，以更清楚地展示未实现的愿望如何影响一个人后续发展的过程。当7岁的小比利来到夏山的时候，他的父母告诉我，他是个"小偷"。他在学校待了一个星期后，一名员工来找我说，他放在卧室桌子上的金表不见了。我问宿管阿姨是否知晓此事。

"我看到比利拿着手表的机芯，"她说，"我问他是从哪儿拿来的，他说是在家里的花园中一个非常非常深的洞里找到的。"

我知道比利把他所有的财物都锁在他的箱子里。我用我自己的一把钥匙试了试，设法打开了那个箱子。箱子里面放着一只被锤子和凿子砸烂的金表。我锁上了箱子，叫来了比利。

"你看到安德森先生的手表了吗？"我问。

他用那双天真无邪的大眼睛抬头看着我。"没有,"他说,并补充道,"什么手表?"

我盯着他看了半分钟。"比利,"我说,"你知道小宝宝是从哪里来的吗?"

他感兴趣地抬起头。"我知道,"他说,"是从天上来的。"

"哦,不是的,"我微笑着说,"你在妈妈的肚子里长大,当你长得足够大了,就出来了。"他一句话没说,默默地走到他的箱子旁边,打开它,递给我一块被砸坏的手表。他的偷窃行为被治愈了,因为他偷的只是真相而已。困惑、担忧的表情从他的脸上消失了,他变得更加开心了。

读者可能会认为比利突然被治愈有些神奇。事实并非如此。当一个孩子提到家里的深洞时,很可能是他无意识地想到了自己生命开始的深洞。其次,我知道这个男孩的父亲养了几只狗。比利一定知道小狗是从哪里来的,他也一定将两者联系了起来,对婴儿的来源做了猜测。母亲羞怯的谎言驱使他压抑自己的想法,而他想找出真相的愿望,只能以象征性的形式表现出来,以此获得满足。他偷走了象征母亲的肚子的手表,并打开它们,看看里面到底有什么。我还有一个学生,出于同样的原因,反复不停地打开抽屉。

父母必须明白,不能急于让孩子进入他还未准备好的阶段。 那些不满足于让自己的孩子自然地从爬行阶段发展到行走阶段的父母,过早地在孩子还未准备好走路之前就让他练习站立,只会得到孩子变成罗圈腿的悲哀结果。由于幼小的下肢还不够强壮,无法支撑起孩子的体重,这种无理的要求就是拔苗助长,而结果自然是灾难性的。如果父母耐心等待孩子自然成长，等孩子具备走路的条件时再让他尝试走路，孩子当然可以完全靠自己走，并且走得很好。同样，过早地对孩子进行如厕训练也会产生有害的结果。

　　道德教育也是如此。**强迫孩子接受超出他的心智水平的价值观，不仅会阻碍这些价值观在恰当的时机被接纳，而且还会引发神经症。**

　　要求一个6岁的男孩做四次引体向上是对小家伙的过分要求。他的肌肉还不够强壮，无法进行这样的锻炼。然而，如果让这个男孩自然成长，他将在18岁时轻松展示这一成果。同样，我们不应该试图加速孩子的道德感的发展。父母必须保持足够的耐心，安心地接纳孩子天生就是善良的，如果他在成长的过程中没有被干扰和阻挠，他最终一定会成为一个好人。

　　以我多年在夏山处理儿童问题的经验，我坚信，完全没有必要教导孩子们如何拥有良好的行为举止。只要孩子的天性不被压抑，他会在适当的时候学会分辨对错。

　　学习是一个从周围环境中获取信息形成价值观的过程。如果父母本身就是诚实且有道德的人，他们的孩子也会在适当的时候成为与父母相同的人。

影响孩子

　　父母和老师总是试图影响孩子，因为他们认为自己知道孩子应该拥有什么，应该学习什么，应该成为什么样的人。但我不认可这样的做法。我从不尝试和孩子分享我的个人信仰或偏见。我没有宗教信仰，但我也从未教导过孩子任何一句反对宗教的言论；同样，我也从未教导他们反对我们严苛的刑法、反对反犹太主义、反对帝国主义。我永远不会有意识地影响孩子成为和平主义者、素食者、改革者或其他任何角色。我知道对孩子们来说，说教不痛不痒的，毫无用处。我相信自由的力量能够增强年轻人对抗虚伪、狂热和各种主义的能力。

每次强迫孩子接受一种观点都是对孩子的一种伤害。孩子不是小号的大人，他们不可能理解成年人的观点。

让我来举个例子说明。有一天晚上，我对5个年龄在7岁到11岁的男孩说："Y小姐得了流感，感觉很不舒服。你们上床睡觉时尽量不要吵闹。"他们答应了会保持安静。然而5分钟后，他们开始吵闹着玩起了枕头大战。我不认为他们想特意造成Y小姐生活的不愉快，我认为问题在于他们的年龄。的确，严厉的声音和鞭子可能会为Y小姐带来片刻宁静，但这却是以给这些孩子的生活带来恐惧为代价的。人们对待孩子的普遍方式是教导他们考虑我们的感受及我们的需求，而这种方式是错误的。

很少有父母或老师能真正理解，对小孩子进行说教是在白费口舌。没有一个孩子会从父母那种居高临下的反应中获益，比如对待拉扯猫尾巴的行为——"如果有人拉你的耳朵，你会怎么想？"此外，当父母说："你用针扎了宝宝？为了让你知道针是会伤人的，我要……（尖叫。）记住被针扎有多痛，看你还敢不敢做第二次！"可是，没有一个孩子能真正理解父母的意思。这可能会阻止他的行为，但最终更有可能的结果是让心理诊所人满为患。

我试图说服父母认清这样一个事实：孩子无法看到因果关系。对孩子说"你一直很淘气，所以你这周六将不能得到五分钱"，这是错误的。因为当周六到来，他被提醒自己因为行为不当而必须接受惩罚时，只会感到此刻真实的愤怒和沮丧。因为在周一发生的那件事对他来说已经是很久很久以前的事了——与现在被剥夺的五分钱没有任何关系。他对过去的错误一点也不觉得内疚，但他此刻非常憎恨剥夺他零用钱的霸道行径。

父母应该经常反省自己，是否因为使用权力，或者出于满足权力欲望的需求而强加给孩子各种指令。事实上，每个人都希望获得周围人的赞赏。除非有其他力量迫使他做出反社会的行为，不然孩子自然会想要做那些能让他受到赞扬的事情，但这种取悦他人的愿望是在他成长到某个阶段时才自然而然地发展起来的。如果父母和老师试图人为地加速这个进程，只会对孩子造成无法挽回的伤害。

我曾经访问过一所现代学校，在一个早晨，那里聚集了100多名男孩和女孩，听一位牧师给他们做演讲。牧师兴致勃勃地演讲，建议孩子们准备好聆听基督的召唤。校长后来问我对这次演讲有什么看法。我回答说，我认为这简直就是在犯罪。这里有许多孩子开始批判自己关于性和其他方面的想法，这次布道只会增加孩子的罪恶感。

另一所先进的学校强迫所有学生在早餐前听半个小时巴赫的音乐。现在，这种通过给予既定标准来提升欣赏品味的尝试，在心理上对孩子的影响与旧加尔文主义的地狱威胁有异曲同工之效。它使孩子压抑自己真实的喜好，只因为他们想听的那些音乐被告知属于低俗的人。

当一位校长告诉我,他的学生们喜欢贝多芬而不喜欢爵士乐的时候,我相信是他使用了他的影响力,因为我的学生绝大多数都更喜欢爵士乐。我个人极其讨厌那些嘈杂、嘎嘎作响的东西,但我确信那位校长错了,尽管他可能是个友善的人,也是个诚实的人。

当一位母亲教导孩子要善良时,她就压制了孩子的自然本能。实际上她是在对孩子说:"你想做的事情是错误的。"这相当于在教孩子憎恨自己。在憎恨自己的同时爱别人是不可能的。**只有当我们爱自己的时候,我们才有能力爱别人。**

那些因为孩子轻微的性探索行为而惩罚孩子的母亲,通常认为性行为是十分肮脏的。坐在法官席上的那位剥削者,对被控偷钱包的被告展现出了看似正义的愤慨之情。正是因为我们没有勇气面对自己赤裸裸的灵魂,所以我们标榜自己是道德高尚的人。我们对孩子的指导,在主观意识上也是对自己的指导。我们无意识地将自己与我们的孩子视为一体。我们最不喜欢的孩子,往往是最像我们自己的那一个。我们投射在他人身上的憎恨,正是我们对自己的憎恨。因为我们每个人都是憎恨自己的人,而孩子们得到的结果是巴掌、责骂、禁令和道德说教。为什么我们成了憎恨自己的人呢?这是一个恶性循环。因为我们的父母就曾试图"优化"我们与生俱来的天性。

在面对"小犯罪分子"时,无论是父母、教师还是法官,都必须正视自己内心的情感因素。我是道德家、憎恨者、施虐狂、严苛的酷吏吗?我是压制年轻人性行为的人吗?我对深度心理学有基本的了解吗？我的行为受到传统文化和偏见的驱使吗？简而言之，我自己到底有多自由？

我们没有人能在情感上完全自由，因为我们从小就受到了制约。也许真正该问的问题是：我们是否对自由足够包容，保证不去干涉他人的生活，无论那个人有多年幼？我们是否有足够的胸怀来保持客观？

说脏话

针对夏山学校，一直都有的批评声音是孩子们会说脏话。确实，他们会说脏话——如果把说古英语单词也算作说脏话的话。确实，新来夏山的学生常常会说脏话。

在我们的学校大会上，一个来自修道院的13岁女孩被指控每次去海边游泳时大喊"狗娘养的"。大家发现她只在公共海滩当着陌生人的面说脏话，便认为她是为了让人们对她印象深刻，所以在故意表现自己。正如一个男孩对她说的那样："你只是个愚蠢的傻瓜。你之所以说脏话，是为了在别人面前炫耀，你竟然还说很荣幸能成为夏山这所自由学校的学生。但实际上，你的行为恰恰相反——你让人们看不起这所学校。"

我向她解释说，她实际上是在试图给学校带来不良的影响，因为她讨厌学校。"但我不讨厌夏山啊，"她哭喊道，"这是一个了不起的地方。"

"是的，"我说，"正如你所说，这是一个了不起的地方，但你还不属于这里。你还活在你的修道院里，你把对修道院和修女的所有仇恨都带到了这里。你仍然将夏山与你所憎恨的修道院相提并论。你真正想要伤害的不是夏山，而是修道院。"但她继续大喊她的特别用语，直到夏山在她的心里变成了一个真实存在的地方，而不仅仅是另一个地方的象征。之后，她终于不再骂脏话了。

说脏话有三种类型：关于性的、关于宗教的和关于排泄物的。在夏山，孩子们不大会说宗教类型的脏话，因为他们没有被灌输宗教信仰。当今社会，大多数孩子和成年人都会说脏话。军队中流行着英国作家吉卜林笔下的一个角色所说的"形容词"。在大多数大学校园和俱乐部中，学生们使用关于性和排泄物的用语。学生们私下里说脏话，讲下流的故事。夏山和这些预科学校之间的区别在于：在夏山，孩子们可以公开地说脏话，而在另一些学校，孩子们只能偷偷摸摸地说。

在夏山，新生总爱说脏话是一个问题。并不是说老生都不说脏话，而是老生可以选择在适合的时间和场合说适宜的话。他们有意识地控制自己，小心翼翼地确保不冒犯到别人。

而我们的低年级学生对古英语单词中的"秽物"（feces）很感兴趣。他们经常使用这个词，来自有礼貌的家庭的孩子也会这样做，我指的是那些使用"2号"和"bm"（bowel movement）来形容排便的家庭。孩子们喜欢盎格鲁-撒克逊语。不止一个孩子问过我，为什么在公共场合说"屎"是不对的，但说"秽物"或"排泄物"却是对的。我也感觉很困惑，很想知道为什么。

在没有受到约束的情况下，幼儿园的孩子们所使用的词语大多与排泄物有关。夏山的年幼孩子们，年龄在4岁到7岁之间，喜欢大声喊"拉屎"和"撒尿"。我意识到他们中的大多数在婴儿时期就接受了严格的如厕训练,因此他们有可能会对自己的排泄功能产生复杂的情绪。然而,他们中的一些孩子是自由自在地长大的,没有接受过严格的如厕训练,没有受到禁忌或像"顽劣"或"肮脏"这样的词语的影响,没有经历过成人对裸体的遮遮掩掩,也没有对上厕所这种行为感到大惊小怪。这些自由生长的孩子似乎和他们接受过如厕训练的朋友一样,喜欢使用撒克逊语。所以,从实际情况来看,自由地说脏话并不能自动消除"脏话"的所有吸引力。我们的幼儿会很随意地使用这些词语,而且常常在不恰当的情境下使用;而年龄较大的男孩或女孩说脏话时,他们选用词语就像成年人那样得心应手,可以在合适的场合下使用恰当的词语。

与性相关的字词比与排泄相关的字词的使用频率更高。我们的孩子并不会觉得围绕厕所能展开多少有趣的话题,他们的排泄功能正常,说来说去就那点事,也就变得乏味和平淡了。但是这和性非常不同,性是生活中如此重要的组成部分,与它相关的字词贯穿我们的整个生活。在可被提及的形式中,我们几乎在每首歌曲和舞蹈中都能见到它的影子——无论是《我的火辣妈妈》(*My Red Hot Mamma*),还是《今晚我和你在一起》(*When I Get You Alone Tonight*)。

孩子们接受说脏话,认为这是一种自然语言。成年人谴责它,因为他们自己比孩子们更加下流。只有下流的人才会谴责下流。我想,如果一个家长把孩子养大,让他相信鼻子是肮脏、邪恶的,那么孩子会躲进黑暗的角落里低声说"鼻子"这个词。

父母必须问自己一个问题:"我是允许我的孩子正大光明地说

脏话，还是把他们赶进黑暗肮脏的角落里去鬼鬼祟祟地说。"根本没有折中的办法。按照这种偷偷摸摸的行为方式长大的人，往往会喜欢旅行推销员所说的那些令人厌烦的故事。以正大光明的方式培养出来的孩子，成年后对所有的生命有着清澈而纯洁的兴趣。我敢说，从我们学校毕业的学生拥有全英国最纯净的心灵。

然而，某些时候我们必须面对那些厌恶生命、支持破坏生命力的亲戚或邻居，他们谴责孩子说脏话的行为。在佐伊的案例中，我们发现她能够接受我对外界行为的合理解释。有些孩子教了她一个法规不允许我们印刷出来的词语。当我们正在面试一位家长——一个传统的商人时，她正尝试组装一个玩具，但连续几次都没能成功，每次失败她都会惊呼，并说出一句脏话。后来，我们告诉她（我现在认为是完全错误的），有些人不喜欢听到脏话，她在有访客时应避免使用它。她说："好的。"

一周后，她正在做一件难以完成的事情。她抬头，问眼前的一位老师："您是访客吗？"

女士回答说："当然不是！"

佐伊松了一口气，喊出一句脏话。

我见过很多孩子，他们在自己家里自由地说着想说的话，却因为这样的习惯而在其他家庭中受到排斥。"我们不可能邀请汤米来参加聚会，因为我们不能让自己的孩子被他糟糕的语言所污染。"被人排除在外是一种痛苦的惩罚。因此，我们必须注意外界的禁忌，并据此指导孩子。但是，这种指导必须是不带有惩罚性质和责备性质的。

信仰与道德

对阅读的审查

我们应该对孩子阅读的内容审查到什么程度呢？我的办公室书架上摆放着各种关于心理学和性方面的书籍，任何一个孩子随时都可以借阅它们。然而，我怀疑是否仅有那么一两个孩子曾经对它们显露出些许的兴趣。没有一个男孩或女孩曾要求借阅《查泰莱夫人的情人》《尤利西斯》或是克拉夫特–埃宾的著作，只有个别高年级学生借过《性知识百科全书》。

然而有一次，一个新来的学生，一个14岁的女孩，从我的书架上拿走了《少女日记》。我看到她坐着，偷偷地笑着读它。6个月后，她第二次阅读这本书，并告诉我它其实相当无趣。在无知面前曾经非常有吸引力的书，如今在知识面前已变得平平无奇。这个女孩来到夏山时，除了认为性是肮脏的以外一无所知，常常在教室角落里窃窃私语。当然，我向她普及了性知识方面的内容。越是禁止，越是会促使孩子们偷偷地阅读与性相关的书籍。

在我们年幼的时候，我们的阅读接受了严格的审查，以至于我们最大的愿望就是弄到《德伯家的苔丝》、拉伯雷的作品，或是法国黄色小说的译本。换句话说，审查制度反而被当成了挑选有趣书籍的标准。

审查制度之所以软弱无力，是因为它实际上保护不了任何人。以詹姆斯·乔伊斯的《尤利西斯》为例，这本书一度在英国和美国被禁止，但在巴黎或维也纳却可以买到。我记得有一位校长因为我将《曾达的囚徒》引入学校图书馆而批评我，我在惊讶之余询问了背后的原因。他说书的开头几章涉及了私生子的问题。这本书我读过两遍，却没有注意到这个事实。

孩子的思维似乎比成年人的要纯净。一个男孩可以读完《汤姆·琼斯》，却完全没有察觉到其中的猥亵段落。如果我们让孩子摆脱对性的无知，就能消除任何书籍中的潜在危险。我坚决反对针对任何年龄段孩子的书籍审查制度。

当我们抛开与性相关的书籍，转向涉及恐惧的书籍时，书籍审查就成为一个更加棘手的问题。像布拉姆·斯托克的《德古拉》这种恐怖小说，可能会对神经质的孩子产生不良影响，因此我不会故意把这本书放在这类孩子能拿到的地方。但由于我的工作就是寻找、分析恐惧的根源，因此我也不会禁止孩子阅读它。相反，我会针对阅读这本书所引发的症状进行干预治疗。

当我还是一个孩子，我记得自己被《圣经》中描述的熊咬死孩子的故事吓得不轻，但却没有人主张对《圣经》进行审查。

我们倾向于夸大血腥故事对孩子的影响。大多数孩子都喜欢最残酷的故事。在周日晚上，我会给学生们讲历险故事，当讲到冒险团在最后一刻才从食人族的大锅中被救出时，学生们会兴奋得跳起来。

最可能引起恐惧的是超自然故事。大多数孩子都害怕鬼魂，特别是来自宗教家庭的孩子。在这方面，正如性教育一样，正确的方法是消除恐惧，而不是审查书籍。我承认，要消除心中对幽灵的恐惧是困难的，但教师或医生必须努力做到这一点。父母的责任是确保这些"害怕幽灵"的意识不会进入孩子的内心世界。

父母不应该给孩子读那些关于残忍巨人和邪恶女巫的故事。

有些人犹豫是否应该给孩子读像《灰姑娘》这样的故事，理由是这个故事传达了错误的道德观念：做一个每天与灰尘为伍的苦工，仙女教母就会赐给你一个王子做丈夫。但《灰姑娘》这样的故事对一个心理健康的孩子能有什么害处呢？

在任何一个火车站的书摊上，犯罪故事所占的比例都很高。当一个16岁的男孩枪杀了一名警察，很多读者并没有意识到，他只是沉浸在他喜爱阅读并乐在其中的幻想中而已。这些可怕的故事说明，我们没有能力好好游戏、幻想和创造；从根本上说，它触及了我们压抑的仇恨、伤害和杀戮的欲望。

看电影和阅读书籍属于不同的情况。书面文字所表达的内容并不像亲眼所见或亲耳所听的那样令人恐惧。有些电影让孩子们充满恐惧，而且你永远无法确定电影中令人害怕的场景会在何时何地出现。银幕上有太多的暴力场面。男人们挥拳打对方的下巴，有时甚至打女人。新闻短片会展示拳击和摔跤比赛场景。为了展现残忍激烈的画面，有的电影引入了斗牛的场景。我曾经见过年幼的孩子因为《彼得·潘》中的鳄鱼或海盗而感到害怕。《小鹿斑比》是一个迷人的故事，充满了人性与爱心，以至于我无法理解，看过这部电影后怎么还会有人仅仅为了取乐而去杀鹿。孩子们喜欢这部电影，尽管有些孩子在猎犬攻击斑比时会害怕到哭泣。因此，父母有充分的理由为保护他们的幼儿而禁止孩子观看某些电影。

含有性元素的电影是否对大多数儿童有害，是一个值得商榷的问题。当然，这类电影并不会伤害在自由中长大的孩子。我的学生们观看法国电影《轮舞》时并没有太多情绪波动，也没有产生任何不良影响。这是因为孩子只会看到他们想看的东西。

没有性元素的电影故事往往难以在票房上取得成功。含有性元素的电影比书籍和音乐占据了国民收入更多的份额，化妆品比音乐会门票卖得更好。但我们必须牢记，在电影中表现出来的性以外，总是存在着不可言说的一面。在新娘的花车、丢旧鞋和撒米这些习俗的背后，隐藏着一些不可言说的象征意义。

电影之所以流行，是因为我们所有人都有逃避现实的倾向，这也是为什么制片人几乎总给我们呈现奢华的布景和华丽的服饰。在这所有的奢华之中，恶棍角色最终会遭到报应，而善良的人物则从此过上幸福的生活。

最近，我们看了一部关于一个男人将自己的灵魂出卖给魔鬼的电影。孩子们一致认为，那个魔鬼看起来非常像我。对于那些被教导性是罪恶的、是冒犯圣灵之罪的男孩来说，我就是他们眼中的魔鬼。当我告诉他们身体本身并无罪恶时，他们视我为诱惑他们的恶魔。

在大多数情况下，审查孩子的交友情况是非常困难的。我认为，只有当邻居的孩子表现出欺凌行为时，才应该这样做。幸运的是，大多数孩子天生具有选择能力，他们迟早会找到合适的伙伴。

第五章

孩子的问题

残忍和虐待狂

　　残忍是扭曲的爱，这也是为什么极端的虐待狂往往是性变态。残忍的人无法给予，因为给予是一种爱的行为。

　　残忍并非天性，动物们也不残忍。猫并不是因为有残忍的天性而去戏弄老鼠。这只是它的游戏，它并没有刻意残忍的意识。

　　对人类而言，残忍往往是无意识的。在我与夏山的孩子们漫长的相处经历中，我很少会遇到刻意折磨动物的孩子。几年前有个例外，13岁的约翰得到一只小狗作为生日礼物。"他爱动物。"他的妈妈在信中写道。当约翰带着名叫斑点的小狗四处溜达的时候，我很快就发现他在虐待他的狗。我的结论是，他把小狗斑点看成了他妈妈最宠爱的弟弟吉姆。

　　有一天我看到他在打小狗斑点，我走到小狗跟前，轻抚着小狗，说："你好，吉姆。"显而易见，我使约翰意识到他把对竞争对手弟弟的仇恨发泄在了可怜的小狗身上。在那之后，他不再残忍地对待小狗斑点，但我只是触及了他的症状，并不能治愈他的施虐倾向。

　　自由、快乐的孩子不太可能是残忍的。很多孩子的残忍源于成年人施加于他们身上的残忍。你如果被打了，你很有可能也想去打别人。就像老师打学生，你会选择身体上弱于你的人来打。传统学校里的男孩对彼此的残忍程度往往超过了夏山的孩子。

残忍的行为总是始终如一地被合理化：我打了你，可是我比你更疼。很少有虐待狂会坦白说："我打人是因为我在其中得到了满足。"显然，这才是真实的理由。他们从道德层面来解释他们的施虐行为。"我不想我的儿子变得软弱，我想让他适应这个会给他很多毒打的世界。我用棍棒打我的儿子，是因为我小时候也被打过，而那些毒打让我有了今天。"

打孩子的父母总是准备好了这样未加思索的解释。我还从未遇到过一个家长能诚实地说："我打我的孩子是因为我恨他，我恨我自己，我恨我的妻子，我恨我的工作，我恨我的亲人——事实上，我恨生活本身。我打我的儿子是因为他小，他不能还手。我打他是因为我害怕我的老板。当我的老板训斥我的时候，我回家会把怒气发泄在我儿子的身上。"

如果家长能足够诚实地这样说，他们也就会觉得没有必要残忍地对待孩子了。残忍源于无知和自我憎恨。残忍是施虐者的自我保护，让他无法意识到他的天性被扭曲了。

在希特勒统治的德国，折磨犯人都是由尤利乌斯·施特莱彻这样的性变态来实施的。早在集中营被建立之前，他的《先锋报》里就充满邪恶、变态的性内容。然而，很多斥责监狱里施虐者的性变态行为的父亲，并没有把同样的理性用在他自己轻度的施虐行为上。在家里或在学校打孩子本质上与在贝尔根－贝尔森集中营里折磨犹太人是一样的。如果在贝尔根－贝尔森集中营的虐待是源于性变态，那么在学校和家里的虐待也同样如此。

我可能会听到一个母亲的抗议："胡说八道！你的意思是说，我今天因为吉米碰了奶奶的花瓶而打了他的手，我就是性变态吗？"

我的回答是："是的，是轻微程度的性变态。如果你婚姻幸福，性生活美满，你就不会打吉米。打人事实上是对肉体的憎恶，而肉体意味着身体的需求和渴望。如果你爱你的肉体，你就不会想伤害吉米的肉体。"

只要不在治安法官的法庭上留下可以被看到的伤痕，父母就可以随心所欲地打孩子。我们的刑法长久以来都是被伪装成公正的残忍。

精神虐待要比肉体虐待更难应对。法律可以废除学校里的体罚，但是无法惩治实施精神虐待的人。父母冷嘲热讽的刻薄话语会对孩子造成难以言说的伤害。我们都见识过一个父亲是如何嘲笑他的儿子的："笨手笨脚的家伙，你就不能做一件不搞砸的事情吗？"这样的男人也会通过不断地批评来表达对妻子的恨意。也有这样的妻子，她们通过恫吓和一连串的辱骂来控制自己的丈夫和孩子。

有一种特殊形式的精神虐待，即父亲将他对妻子的恨发泄在孩子身上。

有的老师会通过傲慢和嘲讽来展示他的残忍。因此，当这样的老师折磨一些可怜的、畏缩的孩子时，他期待听到的是他的学生们爆发出的哄笑声。

除非孩子们被迫压抑强烈的情感，否则他们永远不会残忍地对待别人。自由的孩子几乎没有或者根本没有自我厌恶可以表达。

他们不仇恨他人，也因此不会残忍。

每一个"小霸王"都在某种程度上有生活被扭曲的经历。通常，他只是把别人施加在他身上的东西再施加到别人身上。每一次挨打都会使得一个孩子在欲望或行为上产生施虐的倾向。

受到压制的孩子开的玩笑往往也有残忍的意味。我几乎从未见过夏山的老生开这样的玩笑，我所见到的爱开这种玩笑的孩子通常都是刚刚从私立学校来到夏山的。有时候，新学期刚开始，当孩子们从更压抑的家中返校的时候，他们会有捉弄人的行为——比如，把自行车藏起来——但是这段时间不会超过一个星期。一般来说，夏山的幽默是善意的。原因是孩子们享受到来自老师的认同和爱。因为没有了仇恨和恐惧的必要时，孩子们往往都是好的。

犯罪倾向

很多心理学家相信，孩子生来既不好也不坏，既有行善的倾向，也有犯罪的倾向。我相信孩子没有犯罪的天性，也没有天生的作恶倾向。孩子身上出现的犯罪倾向只是一种扭曲的爱的形式。残忍就是这种扭曲的过激表现。它也源于爱的缺失。

有一天，我的一个学生，一个9岁的男孩正在玩游戏，他愉快地对自己低语道："我要杀死我的妈妈。"这是一种自然流露的无意识的行为，因为他正在造船，他所有有意识的兴趣都指向他正在做的活动。事实是他的妈妈过着自己的生活，很少来看他。她不爱他，而他潜意识中已经知道了这个事实。但是这个孩子是夏山最可爱的孩子之一，他并非天生就有犯罪的想法。这印证了那句老话：如果我不能得到爱，那我就得到恨吧。孩子所做的每一个恶行都可以追溯到爱的缺失。

另一个孩子，也是 9 岁，有中毒恐惧症，他害怕他的妈妈会给他下毒。当妈妈从餐桌旁站起来的时候，他会观察她的每一个动作，而且他常常会说："我知道你在找什么，你要去拿有毒的东西放进我的食物里。"我怀疑这是一个心理投射的案例。他的妈妈似乎把更多的爱给了他弟弟，很有可能这个神经质的孩子幻想过毒死他的弟弟和妈妈。他的恐惧很有可能源于害怕被报复——我想要毒死她，有可能她为了报复也想毒死我。

犯罪显然是一种恨的表达。对儿童犯罪行为的研究归根结底是研究一个孩子为什么会有恨。这是一个关于自我受到伤害的问题。

我们不能回避这样一个事实：孩子从根本上说是一个利己主义者。其他人并不重要，除了自己。当这个自我得到满足时，我们就有了被称为善行的东西；当这个自我得不到满足时，我们就有了被称为罪行的东西。罪犯就是在为自己报复社会，因为社会并没有通过爱他来表示对他的"自我"的欣赏。

如果人类天生就有犯罪的本能，那么来自中产阶级的罪犯应该和来自贫民窟的罪犯一样多。不过，富裕家庭的人往往有更多的机会来表现自我。金钱所能买到的愉悦、优越的环境、源自文化和与生俱来的骄傲都能满足那个自我。然而，对于大多数家境贫寒的人来说，自我是得不到满足的，只有很少的穷人家的孩子能脱颖而出。成为恶霸、罪犯也是"脱颖而出"的一种方式。

很多人认为是坏电影造就了罪犯。在我看来，这是一个短视的观点。对于是否会有任何一部电影能使人堕落至此,我持有十分怀疑的态度。当然,一部电影也许会为年轻人提供一个作恶的方法,但是在那部电影出现之前他的犯罪动机就已经存在了。电影也许会使他的犯罪更有技巧,但并不可能让不想犯罪的人犯罪。

犯罪,首先是发生在家庭里,然后才是发生在社群里。我们大多数人,要是足够坦诚的话,都会承认自己曾在幻想中杀死过自己的家人。我有个女学生,她曾幻想让她的家人都惨死,尤其是她的妈妈。

在一个孩子心中,掌权的渴望就是被欣赏和被爱的渴望。孩子努力地想要获得欣赏和关注,因此我们会在性格内向、不善社交、懦弱胆怯的孩子身上发现犯罪的想法。平凡普通的小女孩会在她可爱的妹妹在客人面前独舞的时候,编织她突然死亡的可怕想象。而性格外向的妹妹无须憎恨,她大笑、跳舞、畅谈,来自观众的欣赏会满足她对被赞赏的渴望。

内向的人会坐在角落里,幻想接下来会发生什么事情。我们学校最内向的男孩从不参加社交晚会。他既不跳舞,也不唱歌,从不参加翻跟头的游戏。在上我的课时,他告诉我他有一个了不起的魔法师在为他服务。他只要说出一个词,魔法师就会给他变出一辆劳斯莱斯。有一天,我给他讲了一个夏山的孩子们被困在一座岛屿上的故事。他似乎不喜欢那个故事。我让他修改,他说:"让我成为那个唯一获救的孩子。"

我们都很熟悉这个心理机制——把所有伙伴踢下去,才能让自己爬上去。这是告密者的心理。"老师,请听我说,汤米在说脏话。"这句话意味着我没有说脏话,我是个好孩子。

在想象中杀死对手与罪犯在现实中杀死对手的差异只是程度不同而已。就我们所有人或多或少都没有得到爱的满足这一点来说，我们都是潜在的犯罪分子。过去我常常吹嘘我用自己的那套心理学方法治愈了有犯罪幻想的孩子，但是现在我却认为这归功于爱。要假装我爱一个新来的学生显然是愚蠢的，然而，孩子会感受到我对他的爱，只因为我尊重他的自我。

　　允许一个孩子自由地做自己是治愈犯罪倾向的真正良方。这是多年前我看到霍默·莱恩的学校"小共和国"时所学到的。他给犯错的孩子做自己的自由，然后他们就变好了。在贫民窟里，不良少年满足自我的唯一方式是通过反社会行为把注意力吸引到自己身上。莱恩告诉我他曾看到一些犯罪的少年在接受审判时自豪地环顾法庭。在莱恩的一个农场社区里，这些男孩找到了新的价值观，那是向善的社会价值观。对我来说，莱恩的多塞特农场就是一个有说服力的证据，证明没有人天生具有犯罪倾向。

　　我想起那个要逃跑的新来的男孩。莱恩追上他，并且抓住了他。那个习惯了手铐的男孩，举起了胳膊进行防御。莱恩笑了，塞了一些钱在男孩的手里。

　　"这是做什么？"男孩结结巴巴地说。

　　"坐火车回家吧，伙计，"莱恩说道，"不要走路了。"那天晚上，那个男孩回到了"小共和国"。

　　我想到了莱恩的做法，也想到了大多数少管所的严厉手段。以父亲强制性的命令为代表的家规控制了孩子的自我；而控制孩子的自我，会使孩子变坏。国家的法律只是唤醒了那些被家庭压制的潜意识里的记忆。

孩子的问题

压抑会唤醒反抗，而反抗自然会寻求报复。犯罪行为就是一种报复。要消除犯罪，我们就必须消除让孩子寻求报复的事情。我们必须对孩子表现出爱和尊重。

偷窃

偷窃应该被分成两种：正常孩子的偷窃和神经质孩子的偷窃。

一个正常的孩子天生会偷窃。他仅仅是想满足他的占有欲，或者想和他的朋友一起冒险。他还不能区分"我的"和"你的"。很多夏山的孩子在某个年龄段都会有这种偷窃行为，他们可以自由地度过这一阶段。

我和一些校长谈起他们学校的果园时，他们告诉我他们的学生摘走了大部分的果子。现在我们夏山有个大花园，里面种满了果树，但是我们的孩子很少去偷水果。之前，有两个男孩在学校大会上被指控偷摘水果。他们是新来的学生。当他们的负罪感消除时，他们对偷水果这件事也就不再感兴趣了。

学校里发生的偷窃大多是群体行为。群体偷窃表明冒险精神在偷窃中扮演着重要的角色，不仅仅是冒险精神，还有炫耀心理、开拓精神和领导力。

只有在偶尔的情况下，才会出现独行的"小偷"——他往往是个狡猾的男孩，脸上有着天使般无辜的表情。他总是能逃脱惩罚，因为在夏山没有告密者会出卖他。你永远无法通过他的脸来辨别他是否就是那个偷东西的小贼。事实上，我就见过一个这样的男孩，他有着如此无辜的笑容和如此清澈的、湛蓝的、诚实的眼睛,以至于我很难相信他会知道昨晚学校食物储藏室里消失的某罐水果的下落。

我见过在 13 岁时还偷窃的孩子后来成长为一个诚实的公民。事实是孩子们需要更长的时间成长,而这段时间往往比我们习惯上所认为的要长。我所说的"成长"是成为社会人。

孩子首先是个利己主义者,普遍来说,这一状态一直要持续到青春期开始,在那之前,一般来说孩子并没有区分"自己"和"他人"的能力。"我的东西"和"你的东西"的概念是成年人才有的,孩子要到成熟后才能培养出这种意识。

如果一个孩子是被爱的、自由的,那么他迟早会成长为一个善良的、诚实的人。这听起来很像一句简单的格言,但是我发现很多困难是在实践中突然出现的。

在夏山,我不能任由冰箱或者钱箱不上锁。在全校大会上,孩子们会指控有人撬开了他们的行李箱。哪怕只是出现了一个小偷,也会让整个集体出现上锁的意识。由年轻人组成的集体很少是完全诚实的。55 年前,我不敢把一本书留在大学宿舍的大衣口袋里。我听说过这样的传言:有些议会议员也不愿把值钱的东西放在外套和公文包里。

诚实似乎是一种习得性的品质,随着私有财产的出现在人类发展晚期产生。最有可能导致诚实产生的因素可能是恐惧。阻止我在个人所得税上弄虚作假的并不是抽象的诚实,而是害怕得不偿失,弄虚作假一旦被察觉,随之而来的耻辱会毁掉名声、工作和家庭。

当有法律禁止做某件事时,肯定是因为确实存在这种行为。

在一个全面禁酒的国家，就不会有禁止酒驾的法律。各国都有禁止偷窃、抢劫、诈骗等行为的法律，这都是基于一个认知：肯定会有人去偷、去抢、去骗。而事实也的确是这样。

毕竟，大多数的成年人或多或少都是不诚实的。然而，几乎每个家长都会因为孩子偷了一便士而气急败坏。

然而另一方面，在互相来往的时候，大多数人是相当诚实的。去朋友家里时，你可以很容易地把女主人的银勺子放进自己的口袋里，但你不会有那么做的想法。然而，你很可能会想再次使用一张检票员忘记打孔的车票。成年人会区别对待个人和组织，不管这是一个国家组织还是一个私人组织。欺骗保险公司是可以被接受的，但欺骗杂货店店主会受到谴责。孩子没有这样的区别对待，他们会不加选择地偷窃室友、老师和商店里的东西。不是所有的孩子都会偷窃，但是很多孩子会同意分享偷来的赃物。这就意味着你会在自由和快乐的中产阶级家庭的孩子中发现偷窃行为，你也会在穷人家的孩子中发现同样类型的不诚实行为。

我发现如果有机会的话，很多孩子都会偷窃。在我是个孩子的时候，我并没有尝试过偷窃，因为我完全不敢。偷窃意味着一旦被发现就是一顿痛揍，而且地狱之火会炙烤你。但是不像我一样胆怯的孩子自然而然地就会去偷。然而，我仍然坚持，如果一个孩子是在爱中被抚养长大的，假以时日，他就会从偷窃的阶段中走出来，成长为一个诚实的人。

第二种类型的偷窃——习得性、强迫性的偷窃——是孩子患有神经症的证据。一个神经症的孩子实施偷窃往往是缺少爱的表现。偷窃动机存在于潜意识里。在几乎每一个证据确凿的青少年偷窃案例中，那个孩子往往都是感觉不到被爱的。他的偷窃是一种象征性的尝试，是想要获得某些有价值的东西。不管他偷的是金钱、珠宝，还是其他什么东西，他潜意识里的愿望都是偷到爱。这种类型的偷窃只有通过给予这个孩子爱才能治愈。因此当我给一个偷我烟草的孩子钱的时候，我针对的是他潜意识里的情感，而不是他有意识的思想。他也许会认为我是个傻瓜，但是他的想法并不重要，他的感受才是重要的。他会觉得我是他的朋友，他的认可者，是给予他爱而不是恨的人。迟早，偷窃行为会停止，因为曾经金钱或物品象征着被偷走的爱，而他现在已经得到了这种爱，所以他也就无须再去偷窃了。

说到这儿，我想起了一个总是偷骑其他孩子自行车的男孩。在学校大会上，他被指控"骑别人的车，不断地破坏私人财产"。裁决："有罪。"惩罚："请校委会成员捐款给他买一辆自行车。"校委会成员还真的捐款了。

然而，我认为给小偷奖励是要有一定的条件的。如果他心智低下，或者更糟糕的是，他在情感上被束缚了，这个奖励就不会达到预期的效果。如果他骄傲自大，那么他也无法从这个象征性的礼物中获益。在我应对问题孩子的时候，几乎每个小偷都会对我针对他们的偷窃行为给予奖励的做法反馈良好。少有的失败案例是那些极少数可以被称为有意识偷窃的孩子，他们无法通过治疗或奖励（这种变相的治疗方式）被治愈。

不过，当偷窃行为代表的不仅是父爱母爱的缺失，还有对于性的过度抑制时，情况就变得复杂了。在这种类型里就包含了偷窃癖，这些孩子不可控制地伸手偷窃就是为了完成被禁止的事情——手淫。只有父母意识到他们的错误，坦白地告诉孩子他们对孩子的抑制是错误的，并且愿意从头开始时，才会对这种偷窃有最好的干预效果。老师如果得不到父母的帮助，就很难治愈偷窃癖。要知道，解铃还须系铃人。

曾经有个16岁的男孩，因为恶劣的偷窃行为而被送到我们学校。他抵达车站的时候，给了我一张他父亲在伦敦给他买的半价票——一张没有登记孩子真实年龄的票。我必须得让那些习惯撒谎的孩子的父母知道，他们首先要进行自我反思，然后才能找到治愈孩子不诚实的良方。

当父母将孩子习惯性的不诚实归罪于不良同伴、黑帮电影，或是因为父亲参军而缺乏管教等理由时，他们就真的是大错特错了。就孩子本身而言，只要孩子没有性压抑，只要孩子获得了爱和认可，这些因素对他们就几乎不会产生影响，甚至可以说是根本不会产生影响。

我不知道每天或者每周去儿童社会诊所就诊的小偷会受益多少，我只知道这些诊所里的方法并不是严厉的、地狱般的。社会工作者会努力地去理解孩子，不带道德评判或性格批判地去对待孩子。遗憾的是，儿童心理学家和缓刑监督官为心理有疾病的孩子所做的努力，会因为他们在家里受到的对待而大打折扣。我猜测只有当心理学家和缓刑监督官说服父母去改变他们对待孩子的方式时，他们的努力才可能获得成功。因为孩子的偷窃行为就像青春期的粉刺，只是身体生病的外在症状，是我们社会的病灶。没有多少针对个人的治疗可以消除糟糕的家庭、贫困的街区、贫困的家庭带来的恶劣影响。

这也是实情，在5岁到15岁期间，大多数儿童所接受的教育只是针对头脑的教育，和他们的情感生活几乎没什么关系。然而，就是这些神经质儿童的情绪干扰才使他们得了偷窃强迫症。他们学校功课的成绩好坏对他们的偷窃罪行并没有什么影响。

一个显而易见的事实是快乐的人不会强迫性地、持续地偷窃。关于惯偷，我们要问的问题是：他的成长背景是什么？他的家庭幸福吗？他的父母总是会告诉他事实吗？对于手淫，他感到内疚吗？对于宗教，他有负罪感吗？为什么他不尊重父母？他感觉他们不爱他吗？他心里肯定有个地狱般的存在，才会让他变成小偷。大概率可以确定的是，无论法官想把他们送去哪里，都不会让他们内心的地狱消失。

一个疗程的心理治疗并不一定会解决他的偷窃问题。当然，在很大程度上，这样的治疗能帮助到他，可以帮助他摆脱部分的恐惧和仇恨，可以给他一些自尊。但是，只要最初的仇恨因素在他的环境里依然存在，他就随时有可能再次犯罪。针对他父母的治疗才会最终带来更大的成效。

夏山曾经有个相较其他孩子年龄稍大的男生，但他的心理年龄只有三四岁。他从商店里偷东西。我考虑过和他一起去一家商店，当着他的面偷窃（在和店主提前沟通过之后）。对于那个男孩来说，我就是父亲和上帝。我倾向于这样的认知，他亲生父亲对他的不认可和他的偷窃行为很有关系。我的想法是如果他看到他的"新父亲"或者说是他认为的上帝也偷窃的话，他就会被迫修正他对偷窃的认知了。我非常期待他强烈的抗议。

在治疗神经质儿童的偷窃行为时，除了认可，我没有看到其他任何可操作的办法。神经质是内心冲突的结果，是他被告知的一定不可以有的行为和他想要有的行为之间的冲突。我一贯认为对这种错误的负疚感的弱化会让孩子更开心、变得更好。消除一个孩子的负疚感就能治愈他的偷窃行为。

违法犯罪

在持枪和用指节铜环进行暴力攻击的时代，权威人士对于青少年犯罪现象已经黔驴技穷，尽管他们正不遗余力地对此进行遏制。报纸上给我们讲了一个解决这一问题的新方法。这是一种严厉的手段：给犯罪的年轻人判刑，送到少管所，那里有严格的训练制度，对犯错者有严厉的惩戒。我看过一张照片，男孩们肩扛巨木在训练。在这种充满压迫的地方，似乎没有人权可言。

我承认，这几个月的炼狱式生活也许会让那些潜在的年轻犯罪分子止步，但是，这种处理方法从来没有触及根本原因，没有触及最本质的东西。更糟糕的是，这种对待会让大多数的青少年心存恨意，而这种严厉的管教肯定会创造出一群永久仇恨社会的人。

30多年前，霍默·莱恩在被称为"小共和国"的学校里，用他的工作证明了爱可以治愈不良少年——通过让权威者站在孩子这一边来治愈他们。莱恩从伦敦法庭里带走一些顽劣的孩子，这些反社会、冷酷无情的孩子，沾沾自喜于自己抢劫者、小偷和歹徒的"名声"。这些"屡教不改的家伙"来到"小共和国"，在那儿他们发现了一个自治的、有爱的、能得到认可的集体。渐渐地，这些年轻人变成了正派的、诚实的公民，其中很多人都曾经算得上是我的朋友。

莱恩是理解和应对不良少年的天才。他持续不断地给予他们爱和理解，以此来治愈他们。他总是会去寻找任何一个少年犯罪行为背后的潜在动机，并相信在每一个犯罪行为的背后最初的愿望都是好的。他发现对孩子们说教是没用的，只有行动才有用。他认为要让一个孩子摆脱不好的社会特质，就必须让那个孩子实现他的愿望。有一次，他学校里的一个孩子杰贝兹愤怒地表示要砸碎茶桌上的杯碟，而莱恩就递给他一个铁质的拨火棍让他砸。但是，就在第二天，他来找莱恩，要求获得一个和他目前的工作相比，责任更重、薪水更高的工作。莱恩问他为什么要一个薪水更高的工作，杰贝兹说，"因为我想要赔偿砸坏的杯碟"。对此，莱恩的解释是，砸碎杯子的行为释放了杰贝兹心底的压抑和冲突。这是他人生中第一次在权威人士的鼓励下去砸碎东西并发泄怒火，这一事实肯定对他的心理产生了有益的影响。

霍默·莱恩的"小共和国"里的不良少年都来自糟糕的城市贫民窟，然而我还从未听说哪个孩子又回去混帮派了。我把莱恩的方法称为爱的方法，我把将犯罪的未成年送去过炼狱般生活的方法称为恨的方法。既然恨从未治愈过任何人的任何毛病，我可以得出这样的结论，炼狱般的方式不会帮助任何一个年轻人融入社会。

然而，我很清楚地知道，如果今天我是一个地方法官，我有一个顽劣、愤懑的年轻犯罪分子要处理，我也会困惑于该如何处置他。我所处时代的英国并没有像"小共和国"这样的少管所可以把他送过去。对此，我很羞愧。莱恩在1925年去世，而我们的英国当局还没有从这位杰出人士那里学到任何东西。

然而,在最近几年,我们优秀的缓刑官群体表现出试图理解未成年罪犯的真诚渴望。与此同时,尽管有很多来自法律界的敌意,精神病医生也在努力地向大众科普,未成年罪犯不是生来就邪恶,而是得了一种需要同情和理解的疾病。这一舆论潮流朝着爱而不是恨的方向流动,朝着理解而不是偏执的道义的方向流动。这是一种缓慢涌动的潮流,但即使是缓慢的潮汐,也可以带走一些污秽。迟早,这种舆论潮流会不断壮大。

我没听说过通过暴力、残酷或仇恨的手段把一个人变好的证据。在我漫长的职业生涯中,我应对过很多问题孩子,其中很多孩子还是潜在的未成年罪犯。我看到了他们有多么不开心、多么充满恨意、多么自卑、多么情绪紊乱。他们傲慢自大并且不尊重我,因为我是一个老师,一个父亲的替代品,一个敌人。我生活在他们强烈的恨意和怀疑中。但是,在夏山学校这里,这些潜在的未成年罪犯在自治集体中管理自己。他们能自由地学习、自由地玩耍。当他们偷窃的时候,他们甚至会被奖励。他们从不被说教,也从不害怕权威,不管那个权威是来自人间还是天堂。

原先这批充满仇恨的人在短短几年里变成了快乐的人,开始融入社会。就我所知,没有一个在夏山度过了 7 年以上的不良少年后来被送入监狱、实施强奸或者变得反社会。并不是我治愈了他们,是环境治愈了他们,因为夏山的环境给予的是信任、安全感、同情,既没有责备,也没有评判。

夏山的孩子没有在离开学校后成为罪犯,因为他们被允许在没有恐惧、没有惩罚、没有道德训斥的环境中度过他们向往黑社会的阶段。他们被允许从一个成长阶段走出来，并自然而然地进入下一个阶段。

我只是不知道，如果给予一个成年罪犯爱，将会有怎样的结果。我非常肯定的是，在歹徒偷窃的时候奖励他并不会治愈他，就像我同样确定让他们坐牢也并不能治愈他们一样。对于很小的孩子来说，治疗是最有希望的。然而，哪怕在孩子15岁的时候给予他治疗，自由也常常会让这个潜在的未成年罪犯变成一个好公民。

在夏山，我们曾经有个12岁的男孩，他因为反社会行为而被很多学校一再开除。在我们学校，这个孩子变成了一个快乐的、有创造力的、能够融入社会的男孩。要是进了少管所，可能他就完蛋了。如果自由可以拯救严重的问题儿童，那么自由能为无数被家庭权威毁了的所谓"正常"孩子做些什么呢？

13岁的汤米，问题很严重，他偷窃而且具有破坏性。在某个假期，他回不了家，我们就把他留在了学校。两个月的时间里，他是夏山学校里唯一留校的孩子。他表现出完美的社会性，我们完全没有必要把食物或者钱锁起来。但是当他的小团体回来的时候，他带着伙伴们去突袭了食品储藏室——这只能证明孩子作为一个个体和作为群体里的一分子时，是两个完全不同的人。

少管所的老师告诉我，反社会的年轻人通常是智力低下的。我要补充的是，他们在情感上同样低下。曾经有一段时间，我认为未成年罪犯是有创造力的聪明孩子，只是因为他没有积极的途径来宣泄精力，所以才以反社会的方式表现出来。我认为只要让他摆脱束缚和规矩，他就极有可能会变成一个聪明的、有创造力的、甚至是出色的孩子。但是，我错了，错得离谱。多年的生活经历和应对各种各样不良少年的经验告诉我，他们大部分都是能力低下的。在所有这类孩子中，我只能想到一个孩子，在他后来的人生中取得了显著的成功。相当多的孩子被治愈了，他们不再反社会，也不再欺诈，他们后来也有了正常的工作。但是他们中没有一个人成为优秀的学者、出色的艺术家、熟练的工程师，或者是有天赋的演员。当消除了反社会动机的时候，对于大多数任性的孩子来说，似乎只剩下死气沉沉的麻木，不知道抱负为何物。

当一个年轻人不得不和无知的父母待在不良的家庭环境中的时候，他就没有机会从他的反社会状态中走出来。只有把消灭贫穷、消灭贫民窟和终结父母的无知结合在一起，才会自动减少少管所里孩子的数量。

未成年人犯罪的最终解决之道在于治疗社会自身的道德罪恶以及社会上伴随而来的道德冷漠。我们不得不在这两个观点中选择其一，而这两个观点就在我们眼前。要么我们以仇恨的地狱方式对待失足少年，要么我们以爱的方式来治愈他们。

请允许我有这片刻的错觉，假如我是内政部部长，在教育领域有着无限的权力，那么，就让我起草一个总则，为所有学校制订一个"五年计划"的草案。

作为内政部部长，我将废除所谓的少管所，取而代之的是在全国范围内建立男女同校的自治学校。我要立刻建立专门的培训中心，来培训教师和宿舍管理员。每一个这样的学校都将完全自治。员工不享受特权，他们和学生吃同样的食物，用同样的供暖设施。学生做的每一项校园工作都可以得到报酬。这个学校的口号是"自由"，在这里，没有宗教，没有道德说教，也不容忍任何权威。

我把宗教排除在外，因为宗教说教、布道，试图升华道德，结果却压抑人性。宗教会定义根本不存在的罪恶。宗教相信自由意志，而对冲动被束缚的孩子来说，并无自由意志可言。

如果要用什么来取代宗教制约的话，我会提倡用爱来培养，而不是通过任何残酷或不公的方式。在自治学校里只有一种方法可以达到这个理想状态——尽可能地不干扰年轻人，把他们从强加给他们的权威中、从仇恨中、从惩罚中解救出来。以我的经验来看，这是唯一的解决之道。

通过培训，老师会明白，他们和孩子是平等的，他们不是孩子的上级。他们不能事事维护自己的面子，不能挖苦讽刺孩子。他们不应该让孩子害怕。他们需要成为有无限耐心的人，具有前瞻性，愿意相信孩子有无限可能。

虽然目前这个社会并不允许校园里这个年龄段的孩子过上谈情说爱的生活，但是性别的混合会产生很多有价值的东西，比如温柔、自然而然的礼貌、对于异性的必要了解，这才能减少色情文学和偷窥行为。

教职员工的主要品质是具备信任学生的能力，把他们看成值得尊重的人，而不是小偷和破坏者。与此同时，教职员工必须务实一点，不要一次性给予个体太多能力之外的责任，比如说任命一个小偷做自治学校圣诞派对资金的财务主管。教职工得控制说教的欲望，要意识到行动远甚于言语。他们会被要求了解每个不良少年的经历和他的整个成长背景。

智力测试在自治校园中占据微不足道的地位。这种测试并不能体现出孩子重要的潜力，也不能正确地评估克制力、创造力、想象力和他的本性。

学校的整体氛围更像是医院而不是一个机构。就像医疗工作者不会对患有梅毒的病人有道德评判的态度一样，我们的教职工也不会对我们称之为未成年人犯罪的病症持有道德评判的态度。这个集体与医院的主要区别在于它通常没有药物治疗，甚至没有心理上的"药物"。这里的治疗完全依靠环境中真正存在的爱来进行。教职工也必须对人性抱有信心。诚然，会有失败的案例和无法治愈的孩子，社会仍然不得不考虑到这些情况，但是，他们会是极少数，而大多数的不良少年会对爱、包容和信任有所反应。

我会不断地用霍默·莱恩的一个故事来提醒那些对他嗤之以鼻的人，当时是在伦敦少年法庭，莱恩采访了一个未成年罪犯。莱恩给了他一英镑钞票，让他购买去附近城镇的车票，莱恩相信这个男孩会把找零准确地交给他。那个男孩也的确这么做了。（我得提醒美国读者，莱恩出生在美国新英格兰地区。）

我还会继续用一个美国监狱长的故事来提醒这些人，这个监狱长把一个无期徒刑罪犯送去纽约购买制鞋厂的新机器。那个囚犯带着新买机器的详细账目回来了。监狱长问他："你为什么不抓住机会从纽约逃走呢？"这个罪犯挠了挠头说："我不知道，监狱长，我猜这是因为你信任我。"

监狱和惩罚从来都不能取代这种对人的奇妙信任。这种信任对于陷入困境的人来说象征着有人给予他们爱而不是恨。

治愈孩子

心理疾病的治愈更多的是取决于患者而不是治疗师。接受治疗的人很多以失败告终，因为他们是被家人强迫去的。举个例子，如果一个男人将一个不情不愿的妻子送去接受心理分析，她自然会怀恨在心：我丈夫认为我不够好。他希望改变我，而我不喜欢这样。

当未成年罪犯在胁迫下接受治疗时，也会出现同样的问题。不管是针对青少年还是成年人的治疗，都必须出自患者本身的意愿。哪怕只是给予自由，不附加任何疗法，也可以纠正大多数儿童的不良行为。

自由，而非放纵——也不是感情用事。 单靠自由并不能治愈病态的孩子，对于发育停滞的情况，也几乎没有作用。但是，当自由在儿童寄宿学校实践时，它就会起作用——只要它一直被实践。

几年前，有人送来一个孩子让我治愈，他可是个十足的骗子，偷窃手段还很巧妙。他来夏山后的一周，我收到了来自利物浦的电话。"我是 X 先生（英国的一位知名人士）。我有一个侄子在你们学校。他写信给我，问他是否可以来利物浦玩几天。您介意吗？"

"当然不，"我回答说，"但他没有钱，谁来支付他的车费？最好和他的父母取得联系。"

第二天下午，男孩的"母亲"打电话给我，说她接到了迪克叔叔的电话。她和她的丈夫同意亚瑟去利物浦。他们查了一下车费，是 28 先令，问我是否愿意先给亚瑟一些钱。亚瑟是从当地的电话亭打了这两通电话。他完美地模仿了成年叔叔的声音和他母亲的声音。他欺骗了我,在我意识到自己上当之前,我已经把钱给了他。

我和我的妻子讨论了此事。我们俩达成共识,要求退还这笔钱是错误的做法,因为他多年来一直受到这种待遇。我的妻子建议奖励他。我同意了。深夜,我去了他的卧室。"你今天运气真不错。"我高兴地说。

"您说得没错,我的确好运。"他说。

"是的,但你比你以为的更好运。"我说。

"您这是什么意思?"

"哦,你妈妈刚才又打来了电话,"我轻松地说,"她说她搞错了票价——不是28先令,而是38先令。所以她让我再给你10先令。"我漫不经心地把一张10先令的钞票扔在他的床上,不等他说什么就走了。

第二天一早他就去了利物浦,并留下一封信,让人等火车开走后再给我。信的开头是这样说的:"亲爱的尼尔,你是一个比我更了不起的演员。"一连几个星期,他一直追问我为什么要给他那张10先令的钞票。

有一天,我回应道:"当我把它给你时,你感觉如何?"他苦苦想了一会儿,然后缓缓地说:"我受到了我一生中最大的冲击。我对自己说:'这是我人生中第一个站在我这边的人。'"这是一个男孩意识到得到认可便是爱的案例。通常这种意识需要很长时间才能出现。治疗对象可能只是模糊地感知其影响,直到几个月后才会有清晰的认知。

在过去的日子里，当我与不良少年有更多的接触时，我一次又一次地奖励他们的偷窃行为。但是直到几年后，直到孩子痊愈后，他们才会意识到我的认可是有帮助的。

在与孩子打交道时，必须深入地运用心理学，寻找行为的深层动机。一个男孩是反社会的。为什么？诚然，他的行为使人厌烦和恼怒。他可能是一个恶霸，也许是小偷，也或许是一个虐待狂。但这是为什么呢？老师的恼怒可能会使他暴怒，老师也许会惩罚他、谴责他。但是在老师表达了他所有的恼怒之后，问题仍然没有得到解决。目前要求恢复严格的教学纪律的趋势只是治标不治本，最终不会有任何效果。

一对夫妇把女儿带到夏山，她说谎、偷窃，而且非常狡猾。他们给我长篇大论地描述了她的缺点。如果让孩子知道我了解了她所有的事情，对我来说是致命的。我必须等到女孩自己表现出来，等她在我或学校里其他人面前表现出问题行为时，才能说出来。

几年前，夏山有一个糟糕的问题孩子。他的父母坚持要他去看心理医生，所以我带他去看了哈利街的一位知名医生。我花了半个小时告诉这位专家关于这个病例的所有事情，然后我们把那个男孩带了进来。"尼尔先生告诉我，你是个很坏的孩子。"医生严厉地说。那就是他所谓的心理治疗。

我一次又一次地看到类似的、错误且无知的对待儿童的方法。"就你的年龄来看，你的块头不是很大。"一位来访者对一个自卑于自己个子矮小的男孩如此说道。

另一位来访者对一个女孩说："你姐姐很聪明，不是吗？"**与孩子打交道的艺术也许可以定义为知道什么不该说。**

另一方面，有必要向孩子表明你没那么容易被欺骗。让一个孩子继续偷你的邮票是没用的，你必须让他知道你知道他在偷邮票。但请注意，"你妈妈告诉我你偷了邮票"这样的表达是不可饶恕的，这与说"我知道你拿走了我的邮票"完全是两回事。

在给孩子们的父母写信时，我总是有点紧张，担心孩子放假回家时，父母可能会把我的信随处乱放，被他们看到信的内容。我更担心他们会写信给孩子，说："尼尔说你不去上课，这学期是个大麻烦。"如果发生这种情况，孩子将永远不会再信任我了。因此，通常我尽可能少说，除非我知道孩子的父母是绝对值得信赖和有清醒认知的。

我通常会对孩子做正确的事情，因为我的长期经验使我总结出了正确的方法。我既不聪明，也没有特别的天赋，只是实践经验丰富而已……我也可能对无关痛痒的事情视而不见。

比尔，一个新来的男孩，从另一个孩子那里偷了一些钱。受害人问我："我应该在下一次学校大会上指控他吗？"

我立刻不假思索地说："不。交给我吧。"我后来给自己找了个理由。比尔对自由很陌生，对新环境感到不安。他一直在努力让自己受欢迎并被他的同伴接受，以至于他一直在大摇大摆地炫耀。将他的盗窃行为公之于众会让他感到羞耻、恐惧，随之而来的也许是拒绝服从和反社会行为的爆发。或者，反其道而行之，因为如果他是上一所学校的帮派头目，以针对教职工的秘密破坏行动为荣，那么公开的指控可能会让他扬扬自得，炫耀自己有多么硬汉。

还有一次，一个孩子说，"我要指控玛丽偷了我的蜡笔"，我对此完全不感兴趣。我当时没有干涉这件事,因为我知道玛丽已经在学校待了两年,可以应对这种情况。

一个新来的 13 岁男孩,一直都讨厌上课,他来到夏山,一连几个星期都无所事事地闲逛。然后,他感到无聊,来找我说:"我可以去上课吗?"我回答说,"这与我无关",因为他必须找到自己的内驱力。但对于另一个孩子,我可能会回答说,"是的,这是个好主意",因为他的家庭和原先的学校生活总是一板一眼的,这使他无法决定任何事情,我必须帮助他逐渐培养他的自理能力。可是,当我回答时,我不会有意识地考虑这些个体差异。

爱是站在对方那里,爱是认可。我知道孩子们会慢慢地知道,自由与放纵是完全不同的东西。他们能够学习这个道理,并且确实学到了这个道理。最终,它几乎每次都会发挥作用。

通往幸福之路

弗洛伊德说,每一种神经症都是性压抑引起的。我说:"我要办一所学校,那里将不会有性压抑。"弗洛伊德说,无意识比意识更重要、更强大。我说:"在我的学校里,我们不会谴责、惩罚、说教。我们将允许每个孩子按照他内心深处的本能生活。"

我慢慢发现,大多数弗洛伊德派学者不理解或不相信应该给予儿童自由。他们把自由和放纵混为一谈。他们接待治疗的儿童从未有过做自己的自由,因此这些孩子自然没有培养出对他人自由的尊重。我确信弗洛伊德派学者的儿童心理学理论是建立在对这些内心扭曲的孩子的观察之上的。

弗洛伊德派学者在大量婴儿中发现了肛门性欲，但我在自由发展的婴儿中没有发现这种情况。弗洛伊德派学者在儿童中发现的反社会攻击行为似乎在自由发展的儿童中也不存在。

我渐渐了解到，我所从事的工作是预防而不是治疗。我花了好几年的时间才发现这一切的全部意义，才知道是自由而非治疗帮助了夏山的问题儿童。我发现我的主要工作是静静地坐着，认可孩子自己不认可的所有事情，也就是说，**我试图打破孩子强加给自己的良心，或者说是他自己对自我的憎恨**。

一个新来的男孩说脏话。我微笑着说："继续！骂人没什么不好的。"对于手淫、撒谎、偷窃和其他受到社会谴责的行为，我也是如此处理。

前段时间，有一个小男孩问我："你买那个时钟花了多少钱？""现在几点了？""这学期什么时候结束？"他充满了焦虑，对于我给他的答复一句也没听进去。我知道他在回避去问一个他极想知道答案的大问题。

有一天，他来到我的房间，问了一连串的问题。我没有回答，继续读我的书。问了十几个问题后，我漫不经心地抬起头来，说："你问的是什么？婴儿是从哪里来的？"

他站起来，脸红了起来。"我才不想知道婴儿是从哪里来的。"他说。然后他出去了，砰的一声关上了门。

10分钟后，他又回来了。"你从哪里弄来的打字机？本周电影院放的什么电影？你多大了？（停顿。）好吧，该死的，婴儿到底是从哪里来的？"

我给了他正确的答案。他再也没有回来问我任何问题。

清理孩子心里的垃圾向来辛苦。只有看到一个不快乐的孩子变得快乐和自由，才能忍受这种工作。

另一种情形是，对一个孩子进行漫长而令人厌烦的研究了解后却没有成功治愈他。一个老师在一个孩子身上下了一年的功夫，到年底，想到这个男孩的偷窃行为已经得到改正时，他会欣喜若狂。然后有一天，男孩又故技重施，老师几乎要绝望了。我就曾经为自己成功"挽救"过一个问题孩子而暗自庆幸。结果5分钟后，一位老师冲进来说："汤米又在偷东西了。"

然而，研究儿童心理有点像打高尔夫：你可能在一轮比赛中打了200杆，气到想折断球杆，发誓再不打球；但在下一个阳光明媚的早晨，你会带着新的希望走到第一个发球台。

如果你告诉孩子任何重要的真相，或者他向你倾诉他的烦恼，他就会移情，也就是说，你让孩子的所有情绪都倾泻在你身上了。当我向一个小孩子解释关于出生和手淫的问题后，孩子移情的现象表现得特别强烈。在某个阶段，它甚至可能以消极、仇恨的形式表现出来。但对于一个正常的孩子来说，这种消极的情绪转移不会持续太久，积极的爱的转移很快就会随之而来。孩子的移情很容易消失。他很快就忘记了我的一切，随即把情绪转移到其他孩子和事物上。由于我象征了父亲，女孩对我的情绪转移自然会比男孩的更强，但我不能因此说女孩总是发展出积极的移情，而男孩总是发展出消极的移情。曾有一段时间，女孩对我表现出相当强烈的仇恨态度。

在夏山，我曾经既是老师又是心理医生。然后我慢慢发现，一个男人不能同时扮演这两个角色。我不得不放弃做心理医生，因为大多数学生不能配合象征他们父亲的我做心理治疗。他们变得烦躁，总是非常害怕我的批评。此外，如果我称赞任何一个孩子画的画，会引起其他孩子的嫉妒。心理医生本不应该真正住在学校里，孩子们不应该和他有社交往来。

所有心理学流派都承认无意识的假设，即我们都埋藏着我们没有意识到的愿望、爱和恨。性格是意识行为和无意识行为的结合。

入室盗窃的年轻人意识到他想获得金钱或商品，但他不知道使他选择这种"赚钱"方式而不是社会认可的方式的深层动机是什么。这种动机被深埋心底，这就是道德说教或惩罚永远无法治愈他的原因。责骂对他而言只是耳边风，惩罚只能让他的身体有所感觉。这些说教和惩罚从未渗透进控制他行为的无意识动机中。

正因为如此，宗教无法通过传道触及孩子的无意识。但是，如果有一天晚上，教区牧师和他们一起出去偷东西，这种行为就会开始消除孩子反社会行为的自我仇恨。教区牧师给予孩子的同理心会让孩子开始以不同的方式思考。好几个年轻小偷，因为我和他们一起偷邻居的母鸡或帮助他们盗取学校的零用钱抽屉而得到了治愈。行动触及了言语无法触及的无意识。这就是为什么爱和认可往往会治愈孩子的问题。我并不是说爱会治愈急性幽闭恐惧症儿童或明显的施虐狂，但总的来说，爱会治愈大多数年轻的小偷、骗子和破坏者。我已经用行动证明，给予自由和消除道德纪律已经治愈了许多未来可能会面临终身监禁的儿童。

真正的自由在社区的实践，就像在夏山一样，似乎对许多人来说就像精神分析对个人所做的那样，它释放内心隐藏的东西。犹如一股吹过灵魂的新鲜空气，可以净化自我憎恨和对他人的憎恨。

这场青春之战是毫无保留的，我们谁都不能保持中立。我们必须选择站在权威一边还是站在自由一边，是选择纪律还是自治。我们不接受半途而废，必须全力以赴。情况迫在眉睫。

是成为一个自由的灵魂，在工作中快乐、在友谊中快乐、在爱情中快乐，还是成为一个内心冲突、自我厌弃、同时厌恶他人的悲惨存在？——父母和老师留给每个孩子的只能是其中之一。

幸福是如何被赋予的？我的回答是：废除权威。**让孩子做自己。不要指使他，不要教导他，不要训斥他，不要催促他，不要强迫他。**这可能不是你的答案，但是，如果你否定我的答案，那你有责任找到一个更好的答案。

第六章

父母的问题

爱与恨

孩子的良知来自他的母亲、父亲、老师、牧师，总的来说，来自他的环境。他感到不快乐是由于他的良知与人性之间产生了冲突，找不到答案；或者用弗洛伊德的话来说，他在超我与本我之间挣扎。良知可能会取得彻彻底底的胜利，以至于男孩成为一名修道士，完全放弃世俗世界和肉体。但在大多数情况下，会出现一种妥协——这种妥协部分体现在"周一至周六侍奉魔鬼，周日侍奉上帝"这句话中。

爱与恨并非对立面，爱的反义词是冷淡漠然。恨是被阻挠而变质的爱，是爱在受挫后翻转成的爱的另一面。它总是包含着一丝恐惧。我们可以在一个孩子对弟弟的憎恶中观察到这一点——他憎恶弟弟，是因为害怕失去母亲的爱，同时也害怕自己对弟弟产生报复的想法。

14岁的瑞典叛逆女孩安西初来夏山时，一开始通过踢我来激怒我。我不幸地成了她父亲的替代品，她既憎恶又畏惧她的父亲。她从未被允许坐在父亲的膝盖上，父亲也从未以任何方式向她表示过爱意。由于父亲对她的爱没有回应，她对父亲的爱转变成了恨。在夏山，她突然发现了一个新的"父亲"，一个不以严厉回应她、一个她不畏惧的"父亲"，于是她的仇恨爆发了。第二天她对我格外温柔，这一事实证明她的恨不过是伪装的爱。

要理解安西对我进行攻击的全部意义，首先需要了解和理解她对性的扭曲态度。她来自一所女子学校，那里的学生会躲在阴暗的角落里以一种病态、肮脏的态度讨论性问题。她对父亲的憎恶很大程度上是压抑的性教育的产物，而她对经常惩罚她的母亲的恨也同样强烈。

很少有父母意识到，惩罚会将孩子对他们的爱转变为恨。孩子心里的恨是很难察觉的。母亲注意到孩子在被打了屁股后变得温顺，却不知道这会唤起憎恶，即使它被立即压抑了。但被压抑的情感并没有消失，它们只是沉睡着。

有一本马库斯写的诗集，名叫《少年人的道德》(*Morals for the Young*)。我经常给孩子们朗读其中的诗句，有一段是这样写的：

> 汤米看到家中的房子着火了，
> 他的母亲在火焰中丧生；
> 他的父亲被掉落的砖块砸死，
> 而汤米笑了，笑得他都要吐了。

这一段是孩子们的最爱。有些孩子一听到它就会大笑，即使是爱父母的孩子也会大笑。他们笑是因为他们被压抑的对父母的恨——这种恨是由打屁股、批评和惩罚引起的。

通常，这种仇恨会在看似与父母无关的幻想中显现出来。有一个小学生,他深爱着他的父亲,喜欢幻想自己在射击一头狮子。如果我让他描述这头狮子,他很快就会发现它与他的父亲有某种联系。

有一天早晨,我单独告诉每个学生我自己的死亡故事。当我讲述葬礼时,每张脸都变得明亮起来。那天下午,这群人格外快乐。击败巨人的故事在孩子们中间总是很受欢迎,因为这个巨人很可能就是他们的"爸爸"。

人们不应该为孩子对父母的仇恨感到震惊。这种仇恨总是源于孩子处于自我中心时期的点点滴滴。幼小的孩子寻求爱和力量,每一句愤怒的话语、每一巴掌、每一次伤害都是对爱和力量的剥夺。母亲每一句责骂的话对孩子来说都意味着——"母亲不爱我了。"父亲的每一句"别碰那个"对孩子来说都意味着——"他妨碍了我!如果我有他那么大个就好了!"

是的,孩子是对父母有恨意,但这种恨意远不及父母对孩子的恨意那么危险。父母的责骂、愤怒、打屁股和说教都是出于恨意的反应。父母彼此不相爱的孩子很难有健康成长的机会,因为将情绪发泄在孩子身上是这类父母普遍存在的习惯。

当一个孩子找不到爱时,他会寻求恨作为替代。"妈妈不关注我。她不爱我。她爱我妹妹。我要让她注意到我。一定要!"于是他砸坏了家具。**所有关于孩子行为的问题基本上都是因为缺乏爱而造成的。**所有的惩罚和道德说教只会增加恨意,而解决不了问题。

另一种产生恨意的情况是父母过度控制孩子。他既憎恶这种束缚,同时又渴望这种束缚。这种冲突有时表现为残忍的行为。对专制母亲的恨意被压抑了下来,但情绪总是需要找到某种出口,孩子可能会踢猫或殴打妹妹,这比反抗母亲更容易一些。

我们在别人身上所讨厌的东西就是我们在自己身上所讨厌的东西,这已经成为陈词滥调。然而,不管怎么样,这的确是真的。我们会将自己在婴儿时期感受到的恨意加在我们自己孩子的身上,尽管我们愿意全心全意地给予他们爱。

有人说,如果你不会恨,你就不会爱。也许吧。我发现恨是很难的。我从来无法给予孩子们所谓的个人偏爱,当然也不会给予情感深厚的爱。"情感深厚"这个词很难定义,我称之为给一只鹅赋予天鹅的特性。

当我治疗罗伯特时,他还是一个惹是生非的家伙、一个小偷、一个潜在的杀人犯,他自然而然地把对父亲的爱与恨都转移到了我身上。有一天,与我谈话后,他跑出去用脚后跟碾死了一只大蜗牛。他告诉了我这件事,我让他描述一下蜗牛。他回答说:"一个又长又丑、黏糊糊的畜生。"

我递给他一张纸,让他写下蜗牛这个词。他写下了"一只蜗牛"。

"看看你写的。"我说。

他突然大笑起来,拿起铅笔在下面写道:

"一只蜗牛"(A Snail);

"A. S. 尼尔"(A. S. Neill)。

"你没有意识到我就是那个你想要踩扁的又长又丑、黏糊糊的畜生,对吧?"我微笑着提示道。

到目前为止,这个男孩是绝对没有危险的。让他意识到对我的恨意对他来说是件好事。但是,假如我继续说:"当然,我是那只蜗牛,但实际上你恨的并不是我,你恨的是我所代表的你自己的一部分。你是那个必须被杀掉的黏糊糊的畜生，你是在消灭自己的一种特质……"对我来说，这样的做法会是危险的精神治疗。罗伯特在这个年龄段的任务是玩弹珠和放风筝。我或者任何老师或医生所能做的，就是帮助他摆脱阻碍他放风筝的冲突。

任何期望孩子感恩的父母都不了解孩子的本性。孩子们讨厌欠任何人的人情。很长时间以来，我在夏山都有被仇恨的体验，那些仇恨大多来自因我大幅降低学费或免除学费而得以留在学校的学生，他们对我的恨意比20个全额付学费的学生的恨意更多。萧伯纳写道："我们不能为了别人牺牲自己，否则我们会开始憎恨那些我们为之牺牲的人。"

这是真理，而且由之推出的结论也是正确的：我们不可能牺牲自己而不被我们为之牺牲的人恨。乐意给予的人不寻求感激，期望孩子感激的父母注定会失望。

总而言之，每个孩子都觉得惩罚就是憎恨，当然它也确实如此。每一次惩罚都会让孩子的恨意越来越多。如果你研究那些"我相信体罚"的死忠分子，你就会发现他们是充满仇恨的人。我再次强调，恨生恨，爱生爱。只有通过爱才能治愈孩子的仇恨。

溺爱孩子

被宠坏的孩子——无论我们在何种意义上理解"被宠坏"这个词——是被宠坏的社会的产物。在这样的社会中，被宠坏的孩子可怕地依附着他人生活。他获得的是放纵而不是自由，他不知道真正的自由意味着热爱生活。

被宠坏的孩子不仅对自己，对社会来说也是一种麻烦。你会在火车上看到他无所畏惧地踩乘客的脚，在过道里大喊大叫，完全不理会疲惫不堪的父母希望他安静下来的请求——实际上，这样的请求他早已听不进去了。

后来，随着这个被宠坏的孩子长大，他的处境甚至比那些受到过多管教的人更糟糕。被宠坏的孩子极度以自我为中心。他长大后成了一个把衣服扔得到处都是、期待别人来收拾的人。当然，这个被宠坏的孩子，现在长大了，亦会遭受许多的挫折。

被宠坏的孩子往往是独生子女。由于没有同龄人可以一起玩耍或比较，他自然会认同父母的身份：他想做他们做的事情。由于父母视他为世界上最宝贝的孩子，他们会尽力满足孩子提出的所有要求，因为他们害怕如果稍微给他一点挫败，就会失去他的爱。

我有时在娇惯学生的老师身上也会发现这种态度。这类老师总是害怕会失去孩子们的喜爱。这种恐惧是宠坏孩子的捷径。一个好的老师或家长必须培养客观性。他必须避免将自己的情结带入与孩子的关系中——我承认这并不容易，因为我们常常对自己的情结视而不见。例如，不幸福的母亲就有可能养出一个被宠坏的儿子，因为她往往会给予他错误的爱。

在夏山，被宠坏的男孩总是非常难对付。他让我的妻子疲惫不堪，因为她是他母亲的替代品。他用问题不断烦扰她："这学期什么时候结束？现在几点了？我可以要些钱吗？"在这一切的背后是，他恨他的母亲。这些问题的动机是惹恼母亲。而一个被宠坏的女孩总是试图从我这里获得反应，因为我是她父亲的替代品。通常，她寻求的不是爱的反应，而是恨的反应。这个被宠坏的新来者会藏起我的钢笔,或告诉另一个女孩,"尼尔找你",实际上她的意思是她希望尼尔找她。

被宠坏的男孩和女孩踢过我的门,偷过我的东西,只是为了让我做出反应。被宠坏的孩子对突然被塞进一个多成员大家庭感到不满。他期望从我和我的员工那里得到像宠爱他的父母那样同等宽容的待遇。

被宠坏的孩子通常会得到超多的零花钱。当我看到父母寄给孩子五美元的零花钱时,我常常感到很痛苦,由于这些父母经济困难,我允许他们支付低额学费甚至免除学费。

孩子不应该得到他想要的一切。一般来说,今天的孩子们得到的太多,以至于他们不再珍惜礼物。**过度送孩子礼物的父母往往是那些对孩子不够爱的父母。**这些父母不得不通过展示父母的爱来弥补,比如给孩子送昂贵的礼物,就像一个有外遇的男人会慷慨地给妻子买一件他很难负担得起的皮草大衣一样。我有一个原则,即不是每次去伦敦都给我女儿带礼物,因此,她不会在我每次旅行后都期待礼物。被宠坏的孩子很少珍惜任何东西。情况往往是他得到了一辆新款镀铬三速自行车,而三周后就会把它整夜丢在雨里。

对父母来说,被宠坏的孩子往往代表了他们人生中的第二次机会。我在生活中一事无成,因为有太多人阻挠我,但是我的儿子将有机会在我失败的地方取得成功。正是出于这种动机,一个没有接受过音乐教育的父亲坚持让他的儿子学习钢琴;一个为了婚姻而放弃事业的母亲送女儿去上芭蕾舞课,尽管孩子脚步沉重。正是这样的父母迫使无数的男孩和女孩进入兴趣班学习、去做他们未曾想过的工作。可怜的父母无法控制自己的感受。一个经营着蒸蒸日上的服装生意的男人，是很难发现自己的儿子想成为演员或音乐家的。然而，这种情况经常发生。

还有一种被宠坏的孩子，他的母亲不希望他长大。母亲是一份工作，但不是一份一辈子的工作。大多数女性都意识到了这一点，然而我们经常听到一位母亲评论她的女儿说："她长大得太快了。"

一个孩子不应该被允许侵犯他人的个人权利，不希望宠坏自己孩子的父母也必须区分自由和放纵的界限。

力量与权威

在心理学发现潜意识的重要性之前，孩子被认为是一个理性的存在，具有选择做好事或做坏事的能力。他们的头脑被认为是一张白纸，任何有责任心的老师只需在上面写下脚本即可。

现在我们明白，孩子并不是一成不变的，他是一个充满活力的人。他试图通过行动表达自己的愿望。他天性自私，总是想要尝试展现自己的力量。如果万物皆有性，那么万物也皆有对力量的渴望。

非常年幼的孩子可能会发现，噪声最能表达他对环境的控制。他的成年同伴对噪声的反应可能会让他夸大噪声的重要性，或者噪声本身可能就足够重要。

在幼儿园里，噪声常常被压制；但在此之前，还出现了另一种压制——要求孩子养成卫生习惯。我们只能猜测，孩子在排泄行为中感到自己是有力量的。看起来，他的如厕对他来说非常重要，因为这是他第一次的"制造"行为。我之所以说我们只能猜测，是因为没有人能确切知道一个一两岁的孩子的感受和想法。当然，我们确实会发现七八岁的孩子对他们的排泄行为有一种强烈的力量感。

一个正常的女人害怕狮子，一个神经质的女人会害怕老鼠。狮子是真实的，而老鼠则代表了女人害怕承认的被压抑的兴趣。现在，孩子的愿望也可能因为压抑而转化为恐惧症。许多孩子有夜惊症：他们害怕强盗、妖怪或鬼魂。通常，毫不知情的父母认为这是保姆讲的故事导致的恐惧，但保姆的故事只是给恐惧症赋予了一个形式。恐惧的根源是被父母压抑的性兴趣。孩子害怕自己被隐藏的兴趣，就像那个有老鼠恐惧症的女人害怕她被隐藏的兴趣一样。

这种压抑不一定主要是性压抑。愤怒的父亲大喊："别吵了！"这会把孩子对噪声的兴趣转化为对父亲的恐惧。当孩子的愿望遭受挫败时，他会产生怨恨。假如我从一个聪明的三岁男孩手中拿走玩具，那么，如果他能做到的话，我想他会杀了我。

有一天，我和比利坐在一起。我坐在一张黑色和橙色条纹相间的折叠沙滩椅上。当然，我对比利来说是父亲的替代者。

"给我讲个故事。"他说。

"你给我讲一个吧。"我说。

"不行。"他坚称自己不会讲故事，要我必须讲给他听。

"我们一起来讲一个吧，"我说，"当我停下时，你接着说些什么——好不好？那么，从前有一只——"

比利看着我那把条纹相间的椅子。"老虎。"他说，我知道我就是那只带条纹的动物。

"它躺在这所学校外面的路边。一天,一个男孩走在路上,他的名字是……"

"唐纳德。"比利说道,唐纳德是他的室友。

"然后老虎突然跳出来……"

"把他吃掉了。"比利立刻说。

"然后德里克说,'我不允许这只老虎把我弟弟吃掉'。于是他扣上左轮手枪,沿着大路走去。老虎跳了出来,然后……"

"把他吃掉了。"比利高兴地说道。

"然后尼尔生气了。'我绝对不允许这只老虎把我的整个学校都吃掉。'他说。然后他扣上了两把左轮手枪,走了出去。老虎跳了出来,然后……"

"当然是把他吃掉了。"

"但是比利说这样不行。于是他扣上了两把左轮手枪,带上他的剑、他的匕首和他的机关枪,然后沿着大路走去。老虎跳了出来,然后……"

"他杀死了老虎。"比利谦逊地说道。

"太棒了!"我喊道,"他杀死了老虎。他把它的尸体拖到校门口,然后进来召集了一次学校大会。然后一位职工说:'现在尼尔进了老虎的肚子,我们需要一位新校长,我提议……'"

比利低下头沉默了。

"我提议……"

"你应该很清楚,那非我莫属。"他生气地说道。"于是比利成为夏山的校长,"我说道,"那么你觉得他第一件事会做什么?"

"去你的房间，带走你的车床和打字机。"他毫不犹豫地说道，没有任何尴尬的感觉。我还有另一个关于比利的故事。一天，他对我说："我知道哪里能买到比爸爸的狗更大的狗。"他的爸爸有两条斯凯㹴。

"在哪里？"我问，但他摇了摇头，不肯告诉我。

"比利，你会给它起什么名字？"

"水管。"他回答道。

我递给他一张纸。"你画一根水管给我看看。"我说。

他画了一根巨大的阴茎。我突然想起了一个旧水泵。我取来并向比利展示如何用它来喷水。

"现在，"我说，"你所拥有的水管比你爸爸的更大。"他大声笑了起来。接下来的两天里，他兴高采烈地在学校里到处喷水。后来，他对他的"水管"失去了兴趣。

这个问题是：比利是一个关于性的案例，还是关于力量的案例？我认为是一个关于力量的案例。他想要杀死老虎（我）的愿望是他第一次见到他父亲时的愿望的重复，它与性没有直接关系。而他想要拥有比父亲更大的阳具是一种对力量的渴望。比利的幻想是关于力量的幻想，我听过他告诉其他男孩他可以同时驾驶多少架飞机的离奇故事。这一切幻想的事物中都存在着他的自我。

受挫的愿望是幻想的开始。每个孩子都想变得强大。他所处环境中的每一个因素都在告诉他，他很小。孩子通过逃避现实的环境来试图改变这一点。他长出"翅膀"飞翔，活在幻想的梦中。想成为火车司机的志向是一种对力量的渴望：控制一列飞驰的火车是拥有力量的最好例证之一。

彼得·潘受孩子们喜爱，不是因为他不长大，而是因为他会飞行，会与海盗战斗。他也受成年人喜欢，因为他们希望自己像孩子一样，不用承担责任，不用挣扎。但没有哪个孩子真正想永远是个孩子。对力量的渴望激励着他们前进。

现在，对婴儿时期的噪声和好奇心的压抑扭曲了孩子对力量的天然爱好。那些被称为问题少年的孩子，那些被认为看了太多电影的孩子，事实上正在试图表达被压抑的力量。我常常发现，那个反社会的男孩，那个带领一群孩子砸窗户的领头人，在自由的环境下会变成法律和秩序的坚定支持者。

安西曾经是她学校里违纪者的"领袖"，学校无法容忍她。她到夏山两天后，开始和我打闹，起初是玩笑，但很快就不再是了。大约三个小时里，她踢我、咬我，一直说她要让我发脾气。我从不生气，一直保持微笑，这是我努力达到的效果。最后，学校的一位老师坐下来播放轻柔的音乐。安西渐渐平静了下来。她的攻击在某种程度上与性有关，也与力量有关。我代表有力的规则和秩序，因为我是校长。

安西觉得夏山的生活相当令人困惑。在夏山，她发现没有纪律可违反，感觉自己如鱼离水。她试图在其他学生中挑拨离间，但只在年幼的学生中取得了成功。她再次试图通过领导一群人反抗权威来找回她习惯的力量感。她实际上是规则和秩序的爱好者。但在成人统治的规则和秩序领域中，她没有施展力量的空间。作为第二选择，她成了反抗规则和秩序的一方。

她来了一周后，我们召开了一次学校大会。安西站起来嘲笑一切。"我会投票支持制定规则，"她说，"但只是为了获得违反规则的快乐。"我们的宿舍长站起身来。"安西表明她并不希望大家遵守规则，"她说道，"我提议我们干脆不设任何规则。让我们陷入混乱吧。"

安西大喊"万岁"，并带领学生们走出了房间。她很容易就做到了这一点，因为他们都是年幼的孩子，还没有形成社会责任感。她带他们去了工作坊，拿起了锯子，宣布他们的意图：砍倒所有果树。而我，像往常一样，去花园里挖土。

10分钟后，安西来到我面前，温和地问道："我们要做些什么才能停止混乱，重新制定规则？"

"我无法给你任何建议。"我回答。

"我们可以再召开一次学校大会吗？"她问。

"当然可以，只是我不会参加。我们已经决定要拥抱混乱了。"她离开了，我继续挖土。

很快，她又回来了。"我们开了一个孩子们的会议，"她说，"我们投票决定召开一次学校大会。你会来吗？"

"学校大会？"我说，"好的，我会来。"

在会议上，安西表现得很认真，我们平静地通过了恢复制定规则的决定。在混乱期间造成的总损失是一个被锯成两半的晾衣竿。

多年来，安西以领导学校帮派反抗权威为乐趣。在煽动反抗时，她在做她自己厌恶的事情。她讨厌混乱。在内心深处，她是个守规矩的公民。但安西有着强烈的权力欲望。只有在指挥他人时，她才能感受到快乐。在反抗老师时，她试图让自己显得比老师更重要。她讨厌规则，因为她讨厌制定规则的权力。她把自己和惩罚她的母亲等同起来，对待他人时表现出虐待狂的态度。我们只能推测，她对权威的憎恶在客观上是对母亲权威的仇视，在主观上，是对自己内心那个"专横母亲"的憎恶。我发现这种关于权力的案例比关于性的案例要难治愈得多。相对而言，人们可以比较容易地追查到导致孩子对性产生不良感知的事件和教导，但要从成千上万的事件和教导中追查出一个孩子变成施虐狂的原因，确实非常困难。

我想起了我的一次失败经历。当我在德国教书时，一个名叫马罗斯拉娃的13岁斯拉夫女孩被送到我这里。她非常憎恨她的父亲。在6个月的时间里，那个女孩让我的学校生活陷入地狱般的痛苦中。她在学校大会上攻击我。有一次，她提出动议要将我开除，理由是我无用。我休了三天假，开始享受写书的乐趣，不幸的是，学校又举行了另一场学校大会，结果投票决定（当然有一张反对票）要求我回来。马罗斯拉娃总是说："我不会让学校里有任何老板。"她是一个自我意识强烈的权力型人物。当她离开时（我不得不告诉她的母亲我无法治愈她），我与她握手告别。

"嗯，"我和气地说道，"我帮不了你太多，对吗？"

"你知道为什么吗？"她带着干笑说道，"我告诉你。我来到你的学校的第一天，我正在做一个箱子，你说我用了太多的钉子。从那一刻起，我知道你就像世界上所有其他的校长一样——是一个老板。从那一刻起，我就知道你根本不可能帮到我。"

"你说得对，"我说，"再见。"

仇恨比爱更容易挫败权力。马罗斯拉娃散发出的仇恨是我们可以感受到的。追求权力既是男性的特征，也是女性的特征。一般来说，女性寻求对人的控制，而男性寻求对物质的控制；马罗斯拉娃和安西显然都在寻求对人的控制。

8岁以下的孩子没有一个是真正自私的，他们只是自我主义者。比如一个6岁的男孩，他的父亲教导他要无私，当他自私时就打他，他的良知起初是客观的：爸爸看着时，我必须分享我的糖果。但随后开始了一种认同的过程。这个男孩希望像父亲一样强大——这是力量和权力动机。他希望像父亲一样拥有母亲，他把自己等同于父亲。在这个过程中，他继承了父亲的哲学。他变得或者偏保守或者偏所谓的自由主义。可以说，他将父亲融入了自己的灵魂。良知，从前是来自外部的父亲的声音，现在变成了来自内部的父亲的声音。这就是一些人成为浸信会教徒、加尔文主义者的过程。

被母亲打过屁股的女孩长大后可能会成为打人者。一个很好的例子是孩子们玩上学的游戏时，扮演老师的那个人总是要打人的。

孩子想要长大是一种对力量和权力的渴望。成年人的体形本身会给孩子带来一种自卑感。为什么成年人可以熬夜呢？为什么他们拥有最好的东西——打字机、汽车、好工具、手表？

我刮胡子的时候，我的男学生喜欢在自己的脸上涂肥皂。对吸烟的欲望也主要是一种对长大的渴望。一般来说，独生子女的权力愿望被最多地阻碍。因此，他们在学校里也是最难处理的学生。

我曾经犯了一个错误，在其他学生到达前十天把一个小男孩带到学校。他很高兴和老师们在一起，他可以坐在教职员办公室里，而且有自己的卧室。但是当其他孩子到来时，他变得非常不合群。一个人时，他帮助大人制作和修理了许多物品；当其他孩子来的时候，他开始破坏东西。他的自尊受到了伤害。他突然不再是一个"成年人"，他不得不和其他四个男孩睡在同一个房间，他不得不早早就寝。他的暴力抗议让我决定再也不给孩子提供把自己和成年人等同起来的机会。

只有遭受挫败的权力才会产生邪恶。人类是善良的，他们想做好事，他们想要爱与被爱。**憎恶和叛逆源于受挫的爱与权力。**

嫉妒

嫉妒源于占有欲。如果性爱是对自我的真正超越，那么一个男人看到自己的女人亲吻另一个男人时应该会感到高兴，因为他会为她的快乐而高兴。但性爱是占有性的，这就是为什么那些占有欲强烈的人会因嫉妒而犯罪。

特罗布里恩岛民没有明显的性嫉妒现象，这表明嫉妒可能是我们更复杂的文明的副产品。嫉妒源于爱与对所爱之物的占有欲的结合。人们常说，一个嫉妒的男人通常不会射杀带走他妻子的情敌，而是会射杀妻子。或许他杀掉女人是为了让他的占有物不可触及，就像母兔在小兔子被人过多触摸后会吃掉它们一样。在幼儿的自我意识中，要么全有，要么全无——他无法和别人分享。

嫉妒更多是与权力有关，而不是和性有关。嫉妒是受伤之后的自我意识的反应。"我不是第一。我不是被宠爱的那一个。我被置于低人一等的地位。"这确实是我们在职业歌手和喜剧演员中发现的嫉妒心理。在我的学生时代，我常常通过一种简单的方法——说剧组里的另一位喜剧演员很差劲——与舞台喜剧演员交朋友。

嫉妒中总是有一种明确的对失去的恐惧。歌剧演员讨厌另一位女主角，担心自己的掌声会因她而减少。事实上，相比之下，对失去尊重的恐惧可能比世界上所有的情敌都更能解释嫉妒。

因此,在家庭中,年长的孩子是否感受到被欣赏非常重要。如果自我调节赋予了他足够的独立性,使他不需要不断寻求父母的认可,那么他对家庭中新来者的嫉妒就会比那些不自由、永远被母亲牵着鼻子走而永远无法独立的孩子少得多。这并不意味着有多个孩子的父母应该袖手旁观,仅仅观察长子对幼子的反应。从一开始,任何可能加剧嫉妒的行为都应该避免,例如过于明显地在访客面前炫耀婴儿。各个年龄段的孩子都有敏锐的正义感,或者更确切地说,是不公感,明智的父母会尽量避免让幼子在任何方面受到特别优待或优先考虑,尽管在某种程度上这几乎无法完全避免。

婴儿得到母乳喂养可能对家中的老大来说是一种不公。但如果老大觉得自己已经被允许自然地度过哺乳期,情况可能就不是这样了。要想对这一方面得出可靠的结论,我们需要更多的证据。我没有关于自我调节的孩子对新生儿到来的反应的经验。我不知道嫉妒是不是人类天性中的一种永恒特质。

在我与孩子们长期相处的过程中,我发现许多人在回忆起他们在幼儿园时期所遭受的不公时依然有愤怒情绪。这种情况尤其发生在那些因弟弟妹妹的行为而被惩罚的年长的孩子身上。"总是怪我"是许多年长孩子的心声。在任何争吵中,只要婴儿啼哭,忙碌的母亲的自动反应就是对年长的孩子大发雷霆。

8岁的吉姆有一个习惯,见谁亲谁,可他的亲吻更像是吮吸。我断定吉姆还未摆脱他婴儿期对于吮吸的兴趣,于是我出去给他买了一个奶瓶。吉姆每晚睡觉前都用他的奶瓶。起初,其他男孩大声嘲笑他（掩饰他们对奶瓶的兴趣），但很快他们开始嫉妒吉姆，其中有两人也想要奶瓶。吉姆突然变成了很久以前独占母亲乳房的小弟弟。我给他们每个人都买了奶瓶。他们想要奶瓶的事实证明这些男孩仍然保持着对吮吸的兴趣。

在餐厅里尤其需要当心嫉妒的发生，甚至一些员工在看到访客得到特殊菜肴时也会嫉妒。如果厨师给某个高年级学生提供芦笋，其他人会滔滔不绝地谈论这个厨房的宠儿。

几年前，一只工具箱的到来给学校带来了麻烦。那些家里买不起好工具的孩子开始嫉妒，一连三周，他们都表现得异常反社会。有一个懂得如何使用工具的男孩借了一把刨子。他通过敲击刨子把刨刀取了出来，结果当然是把刨子弄坏了。他告诉我，他忘记了如何正确取出刨刀。不管是有意还是无意，这种破坏行为都是出于嫉妒。

虽然我们可能无法给每个孩子一个独立的房间，但每个孩子都应该有一个可以随心所欲使用的角落。在夏山的教室里，每个学生都有一张桌子和自己的地盘，他们可以愉快地装饰自己的角落。

嫉妒有时会因特殊照顾而产生。"为什么玛丽能得到特殊照顾，而我不能？"有时，一个女孩故意表现得像个问题儿童，仅仅是为了被列入特殊照顾名单。有一次，一个女孩打碎了一些窗户，当被问到她的想法时，她回答说："我想让尼尔给我特殊照顾。"有这种行为的女孩通常认为她的父亲没有给予她足够的关注。

因为孩子会把他们在家中的问题和嫉妒带到学校里，所以在我与他们打交道时，我最担心的是父母写给他们的信。有一次我不得不写信给一个父亲："请不要给您的儿子写信。每次收到您的信,他的表现都会变得不好。"那位父亲没有回复我,但他停止给他儿子写信了。大约两个月后,我看到那个男孩收到了他父亲的一封信。我感到很恼火,但没有说什么。那天晚上大约12点,我听到男孩的卧室传来可怕的尖叫声。我赶紧冲进他的房间,及时救下了我们的小猫,使它免遭勒死。第二天,我去他的房间找那封信。我找到了。信中写道:"告诉你一个好消息,汤姆(弟弟)上周一过生日,丽兹阿姨送给他一只小猫。"由嫉妒引发的幻想在犯罪行为中是没有界限的,嫉妒的孩子会在幻想中将竞争对手扼杀。还有一次,有一对兄弟要从夏山回家度假,哥哥陷入了恐惧状态。"我害怕在路上会把弗雷德弄丢。"他一直这样说。他害怕自己的幻想会成真。

"不,"一个11岁的男孩在提到他弟弟时,对我说,"不,我不想他死去。但如果他去了印度或其他地方长期旅行,成年后再回来,那么我会喜欢的。"

每个新来夏山的学生都要忍受三个月来自其他学生的无意识的仇恨,因为孩子对家庭中新成员的第一反应往往是厌恶。大多数情况下,年龄大的孩子会认为母亲眼里只有新来的孩子,因为婴儿和母亲一起睡觉,占据了母亲所有的注意力。**孩子对母亲潜藏的仇恨往往通过对母亲过度的温柔来补偿**。在家里,年龄较大的孩子最讨厌别人。年幼的孩子从不知道在家中当王是什么感觉。回想起来,我发现我遇到的最严重的神经症案例要么是独生子女,要么是长子长女。

父母无意中会助长年长孩子的仇恨。"汤姆,你看,你弟弟就算是割了手指,也不会这么大惊小怪。"

我记得小时候，总有另一个男孩被拿来当作我的榜样。他是个出色的孩子，总是名列前茅，拿下所有的奖项。后来，他去世了。他的葬礼在我记忆中反而成了一件愉快的事。

教师们常常会遭到家长的嫉妒。我曾不止一次失去学生，原因就在于家长嫉妒孩子对夏山和对我的感情。这是可以理解的。在一所自由的学校里，孩子们被允许做他们喜欢的任何事情，只要他们不违反由教职工和学生在学校大会上制定的规则。经常会有孩子甚至不愿意回家度假，因为回家意味着要受到严格的家庭规矩的约束。那些不嫉妒学校或老师的家长，通常在家里也像我们在夏山那样对待他们的孩子。他们相信自己的孩子，给予他们做自己的自由。那些孩子会非常高兴地回家。

父母与教师之间不必存在竞争。如果父母通过专横的命令和规矩将孩子的爱转变为恨，他们就必须做好孩子会到别处寻求爱的准备。老师只是父亲或母亲的替代者。孩子对父母受挫的爱会转移到老师身上，仅仅是因为爱老师比爱父母更容易。

我数不清我认识多少因为嫉妒而讨厌自己儿子的父亲。这些父亲就像彼得·潘的父亲一样，希望从妻子那里得到母爱，所以憎恨年轻的对手，并经常残忍地打他。你，这位父亲，会发现你的处境因为家庭的三角关系而变得复杂。一旦你的孩子出生，你在某种程度上就成了多余的人。一些女性在生完孩子后会完全失去对性生活的渴望。无论如何，家庭中的爱将被分割。你应该意识到正在发生的事情，否则你会发现自己在嫉妒自己的孩子。在夏山，我们有许多孩子因母亲或父亲的嫉妒而受苦，主要是父亲的嫉妒使他对儿子变得严厉甚至残忍。如果父亲与孩子争夺母亲的爱，孩子多多少少会变得神经质。

我见过许多母亲，她们讨厌看到自己的女儿展示出她们自己已经失去的青春活力和美貌。通常，这些母亲在生活中无所事事，活在过去，怀念许多年前在舞会上受人欢迎的时光。

我曾经发现，当两个年轻人坠入爱河时我会感到烦躁。我会把我的情绪合理化，认为我的愤怒实际上是对尴尬后果的恐惧。当我意识到这只是对年轻人的占有式的嫉妒时，我所有的烦躁和恐惧就都消失了。

对青春的嫉妒是真实存在的。一个17岁的女孩告诉我，在她就读的私立寄宿学校里，老师认为胸部是羞耻的东西，应该用紧身衣束缚起来。这无疑是一个极端的例子，但其夸张地表达了一个我们试图忘记的真相：年华逝去的人——尤其是失望和压抑的人——憎恨青春，因为他们嫉妒他人的青春。

离婚

是什么使一个孩子变得神经质？在许多情况下，原因在于他的父母彼此不相爱。 神经质的孩子渴望爱，但在他的家里却找不到爱。他听到父母互相咆哮。他们可能会试图在孩子面前掩藏秘密，但孩子能感受到这种氛围。他更多地通过外在表现来判断，而不是通过听到的话语。没有一个孩子会被"我最亲爱的"和"宝贝"这样的词语所欺骗。

下面是我曾经接触到的相关案例中的一部分：

15岁的女孩，偷窃。她知道母亲对父亲不忠。

14岁的女孩，不开心的白日梦想家。据说她的神经质症状始于她看到父亲和他的情人在一起的那一天。

12岁的女孩，讨厌所有人。父亲阳痿，母亲尖酸刻薄。

8岁的男孩，小偷。父亲和母亲公开争吵。

9岁的男孩，生活在幻想中（大部分是肛欲）。父母暗地里互相敌视。

14岁的女孩，尿床。父母分居。

9岁男孩，由于他的坏脾气，难以与家人相处，经常沉浸在宏大幻想中。他的母亲婚姻不幸福。

我意识到，在家庭缺爱的情况下，治愈一个孩子是多么困难。面对母亲提出的问题："我该拿我的孩子怎么办？"我经常这样回答说："去找心理咨询师给自己做一下分析吧。"

父母经常对我说，如果不是为了孩子，他们早就分开了。**如果没有爱的父母分开，对孩子来说通常会更好**。好一千倍！没有爱的婚姻生活意味着不幸的家庭，而不愉快的氛围通常对于孩子来说是心灵上的致命打击。

我有时发现，拥有不幸婚姻的母亲，她的年幼儿子会对她充满憎恨。他以一种虐待的方式折磨母亲。曾经有一个男孩对他的母亲又咬又抓。也有一些不那么极端的情况，孩子通过不断索取母亲的关注来折磨她。根据俄狄浦斯情结，情况应该正好相反，小男孩会把父亲看作争夺母爱的对手。人们自然会认为，在不幸的婚姻中，父亲显然无法与之竞争，儿子作为成功的追求者会对母亲表现出更多的温柔。然而，我经常发现这样的男孩反而对母亲表现出极度的残忍。

婚姻不幸的母亲总是会表现出对孩子的偏爱。由于婚姻中爱的出口关闭了，她会把爱集中在孩子身上。对于孩子来说爱是至关重要的，但是婚姻不幸的父母无法以适当的比例给予爱。他们要么给予太少的爱，要么给予过多的爱。很难说哪种是更为严重的问题。

缺爱的孩子会变成一个充满仇恨、反社会且批判性强的人；被溺爱的孩子则会成为母亲的宠儿，内心变得胆小、优柔寡断，总是寻求母亲的庇护。这里的母亲有时还可能是一种象征意义上的，比如房子（对幽闭恐惧症患者来说）、教会或祖国。

我对离婚法并不关心。我的职责不是给成年人提供建议，我关心的是孩子，要想让神经质的孩子有任何康复的机会，重要的是向父母建议必须改变家庭。如果必要的话，父母必须有足够的勇气，意识到他们对孩子的影响是负面的。一位母亲曾对我说："如果我两年不见我的孩子，我将失去他。"

"你已经失去他了。"我回答道。她确实已经失去了他，因为他在家里不快乐。

父母的焦虑

可以说，**焦虑的父母是那些无法给予爱、给予表扬、给予尊重和给予信任的人。**

最近，一位新入学的男孩的母亲来访问夏山。整个周末，她让男孩的生活变得痛苦不堪。他不饿，但她站在他旁边强迫他吃午饭。男孩因为做树屋把身上弄得很脏，她就把他从院子里赶进房间，帮他擦洗干净。孩子用零花钱买了冰激凌，她就教训他，告诉他冰激凌对他的胃有多不好。孩子称呼我为尼尔，她就纠正他，要求他叫我尼尔先生。

我对她说："既然你对他如此挑剔和焦虑，为什么要把他送到这所学校呢？"

她天真地回答道："为什么？因为我希望他能自由和快乐。我希望他成为一个独立的人，不受外界影响。"

我说："哦。"然后点了一支烟。这个女人完全没有意识到她正在残酷而愚蠢地对待她的儿子，她把自己生活中遇到挫折后的所有焦虑都转移到了他身上。

我扪心自问：对此我能做些什么呢？什么也做不了！我只能举几个因父母焦虑而对孩子造成伤害的例子，然后寄希望于产生最好的结果，希望也许百万分之一的家长会说："我从没想过这些！我以为我做的是对的。也许我错了。"

在一个案例中，一位心烦意乱的母亲写道："我已经束手无策，不知道该拿我 12 岁的儿子怎么办，他突然开始去百货商店偷东西。恳请您，告诉我该怎么办。"这就好比一个男人，20 年来每天喝一瓶威士忌，然后写信抱怨说，他发现自己的肝脏已经坏死。到了这个阶段，建议他戒酒可能毫无帮助。因此，我通常建议那些孩子有严重行为问题的焦虑母亲，去咨询儿童心理学家或查找最近的儿童诊所。

当然，我可以回答那位心烦意乱的母亲："亲爱的女士，你的儿子开始偷窃，是因为他的家庭不幸福、不令人满意。为什么不着手把他的家庭氛围变好呢？"如果我这样做，可能会让她良心不安。即使她有全世界最好的意愿，她也无法改变她儿子的环境，因为她不知道该怎么做。更何况，即使她知道如何去做，她的情感能力也不足以执行这个计划。

当然，在儿童心理学家的指导下，一个愿意改变的女人是可以带来相当大的改变的。心理学家可能会建议她与没有感情的丈夫分开，或者让婆婆搬出家里。但心理学家不太可能改变的是女人的内在，即爱说教、焦虑、害怕、反对性爱、爱唠叨。面对这样的女人，即使是频繁地改变外部条件，也很难让她的内在真正发生改变。

说到母亲的恐惧，我记得与另一位妈妈的谈话。她是一个7岁女孩的母亲，孩子即将来夏山上学。她问的每一个问题都充满了担忧："会有人每天检查孩子刷两次牙吗？她会被看着，而不会走到公路上去吗？她每天会有课上吗？每晚会有人给她喂药吗？"焦虑的母亲无意识地把她们的孩子变成了她们自己未能解决的问题的一部分。有一位母亲总是对她女儿的健康感到担心。她不断给我写长长的指示信，告诉我女孩应该吃什么，或者更确切地说，不应该吃什么，应该如何穿衣，等等。我接触过许多父母焦虑的孩子，孩子往往会接收父母的焦虑感，抑郁症是一个常见的结果。

玛莎有一个弟弟。她的父母都是焦虑的人。我听到玛莎在花园里对她的弟弟喊道，"不要进泳池，你会弄湿脚的"，或者"不要玩那些沙子，你会弄脏新裤子的"。我说我听到玛莎如此说，但更确切地说，我是在她刚来学校的时候听到的。如今，她已不在乎她的弟弟看起来像个烟囱清扫工了。只有在学期的最后一周，她原有的焦虑才会回来，因为她意识到她将要回到那个充满焦虑氛围的家庭。

我有时候认为，严格的学校之所以受到欢迎，部分原因是学生们喜欢回家过假期。父母从孩子快乐的面孔中看到了他们对家的热爱，然而这同样可能是对学校的厌恶。孩子对严厉的教师们怀有憎恶之情，而对父母则大方地表达了爱意。这与母亲将孩子对自己的憎恶转移到父亲身上的心理机制是相同的，比如她会说："等你爸爸今晚回家，他会好好教训你的！"

我经常听到医生和其他专业人士说："我要送我的孩子去好的私立学校，这样他们就能获得良好的口音，并结识以后对他们有用的人。"他们想当然地认为我们的社会价值观就像之前几代人的那样不会改变。父母对孩子未来的担忧非常常见。

当家庭是以严格的父母权威为中心时，父母则希望有纪律严明的学校。严格的学校延续了压制孩子的传统，使其安静、有礼貌和顺从听话。此外，学校只关注孩子在智力方面表现得出色与否，它抑制了孩子的情感生活和创造冲动，训练他服从生活中的所有独裁者和上司。始于托儿所的恐惧因严厉的教师与日俱增，这些教师的严格纪律源于他们自身的权力驱动。普通的父母只看到穿着校服、举止礼貌、热爱足球比赛的孩子，并为孩子教育的成功感到高兴。但我看到的是这些年轻的生命在所谓的教育这个古老的祭坛上被牺牲，真是悲剧。严格的学校只在乎权威，而担忧孩子的家长对此感到满意。

正如每一种自我表现欲一样，教师的表现欲也会努力将孩子们吸引到自己的身边来。想想一个教师实际上是这样一个假冒的神。他是学生的中心，他发号施令并要求孩子们服从，他伸张正义，几乎只有他可以一直说个不停。在自由的学校，权力因素被消除了。在夏山，教师没有机会自我表现。他无法与更爱自我表现的孩子们竞争。因此，孩子们经常叫我傻瓜或蠢驴，而不是尊重我。通常，这些称呼是一种亲昵的表现。在自由的学校，爱的元素成为最重要的部分，所用的语言则是次要的。

一个男孩从一个过于严格、焦虑的家庭来到夏山。他被允许自由地做他喜欢的事情。没有人批评他，没有人告诉他要注意礼貌，没有人要求他只能用耳朵听而不能用嘴巴说。对于这个男孩来说，这所学校自然是一个天堂。对于男孩来说，天堂是一个他可以完全表达自我的地方。他很快就将自由表达的喜悦与我联系在一起了。我是那个让他自由的人，是他心目中理想的爸爸。实际上，男孩并不是真正爱我，他只是渴望被爱。他的心里话是：我在这里很开心。老尼尔是个挺不错的人。他从不干涉我的事，还为我做了那么多。他一定是很喜欢我，不然他早就命令我做这做那了。

假期到了，他回到家。在家里，他借用了父亲的探照灯，毫无疑问地把它留在了钢琴上。父亲表示出不满。男孩意识到家里并不是一个自由的地方。有个男孩经常对我说："你知道的，我的家人不够开明。在家里我不像在这里这么自由。当我回家时，我会教教我的父母。"我想他真的实施了这个计划，因为他后来被送到了另一所学校。

我的许多学生都患有严重的"亲属病"。目前，我非常想和几位学生的以下亲戚进行一场激烈的谈话：两位祖父（信仰虔诚）、四位姑姑（信仰虔诚且拘谨）、两位叔叔（不信教但会道德说教）。

我严厉地禁止一个男孩的父母让他去拜访他那位热爱地狱之火的祖父，但他们回答说这是不可能的。可怜的男孩！

在自由的学校里，孩子会免受亲戚打扰。现在，我会警告他们不要过多干涉。两年前，一个叔叔来了，带着他9岁的侄子去散步。男孩回来后开始在餐厅里扔面包。"你的外出似乎让你不开心，"我说，"你叔叔跟你说了什么？"

"哦，"他轻描淡写地说道，"他一直在谈论上帝，谈论《圣经》。"

"他不会碰巧说了'将你的粮食撒在水面'这句话吧？"我问道，他开始笑了起来。顺便说一句，他也停止了扔面包的行为。后来，当那位叔叔再次来探望时，他的侄子以"暂时没空"为由推辞了。

总体而言，我对我大多数学生的父母并没有怨言。我们相处得非常好。大多数父母都全力支持我。会有一两个家长有些胆怯地表示怀疑，但他们还是继续信任我。我总是坦率地告诉父母我的教育方法，我总是告诉他们可以选择接受或者放弃。那些全力支持我的父母没有理由嫉妒我。孩子们在家里和在学校一样自由，他们喜欢回家。

那些父母不完全认同夏山教育理念的学生并不愿意回家过假期，父母对他们的要求太多了。他们没有意识到一个8岁的孩子主要是对自己感兴趣，他缺乏社交感和真正的责任感。在夏山，他正度过自私这个阶段，通过表达它来摆脱它。总有一天，他会变得善于交际，尊重他人的权利和意见，变得不再自私。从孩子的角度来看，学校和家庭之间的分歧是灾难性的。他开始陷入冲突：家庭和学校哪个是对的？对于孩子的成长和幸福来说，家庭和学校必须拥有一个共同的目标,一个统一的观点至关重要。

我发现,家长和教师之间产生分歧的主要原因之一是嫉妒。一个15岁的女学生对我说:"如果我想让爸爸勃然大怒,我就对他说,'尼尔先生这么说的!'"焦虑的父母经常会对孩子喜爱的教师感到嫉妒,这是自然的反应。毕竟,孩子是财产,他们的所有物,是他们自我概念的一部分。

教师也同样脆弱。许多教师没有自己的孩子,因此在潜意识中会把学生当作自己的孩子。他们很用心,却没有意识到自己正把孩子从父母那里夺走。确实有必要对教师进行心理分析。心理分析并非万能良药,它有其局限性,但可以理清思路。我认为心理分析的主要优点在于它能让人更容易理解他人,更富有同情心。正是出于这个原因,我强烈推荐教师接受心理分析,毕竟,他们的工作就是理解他人。经过分析的教师会愉快地面对自己对待学生的态度,并通过正视来改善它。

如果一个家庭充满恐惧和冲突,那这是一个糟糕的家庭。被焦虑的父母拼命往前推的孩子很可能会变得满心怨恨,在潜意识中,他决心不让父母得逞。而一个没有在焦虑和冲突中长大的孩子将会以冒险的精神迎接生活。

父母的意识

保持觉察意味着摆脱偏见、幼稚的态度——或者说尽可能地摆脱,毕竟谁能完全摆脱早期的条件反射呢?保持觉察意味着透过现象看本质,由于亲子间的情感依恋,这对父母来说并不容易。

"我把我的孩子弄成了什么样子!"这是我收到的许多信件中常见的心声。教师不受强烈的情感依恋的束缚,因此在引导孩子走向自由的过程中,比父母更容易在实践中保持清醒的意识。

许多次我不得不写信给一个父亲,告诉他除非他自己做一些改变,否则他儿子的问题没有办法得到解决。例如,我不得不直白地指出这样一种情况:在夏山,汤米可以自由地抽烟,而在家里却会挨打,这是不行的。

我从未让一个孩子反抗他的家庭,是自由起了作用,当然,那些没有意识到的家庭无法接受这种挑战,无法理解自由的运作方式。

我想用几个例子来说明一种错误的父母与子女之间的关系。我要写的这些孩子没有任何异常,他们只是被父母营造的一个不懂孩子真正需求的环境伤害了。

比如米尔德丽德,每次假期回来后,她都会变得刻薄、爱争吵、不诚实,她摔门、抱怨房间、抱怨床铺等。要等过了半个学期的时间,她才会再次变得容易相处。假期里,她一直在唠叨她母亲,也被她母亲唠叨,那是个错嫁的女人。学校所能给她的全部自由仍然不足以让这个孩子获得持久的安宁。事实上,一个异常糟糕的假期之后,孩子回到学校后又会出现小偷小摸的行为。我可以让她意识到自己改变的原因,但无法改变充满无知、憎恶和对她的生活不断产生干扰的家庭环境。即使在夏山,有时孩子也无法摆脱家庭的影响——那种没有正确的价值观、不了解孩子的想法和感受的不良家庭的影响。唉!改变家长的价值观实非易事。

8岁的约翰尼回到学校时面带凶相,他取笑和欺负比他弱小的孩子。他的母亲信任夏山，但他的父亲是一个严厉的管教者。这个男孩必须听从父亲的命令，他告诉我他有时会挨打。对于他应该怎么办，我不知道。

我这样写信给一个父亲："任何形式的批评对于你的孩子来说都是致命的。不要对他发怒。最重要的是，永远不要惩罚他。"当这个男孩放假回家时，他的父亲在车站迎接他。他对男孩说的第一句话是："抬起你的头，伙计。别耷拉着！"

彼得的母亲答应他，只要他的床保持干爽，每天早上就会给他一便士。我则反其道而行之，提议每次他尿床时给他三便士。为了避免在孩子心中引起母亲和我之间的冲突，我说服她在我开始实施奖励计划之前取消她的奖励。现在彼得在家里尿床的次数比在学校里多得多。他出现神经质的原因之一是他想留在婴儿阶段，他嫉妒他尚在婴儿期的弟弟。他隐约感到他的母亲在试图治愈他。我试图做的是向他展示尿床其实一点都不重要。简言之，我的三便士鼓励他继续保持婴儿状态，直到他自然而然地摆脱这种习惯。习惯意味着某件事还没有彻底过去。通过纪律或贿赂强迫孩子改正意味着灌输令人讨厌的道德观，让孩子感到内疚。孩子宁愿尿床，也不要成为一个道德上的假正经。

小吉米假期结束后回来说："我这学期一次课都不会逃。"他的父母一直催促他通过高中入学考试。他上了一周课，然后一个月都不上课了。这再次证明，单靠说教总是没用的。更糟糕的是，说教有时反而会起到阻碍作用。

正如我所说，这些案例中的孩子根本不是问题儿童。在一个理性的环境下，加上父母的理解，这些少年将会是正常的孩子。

我曾经遇到过一个问题男孩，他在错误的教育方式下饱受折磨，我告诉他的母亲她必须纠正这个错误。她答应了。暑假结束后，她把孩子带回来，我问："好了，你取消禁令了吗？"

"是的，"她说，"我取消了禁令。"

"很好！你对他说了什么？"

"我说，'玩弄你的阴茎没有错，但这么做太蠢了'。"

她取消了一个禁令，又加上了另一个。当然，可怜的男孩继续表现得反社会、不诚实，并且充满仇恨和焦虑。

我批评那些家长的理由是他们拒绝学习。我的大部分工作似乎是在纠正家长的错误。对于那些直面自我、勇于改过、努力学习如何对待孩子的父母，我既同情又钦佩。但令人奇怪的是，其他一些父母宁愿坚持一种无用且危险的准则，也不愿尝试适应孩子。更奇怪的是，他们似乎嫉妒孩子对我的爱。

这些孩子并不是特别爱我，而是爱我不干涉他们的事务。在他们的父亲大声喊"别那么干"时，我是他们理想中的父亲。我从不要求他们有良好的举止或使用礼貌的语言。我也从不问他们是否洗了脸。我从不要求他们服从、尊敬或仰慕我。简言之，我以成年人期望得到的有尊严的方式来对待孩子。毕竟，我意识到，我与孩子们的父亲之间不存在真正的竞争。他的工作是为家庭赚取收入，我的工作是研究孩子，并将所有的时间和兴趣都倾注到孩子身上。如果父母拒绝学习儿童心理学，不愿意了解他们的孩子的成长历程，他们应该预料到自己会落伍。而事实上，这样的父母确实被甩在了后面。

有一位家长曾给我学校的一名学生写信："如果你的拼写能力

还不如现在,我宁愿你不要给我写信。"这封信写给了一个我们不太确定是否有精神缺陷的女孩!

不止一次,我不得不对抱怨的家长吼道:"你的孩子偷东西、尿床、反社会、不快乐、自卑,你却来找我抱怨说你在车站见到他时他脸脏手脏!"我不是一个轻易发怒的人,但当我遇到一个父亲或母亲,他们弄不清在孩子的行为中孰重孰轻时,我会生气。也许这就是人们认为我和家长不合的原因吧。另一方面,当一位母亲来访时,在花园里见到她脏了吧唧、衣衫褴褛的孩子,她笑容满面地对我说:"他看起来很健康、很快乐,是不是?"这种时刻是多么让人快乐啊!

然而,我知道这有多么困难。我们每个人都有自己的价值标准,并喜欢用个人的尺度衡量别人。也许我应该为自己只对孩子狂热,却对那些不能像我一样看待孩子的父母不耐烦而道歉。但如果我道歉,我就会成为一个伪君子。事实上,就孩子而言,我知道自己在价值观上是正确的。

真正希望改善与孩子之间的关系的家长可以从问自己一些实际的问题开始。我可以想到很多相关的问题。我是否因为今天早上和丈夫(或妻子)吵架而对我的孩子生气?是因为昨晚的性生活没有给我足够的愉悦感吗?还是因为隔壁的女人说我宠坏了我的孩子?或者因为我的婚姻是失败的?还是因为老板在办公室责备了我?问自己这样的问题会有很大的帮助。

真正深层次的问题,那些影响一生的问题,是超出意识范围的。一个愤怒的父亲很难停下来问自己这个复杂的问题:我因为儿子说脏话而对他生气,是否因为我是在严格的环境下长大的,伴随着鞭打和道德说教，伴随着对上帝的恐惧，伴随着被逼着尊重无意义的社会惯例，以及经受着强烈的性压抑？这个答案意味着一种大多数人都无法达到的深层的自我分析。这个答案会拯救许多孩子免于神经症和不快乐。

《圣经》中父辈的罪孽降临到子女身上这一说法，世世代代都被理解为物理层面上的含义。即使是未受过教育的人，也能理解易卜生的《群鬼》的寓意，其中儿子因为父亲的梅毒而毁了。没有被理解的是，父亲的负罪感对孩子造成了毁灭性打击。对于孩子来说，唯一能逃脱和破坏这种扭曲的、恶性循环的方法就是有觉醒意识的父母尽早引导孩子进行自我调节。

必须强调的是，让孩子学会自我调节，除了建立一套固定规则外，还要付出更多。至少在两年内，父母将不得不牺牲更多的时间和个人利益。他们不能通过玩玩游戏来刻意博取婴儿的爱或感激；他们不能把婴儿当作展示品，在亲戚来访时让他展示笑容和表演其他动作。此外，父母要无私。我之所以强调这一点，是因为我见过一些年轻夫妇，他们以为自己给了孩子自由，实际上是在让婴儿为自己带来便利，试图让孩子接受一个适合他们晚上看电影的就寝时间。或者再后来，给孩子柔软的、无声的玩具，以便爸爸休息时不受打扰。

"等一下，"家长喊道，"你不能这样对我们！我们也有自己的生活权利！"我的回答是"不行"，在孩子生命的最初两年——或许是四年内——"不行"。头几年必须是这样，这是孩子最应该被细心照顾的时期，因为我们的整个生活环境都不利于孩子自我调节，所以父母必须有意识地为孩子而战。

我有几条建议，适合那些真心希望为孩子日后的自我调节和自由成长提供良好开端的父母。

将婴儿车里的婴儿放在花园里长达数小时，是一种危险的做法。没有人能知道婴儿突然醒来时的恐惧感和孤独感，独自一人在陌生的地方，这种体验该多么痛苦。那些听过婴儿在这种情况下尖声哭叫的人，能够想象这种愚蠢习俗的残酷程度。

如果你希望你的孩子长大后不出现神经质的情况，你就不能——也不敢——疏远他。你不仅要参与他的游戏，而且要把自己也当成孩子和他一起玩耍，融入他的生活并接受他的兴趣。如果你有一点愚蠢的"尊严感"，那么你就无法做到这一点。

如果可能的话，最好和祖父母分开住，而不是让老人和孩子们住在一起。通常情况下，祖父母会坚持制定孩子的教养法则，或者只看到他们的优点而宠坏他们。在糟糕的家庭里，孩子们有四个老板，而不是两个。即使在好的家庭中，也会有紧张的关系，因为在大多数时间里，祖父母试图向孩子灌输他们过时的观念。祖父母对孩子的爱往往倾向于通过满足自己的占有欲的方式来宠溺孩子，这种情况通常发生在儿女已经成年而自己无事可做的祖母身上。第三代给了她一个重新开始"工作"的机会。她认为女儿或儿媳都不称职，必须由她来接管，孩子被两边拉扯，往往会无所适从。对一个孩子来说，争吵意味着一个没有爱的家庭，无论是母亲和祖母之间的还是父母之间的。即使大人在孩子面前巧妙隐藏了争吵，孩子也永远不会被蒙在鼓里。尽管他没有发现争吵，他依旧能感觉到，他的家里没有爱。

关于学校的选择问题，可能也会非常棘手。你的妻子可能希望把孩子送到一个男女同校的进步学校,而你可能希望把孩子送到一所公立学校。你们可能会发生冲突。如果你或你的妻子是罗马天主教徒,那么就可能会出现最糟糕的结果。在这里,我没有什么建议可提。意识形态或宗教上的分歧往往是无法逾越的。我只能说,我遇到的一些最难治愈的学生,都是父母在学校选择上存在意见分歧的。一个男孩的父亲本来反对送他来夏山学校,但为了维护家庭和平而屈服了,结果这个男孩在夏山从未有过实质性的进步,因为他知道他父亲其实是不赞同的。这对任何一个孩子来说都是一个悲惨的情况。他永远找不到稳定的位置,害怕父亲会随时决定把他转到一个纪律严明的学校去。

然而,家长和老师之间的一些对抗是可以预料的。老师们意识到了这一点,他们中的一些人努力通过学校的家长会议,促进教职工和家长之间更紧密的联系。这是非常好的!各地应该都这样做。老师们应该明白,他们永远无法像父母那样对孩子产生重要的影响。这就是为什么如果导致孩子成为问题儿童的家庭成因不变,那么试图治愈一个问题儿童是没有希望的。

父母必须面对这样一个事实:孩子们迟早要从他们身边独立出去。当然,我并不是说孩子应该离开他们的父母,再也不见面,我指的是在心理上的独立,摆脱婴儿时期对家庭的依赖。母亲试图让孩子依赖她是很自然的。我知道很多家庭,女儿会一直留在家里照顾年老的父母。我意识到,在大多数情况下,这样的家庭是不幸的。

女儿心理的一部分推动她走出去,过自己的生活。另一部分,即顺从的部分,迫使她留在父母身边。她一定时刻面临内心的冲突，而这种冲突通常会表现为烦躁：当然，我爱妈妈，但有时她真的让人心烦！

今天，成千上万的女性从事着地球上最乏味的工作——准备饭菜、洗碗、洗衣服、熨衣服、除尘。她们是做着无偿劳动的家庭主妇，她们的生活单调乏味。当孩子离开巢穴时，母亲的工作就完成了。幼鸟飞走的巢穴是一个孤独的巢穴，我们应该同情母亲，而不是谴责她。她的母性倾向是尽可能地保持自己的工作，即使在这个过程中可能会无意中给孩子带来痛苦。所有这些都能让我们看到一个明显的事实，即每个已婚女性都应该有一份职业，一旦她的母亲的职责结束后，就可以重新回到她的工作中去。

父母就像是上帝，还是满心嫉妒的上帝。每个家长都有合法的权利说：我要这样塑造我的孩子！父母可以打孩子，恐吓他，让他的生活变得悲惨。法律只有在父母给孩子的身体造成过多伤害时才能加以干预。然而，无论给孩子的心理造成多大伤害，法律都无法进行干预。悲剧在于，父母始终相信他们都是为了孩子好才这么做的。

人类的伟大希望在于，如果父母有意识地支持孩子在学习、工作和爱等方面自由发展，那么他们会采取最好的行动。如果这本书能帮助至少一个家长意识到自己对孩子所产生的巨大影响，无论是积极的还是消极的，那我就不算白写。

第七章

问题与答案

总论

> 你说人类是反生命的。这是什么意思?我不反生命,我的朋友也不是。

在有生之年,我已经目睹了两场可怕的战争,我可能还会看到更可怕的第三场战争。数以百万计的年轻人在那两场战争中丧生。当我还是个孩子的时候,在南非,很多人死于帝国主义战争。自1914年到1918年,许多人在一场号称是"结束所有战争的战争"中丧命。1939年到1945年,又有很多人为粉碎法西斯主义而牺牲。

如果我们是政客、商人或剥削者的棋子,我们就是反生命和甘愿赴死的。我们之所以会成为棋子,是因为我们被训练成消极地看待生活、谦卑地融入权威社会并准备为我们所谓主人的理想而死的人。只有在言情小说中,人们才会为爱而死;在现实世界里,人们为仇恨而死。

这就是大众的普遍心理,但其实每个人在日常生活中也是反生命的。他大体对性生活不满意,他的乐趣大多是俗气的、廉价的和逃避现实的。他是一个道德说教者，也就是说，他认为随性生活是错误的，或者至少是不应该的，并以此来教育他的孩子。

没有任何一个热爱生命的孩子会被灌输关于性、道德、上帝、礼仪或良好行为的意识，没有任何一个热爱生命的家长或教师会打孩子，没有任何一个热爱生命的公民会容忍我们的刑法、我们的绞刑、我们对同性恋者的惩罚、我们对私生子的态度，没有任何一个热爱生命的人会坐在教堂里自称是一个可怜的罪人。

我要澄清一下，我不提倡自由主义。检验的方法是这样的：某先生的所作所为真的对其他人有害吗？如果答案是否定的，那么反对某先生的人就是反生命的。

人们还可以用另一种方式来辩论，指出当年轻人跳舞、远足、玩游戏、看电影、听音乐会、看戏剧时，他们就是热爱生命的。这个观点有一定的道理，因为年轻人渴望热爱生命的生活方式，他们是如此活泼乐观，即使受到权威的压制，也能从中找到乐趣。但后来这种渴望会持续存在，所以他们就会变得矛盾，在寻求快乐的同时又害怕快乐。

我在这里所使用的"反生命"这个词，并不是指寻求死亡。我想说的是，对于反生命的人来说，相较于死亡，他更害怕生活。反生命并不意味着支持死亡。反生命就是支持权威、支持镇压、支持压迫或者至少是服从于这些。

让我总结一下：**热爱生命意味着播撒快乐、尽情游戏、享受爱、做有趣的工作、发展爱好、大声欢笑、聆听音乐、随心舞蹈、为他人着想，还有保持对他人的信心。**反生命意味着尽责、服从、争权夺利。纵观历史，反生命总是获胜，并将继续下去，只要年轻人被训练得符合当今成年人的观念，反生命就会持续赢得胜利。

难道你不相信，当世界上绝大部分人的经济问题得到解决时，人类的大多数问题就会得到解决吗？

对大多数人来说，家庭和学校导致了单调的生活，无法令人满意。毋庸置疑，商店和办公室里枯燥的工作是必要的。但没必要憎恨自己的办公桌和销售柜台的人活得死气沉沉，不得不从陈腐的电影、赛狗、图片杂志和关于情感犯罪的报道中寻求安慰。

开着凯迪拉克的百万富翁的内心并不见得会比铁路搬运工更快乐。如果一个人的灵魂是反生命和抵制爱的，他就无法享受经济上的舒适和安全。富人和穷人有一点是相同的：他们都是在一个不认同爱、害怕爱、把爱当作下流笑话的世界里长大的。

许多人认为，大多数人都不快乐，他们还会说，当所有的经济问题都得到解决时，生活就会变得充实、满足和自由。我个人无法认同这一点。我们所看到的经济自由并不令人鼓舞。能买得起厨房电器的经济自由并没有带来任何更大的幸福或智慧，它最多只能提供一些安慰，但这些安慰很快就会被当成是理所当然，从而失去它的情感价值。

我们塑造孩子性格的教育方法使英国在物质方面成为一个成功的国家，它们赋予了我们高水准的生活。但成功也仅限于此，总的来说，人们仍然不快乐。**单靠解决经济问题，永远无法使世界摆脱仇恨和苦难、犯罪和丑闻、精神疾病和身体疾病。**

对于不幸的婚姻，我们能做些什么？

一些中产阶级的父母在精神分析中寻求解决方案，这通常会导致婚姻破裂。但即使分析治疗取得了一定成效，我们也无法分析整个世界。个体治疗的作用非常有限，不足以影响整个社会群体。

解决这个人类问题的办法在于正确地养育孩子，而不是治愈神经症患者。我必须承认，我对解决当今的婚姻问题毫无办法。这是一个令人难以接受的观点，但如果布朗先生和布朗太太在反生命的氛围中长大，因此他们的夫妻生活并不幸福，那其实任谁都爱莫能助。

这听起来很悲观。只有当我们努力以一种正确的方式对待孩子，使他们不讨厌性和生活时，我们才能乐观起来。每当我看到一个孩子被打屁股、被欺骗或者因自己的裸体而感到羞耻时，我就会痛苦地想到，这样的孩子长大后会成为一个令人讨厌的丈夫或妻子。

你认为婚姻中的两个人在智力水平上相当这一点很重要吗？

在婚姻中，夫妻双方的智力水平是次要的。用头脑经营的婚姻是沉闷和冷漠的，而用心灵经营的婚姻则是温暖和慷慨的。大自然赋予人的天性，使男女双方不会因为智力相当而坠入爱河。然而，当性冲动减弱之后，共同的智力水平和兴趣爱好往往会使夫妻感到快乐。同样地，一致的幽默感也许是婚姻快乐长久的保障。

对学习过度担忧的原因是什么？为什么现在有这么多年轻人自杀？

我不认为有孩子真正过度担心过学习。这种表面上的担忧有更深层次的原因，几乎无一例外，它源于一种对手淫的罪恶感。对手淫没有负罪感的孩子通常都很聪明，对自己的学习也很用心。

奥地利心理学家斯特克尔说："自杀是最后的性行为。"禁止手淫会导致孩子憎恨自己的身体和灵魂，自杀是一种合乎逻辑的反应。如果身体如此邪恶，越早摆脱越好。

你对社会工作者有什么看法？

我非常尊重那些为贫民窟的问题儿童提供帮助的社会工作者，他们做得很好。但是，他们的工作足够深入吗？

没人指望他们对父母进行精神分析。每个人都知道他们的劳动是艰苦的。他们无法消除那些让孩子们反社会的贫民窟，他们也改变不了无知的父母——这些父母通过不良的教养方式阻碍了孩子的成长，并把性变成在黑暗壁橱里进行的肮脏冒险。

社会工作者是英雄，他们努力帮助年轻人克服贫困的家庭生活带来的种种弊端。即使一个社会工作者对自由有完全的信仰，他要怎么才能把这些原则应用到一个贫民窟的家庭里去呢？他可以对一位母亲说："格林太太，你儿子之所以偷东西，是因为他酗酒的父亲打他，是因为你在他两岁时摸自己的阴茎而打了他的屁股，是因为你从来没有对他表达过你对他的爱。"但是格林太太能理解吗？

我并不是说妇女不能接受再教育,我的意思是,她不能通过与一个社会工作者或者任何人的谈话来实现再教育。这里的问题部分是经济方面的,至少应该从废除贫民窟开始。

关于夏山

> 在夏山的教育模式下,孩子的意志力是如何发展的?如果允许他做自己喜欢做的事,他如何培养自制力呢?

在夏山,孩子是不被允许为所欲为的。他参与制定的校规使他在各个方面受到限制。他只能在关于他自己的事情上随心所欲。他可以想玩就玩,因为学习和工作是他一个人的事。但是他不被允许在教室里吹短号,因为他的演奏会干扰到别人。

到底什么是意志力?我可以强迫自己戒烟,但我不能强迫自己恋爱,也不能强迫自己喜欢植物学。没有人能把自己变成好人,也没有人能把自己变成坏人。

你不能通过训练让一个人具有坚强的意志。如果你让孩子在自由的环境中接受教育,他们会对自己的需求更加清晰,因为自由会让越来越多的无意识行为变成有意识行为。这就是为什么大多数夏山的孩子对自己的人生没有多少疑虑,他们知道自己想要什么。我相信他们能实现自己的理想。

记住,**所谓的意志薄弱通常是缺乏兴趣的表现。**如果一个人没有打网球的欲望,却很容易被说服去打网球,那么他就是一个不知道自己真正的兴趣的人。奴隶式的纪律制度只会让这样的软弱和无能大行其道。

如果一个孩子在夏山做一些危险的事情,你会允许吗?

当然不会。人们常常不明白,**给孩子自由并不意味着放任自流**。我们不允许我们的年幼孩子决定他们什么时候睡觉。我们保护他们免受来自机械、汽车、碎玻璃或深水的危险。

你永远不应该让孩子承担他还没有准备好的责任。但请记住,**孩子们之所以会遇到危险,有一半是因为没有接受到良好的教育**。被禁止知道关于火的真相的孩子才是有可能因为玩火而造成危险的人。

夏山的孩子们会想家吗?

我注意到,当一位不快乐的母亲第一次把孩子带到夏山时,孩子会哭着缠着她,尖叫着要她把自己带回家。我还注意到,如果孩子尖叫得不够激烈,妈妈就会难过。她希望她的孩子想家。孩子越想家,就代表越爱她。这个现在看着可怜的孩子通常在母亲的火车开走5分钟后就开始快乐地玩耍了。

为什么家庭不幸福的孩子一开始上学时会想家,很可能是因为他不幸的家庭使他极度焦虑。他想知道,此刻家里发生了什么事。最可能的解释是,一个不快乐的母亲,在她对伴侣的爱受挫后,把太多的爱和恨转移到了她的孩子身上。

想家通常是一个家庭不那么美好的标志,现实往往是那样的家庭是充满仇恨的。想家的孩子渴望的不是家庭的爱，而是家庭的争斗和保护。这听起来很矛盾，但让我们反思一下，是不是家庭越不幸福，孩子就越想寻求保护。他没有生活的安全港，他会夸大他称之为家的安全港的作用。因为离开了家，他把它理想化了。他渴望的不是他熟悉的家，而是他想要的家。

夏山学校接受落后的孩子吗？

毋庸置疑。这完全取决于你对"落后"的定义。我们不招收有智力缺陷的孩子，但一个在学校表现落后的孩子是另一回事。许多孩子在学校表现落后，因为学校对他们来说太乏味了。

夏山评判落后的标准与考试、考评和分数无关。在许多情况下，落后仅仅意味着孩子内心有一种无意识的冲突和内疚。如果他潜意识里的问题是"我是不是个糟糕的人"，那他怎么可能对算术或历史感兴趣呢？

关于这个落后的问题，我自己深有体会，当我还是个男孩时，我根本无心学习。我的口袋里装满了废铁和铜片，我的眼睛盯着课本，而思绪早就转到我的小玩意儿上了。

落后的男孩或女孩在我眼中从不缺乏创造力。通过学习成绩来判断一个孩子是没有意义的，还会带来致命的伤害。

假如一个孩子拒绝支付由学校大会规定的罚款会怎样？

孩子们从不这样。但我认为，如果他们觉得自己受到了不公正的对待，他们会拒绝。我们的申诉制度消除了任何可能出现的不公正。

你说夏山的孩子们心灵纯净，这是什么意思？

纯净的心灵是不会感到震惊的。感到震惊就表明你心中有压抑，这让你对引起你震惊的东西感兴趣。

维多利亚时代的女性对"大腿"这个词感到震惊，因为她们对与大腿相关的东西有着异乎寻常的兴趣。与大腿相关的东西就是性，是被压抑的东西。而在夏山这样的氛围中，没有关于性的禁忌，性与罪恶之间也没有被联系在一起，孩子们没有必要通过窃窃私语和抛媚眼来玷污性。他们对性是真诚的，就像他们对其他一切都是真诚的一样。

第一学期结束，7岁的威利从夏山学校回来后，他的语言变得非常直白、粗鲁，以至于我们的邻居都不让他们的孩子和他玩。我该怎么办呢？

这对威利来说是不幸、悲伤和痛苦的，但还有什么选择呢？如果你的邻居被"该死""去你的"这样的词语吓到了，那么他们才是被压抑的人，确实不应该让你的威利和他们接触。

夏山的孩子们怎么看待电影？

他们看各种各样的电影。我们没有审查制度。结果是,当他们离开学校时,他们已经具有良好的电影鉴赏能力。通常,大一点的孩子会因为电影不够有趣而选择不再去看电影。那些看过法国、意大利和德国的电影的学生,对一般的好莱坞电影会非常挑剔。没到青春期的男孩对爱情电影不感兴趣,对他们而言,金·诺瓦克[1]什么都不是。

你会怎么对待顶嘴的孩子?

在夏山,没有一个孩子会顶嘴。只有当一个孩子被一个高傲的人当作下等人对待时,他才会回嘴。在夏山,我们会平等地和孩子对话。如果老师抱怨被顶嘴了,我就会知道,他或她是个失败者。

如果一个孩子不吃药,你会怎么做?

我不知道,在夏山,我们从来没有不肯吃药的孩子。我们的饮食非常均衡,以至于疾病对我们学校来说不是个问题。

在夏山,大孩子需要照顾小孩子吗?

不,小孩子不需要被照顾,他们总是忙于自己的重要事务。

---

[1] 好莱坞女明星。——编者注

夏山学校有过有色人种学生吗?

是的,在夏山我们有两个有色人种学生。据我所知,其他孩子并不关注他们的肤色。

其中一个男孩恃强凌弱,不受欢迎;另一个很可爱,非常受欢迎。

夏山学校有童子军吗?

没有,我不认为我们的孩子能忍受"每天做一件好事"的做法。每天自觉地做一件好事是一种虔诚。童子军运动有很多优点,但对我来说,它被提升至道德层面并且被资产阶级的是非观和所谓的纯洁观念破坏了。

在我的学校里,我从来没有对童子军发表过任何意见。另一方面,我也从来没有听到我们的孩子对这个运动表现出任何的兴趣。

对于一个在虔诚的宗教家庭中长大的孩子,你的应对策略是什么?你允许夏山有这样从事宗教活动的孩子吗?

是的,孩子可以从事宗教活动,而不必担心教师或其他学生的任何不利评论。但我发现,没有一个孩子在自由的时候愿意从事宗教活动。

有些新生在刚来的头几个星期天会去教堂,然后就不去了。教堂太无聊了。我没有发现任何迹象表明宗教崇拜在孩子身上是一件自然的事情。当负罪感被洗去时,祈祷就不再有用了。

一般来说,来自宗教家庭的孩子是不真诚和压抑的。在一个失去了对生命的原始热爱、专注于死亡恐惧的宗教体系下,这是不可避免的结果。你可以给一个孩子灌输对上帝的敬畏,却无法灌输给他对上帝的爱。自由的孩子不需要宗教,因为他们的生命是有创造力的。

夏山的孩子对政治感兴趣吗?

不感兴趣。这可能是因为他们都是中产阶级家庭的孩子,从未经历过贫困。我规定不让教师试图从政治上影响孩子们。政治,就像宗教一样,是个人选择的问题,要孩子在长大后的生活中自己决定。

夏山的学生以后会参军吗?

目前,只有一个孩子加入了英国皇家空军。军队可能太缺乏创造力,无法吸引自由的孩子。毕竟,战争就是毁灭。夏山的孩子和其他孩子一样愿意为国家而战,但他们可能更想知道他们到底在为什么而战。

有一些之前从夏山毕业的学生参加了第二次世界大战,有几个还牺牲了。

你为什么让男孩和女孩睡在不同的房间?

夏山毕竟是英国的学校，我们必须遵循英国的风俗和法律。

关于养育孩子

你认为每一个读过你的书或听过你演讲的家长，一旦明白了你说的道理，就会用一种不同的、更好的方式对待他的孩子吗？治愈受伤害儿童的方法在于把知识传授给家长吗？

一个占有欲很强的母亲读了这本书，可能会感到良心不安，并为自己辩护："我控制不住自己。我不想伤害我的孩子。对我来说，诊断得很好，但补救办法是什么呢？"

她是对的。补救办法是什么？或者，真的有补救办法吗？这个问题涉及的面就太广了。

有什么方法可以治愈一个生活沉闷又充满恐惧的女人呢？拿一个认为自己惹是生非的儿子是最棒的孩子的男人来说，我们又有什么方法可以治愈他呢？最糟糕的是，如果父母对他们正在做的事情一无所知，甚至在别人对他们做的错事进行哪怕最轻微的暗示时都感到愤怒，我们有什么补救办法呢？

不，知识本身是没有帮助的，除非父母在情感上准备好接受知识，并有内在的能力根据新知识采取行动。

你为什么一直强调要让孩子快乐呢？有人快乐吗？

这不是一个容易回答的问题，因为文字会混淆视听。当然，没有人总是快乐的。我们可能会牙痛,可能会有不幸的爱情和无聊的工作。

如果说快乐这个词有什么意义的话,那就是它意味着一种内心的幸福感、一种平衡感、一种对生活的满足感。只有当一个人感到自由时,他才能感受到这些。

自由的孩子看上去开朗、无畏,受到纪律约束的孩子看起来却软弱、痛苦、恐慌。

快乐可以被定义为拥有最少压抑的状态。**快乐的家庭生活处处有爱,不快乐的家庭时时紧张。**

我强调快乐,是因为我把成长放在第一位。与其为了通过学校的考试而把自己弄得满脸痘痘,还不如自由自在、把小数是什么抛诸脑后。我从未见过一个快乐自由的青少年脸上长满青春痘。

如果给予一个孩子绝对的自由,他多久能意识到自律是生活的必需品,或者他会意识到这一点吗?

世上没有绝对的自由。任何允许孩子为所欲为的人都是在走一条危险的道路。

没有人可以拥有社会自由,因为每个人都必须尊重他人的权利。但是,每个人都应该拥有个人自由。

举个例子:没有人有权利强迫一个男孩学习拉丁语,因为学习是个人选择的问题。但如果在拉丁语课上,一个男生总是在胡闹,就应该把他赶出去,因为他妨碍了别人学习的自由。

至于自律,这是一件不确定的事情。它往往意味着一种自我约束，这种约束是由成年人的道德观念灌输而来的。真正的自律不包括压抑或被迫接受，而是应该考虑到他人的权利和幸福。真正的自律让一个人通过对他人的观点做出某些让步，来寻求与他人的和平相处。

你真的认为让一个天生懒惰的孩子随心所欲地浪费时间是正确的吗？当他不喜欢学习时，你会如何让他去学习呢？

真正的懒惰是不存在的。 懒惰的孩子要么是身体有问题，要么是对成年人认为他应该做的事情没有兴趣。

我从来没有见过12岁以前来到夏山的孩子是懒惰的。许多"懒"孩子从纪律严格的学校被送到夏山，这样的孩子在相当长的一段时间内保持"懒惰"，直到他从过往的"教育"中恢复过来。我不让他做他不喜欢的事情，因为他还没有准备好。就像你和我一样，他以后会有很多讨厌的事情要做，但如果现在让他自由地度过他的游戏期，他以后将能够面对任何困难。据我所知，没有一个从夏山毕业的学生被人说是懒惰的。

你认为要爱抚孩子吗？

我女儿佐伊小时候，有一次听到敲门声，她吓得哭了起来。我妻子把她抱起来，温柔地拥抱她，用一种她可以自由地活动四肢的方式抱着她。

当孩子有任何僵硬的迹象时，父母都应该和孩子一起玩耍，让孩子可以自由活动肌肉。我发现，对四五岁的孩子来说，和他们假装打架很有效，这种打架我肯定会输。笑是一种排解情绪和身体紧张感的好途径，一个健康的婴儿会经常笑。挠肋骨部位往往会引发一阵愉快的笑声，而且……哦，在这里，我应该提一下，有一个儿童心理学流派不赞成触摸孩子，以防孩子对父亲或母亲产生依恋。我确信那是无稽之谈。父母完全没有理由不去爱抚他们的孩子、挠孩子痒痒、抚摸他或拍拍他。

人们应该忽略那些对生命谨小慎微的心理学家，他们告诉你永远不要让孩子和你睡在一起，永远不要去挠他的痒痒。禁令背后的潜意识想法是，任何身体接触都可能引起婴儿的性情感。除非父母过于神经质，以至于在与婴儿的身体接触时仍然以自我为中心，这种情况下可能是危险的。但我所写的这本书的阅读对象都是普通人，而不是那些认为自己还是婴儿的父母。

开明的父母应该如何看待其他孩子的攻击性？

如果父母把自律的威利送到公立学校，在那里他必然会遇到其他孩子残忍、恶意的攻击，他的父母是否应该让威利自己发现，他可能会被仇恨和暴力伤害呢？

彼得3岁的时候，他父亲告诉我，他会教他打拳击，这样他就可以对抗别人心中的仇恨。伸出另一边的脸颊让别人继续打不是爱和仁慈的象征，而是懦弱的表现，这位父亲的做法是对的。如果我们不做一些积极的事情，那么我们自由成长的孩子将会严重处于不利地位。

你对体罚有什么看法？

体罚是邪恶的，因为它残忍可恨。它让执行者和接受者都心怀仇恨。这是一种无意识的性变态。在压抑手淫的社群中，惩罚的对象是手，因为手是手淫的工具。在与世隔绝的男校里，同性恋是被禁止的，体罚是在臀部——欲望的对象——上进行的。宗教对"邪恶"肉体的憎恨使得体罚在宗教地区非常流行。

体罚是一种投射行为。执行者讨厌自己，并把这种讨厌投射到孩子身上。打孩子的母亲其实是恨自己，结果表现出来是她恨自己的孩子。

对于一个大班的老师来说，使用皮带与其说是出于仇恨，不如说是为了方便。这是解决问题最简单的方法。废除它的最好办法是废除大班制。如果学校是一个玩耍的地方，有学习或不学习的自由，体罚就会自动消失。在一所教师知道自己的职责是什么的学校里，体罚是永远用不上的。

你真的相信改掉坏习惯的方法就是让孩子继续保持他们的恶习吗？

恶习？谁认为它们是恶习？

坏习惯吗？你可能是在说手淫吧。

强行打破一个习惯并不能治愈它。治疗某种习惯的唯一方法就是等孩子在他对这种习惯的兴趣消失之后自己走出来。被允许手淫的孩子比被禁止手淫的孩子更不容易放纵自己。

打骂总是延长习惯消失的时间。把婴儿的手绑起来会让他终生成为变态的手淫者。所谓的"坏习惯"根本不是坏习惯,它们是自然的倾向。对"坏习惯"的定义是父母无知和仇恨的结果。

正确的家庭教育能抵消错误的学校教育吗?

总的来说,是的。家庭的声音比学校的声音更有力。如果家里没有恐惧和惩罚,孩子就不会相信有恐惧和惩罚的学校是对的。

父母应该告诉孩子他们对一所具有错误的教育理念的学校的看法,但父母们常常对哪怕最愚蠢的老师也抱有一种荒谬的盲目跟随的态度。

你对童话和圣诞老人是什么态度?

孩子们喜欢童话故事,这本身就足以证明其价值。

至于圣诞老人,我认为我们不需要为此而困扰,因为孩子们很快就会自己了解真相。但是在圣诞老人和鹳的故事之间有一种奇怪的联系。想让孩子相信有圣诞老人的父母,通常是会对孩子是怎么出生的这个问题撒谎的人。

就我个人而言,我从不告诉孩子们关于圣诞老人的事。如果我说了,我想连夏山4岁的孩子都会嘲笑我的。

你说创造比占有好,但当你允许孩子去创造时,他所创造出来的东西就变成了一种个人财产,他会占有它、珍视它。

这是怎么回事？

事实是他不会如此。一个孩子对他所创造的东西只珍视一天到一个星期而已。孩子天生的占有欲很弱。他会将新自行车留在外面淋雨，也会把衣服到处乱扔。他们的快乐来自制作的过程。真正的艺术家在作品完成后就会对其失去兴趣。没有一件艺术品能使创作者满意，因为他的目标是追求完美。

你会怎么对待一个什么都不肯坚持的孩子？他对音乐感兴趣的时间很短，然后他又将兴趣转向跳舞，如此等等。

我什么也不会做。这就是生活。在我的时代，我从摄影玩到装订，然后是木制品，再到铜制品。生活中充满了让我感兴趣的各种事物。多年来，我用墨水写生，但当我意识到我是一个最差的艺术家时，我放弃了。

孩子的爱好总是折中的。他尝试所有的事情，这就是他学习的方式。夏山的孩子们花了几天的时间在造船，但是，如果一个飞行员碰巧来拜访我们，这些男孩就会放弃做了一半的船，开始制造模型飞机。我们从不建议孩子必须完成他的工作，如果他的兴趣消失了，强迫他完成是不对的。

大人应该讽刺孩子吗？你认为这会有助于培养孩子的幽默感吗？

不。讽刺和幽默没有关系。幽默是爱的产物，讽刺是恨的产物。对孩子冷嘲热讽，只能让孩子感到自卑和堕落。只有令人生厌的老师或父母才会挖苦人。

我的孩子总是问我该做什么、该玩什么，我该怎么回答呢？告诉孩子怎么玩的想法是错误的吗？

对一个孩子来说，有人给他一些令人兴奋的事情做是好的，但这不是必要的。由孩子自己发现想做的事情对他来说是最好的。因此，夏山的老师不会告诉孩子该怎么做。老师只会帮助那些来寻求技术支持的孩子。

你赞成给孩子送礼物来表达爱意吗？

不赞成。爱不需要外在的象征。不过，孩子们应该在生日、圣诞节等特殊的日子收到礼物。只是，父母不应该期待或要求得到孩子的感激。

我的儿子逃学，我该怎么办呢？

我猜是因为学校很无聊，而你的儿子很活跃。
一般来说，逃学意味着学校不够好。如果可能的话，试着把你的孩子送到一所更自由、更有创造力、更有爱的学校。

我应该教我的孩子存钱吗?

不。一个孩子的视野无法超越当下。等到以后,如果他真的想买一些需要花很多钱的东西,他自己就会在没有受过储蓄训练的情况下开始储蓄。

让我再次强调,必须让孩子以自己的速度成长。许多父母在强迫孩子加快步伐的过程中犯了可怕的错误。

如果一个孩子能独立完成某件事,千万不要帮助他。当孩子试图爬上椅子时,溺爱的父母扶着他,从而破坏了孩子在童年时期最大的快乐——克服困难。

当我9岁的儿子把钉子钉进家具里时,我该怎么办?

把锤子从他手里拿过来,告诉他这是你的家具,你不允许他破坏不属于他的东西。

如果他不停止敲打,那么亲爱的女士,请卖掉你的家具,然后把所得的钱交给某个心理医生,让他帮助你认识到自己是如何让儿子变成问题儿童的。没有一个快乐、自由的孩子会想要破坏家具,当然,除非家具是家里唯一可以用来钉钉子的东西。

阻止这种破坏的第一步是提供木头和钉子,最好是在客厅以外的房间。如果孩子拒绝木头,还想在家具上钉钉子,那么他就是恨你,想激怒你。

你会怎么对待一个又倔强又爱生气的孩子?

我不知道。我在夏山几乎没遇到过这样的孩子。当孩子自由的时候，他就没有理由固执。孩子的反抗总是大人的错。如果你对孩子是一种爱的态度，你就不会做任何让他坚决抗拒的事情。一个固执的人往往心存不满，我的任务就是找出他内心不满的根源。我猜应该是他觉得自己受到了不公正的对待。

我6岁的孩子画了污秽的画，我该怎么办？

当然要鼓励他，但同时要清理你的房子，因为家里的污秽必从你而来。6岁的孩子没有天生的淫秽。

你在他的画中看到污秽，是因为你自己对生活有污秽的态度。我只能想象这些污秽的图画是关于厕所和性器官的。自然地对待这些事情，没有任何对错的概念，你的孩子就会自然而然对这些东西失去兴趣，就像他会度过其他孩子气的兴趣阶段一样。

为什么我的小儿子总是撒谎？

可能是在模仿他的父母。

如果两个孩子——一个5岁的儿子、一个7岁的女儿——一直在争吵，我应该采取什么方法让他们停止争吵？他们其实非常喜欢对方。

他们真的喜欢对方吗？会不会是其中一个从母亲那里得到的

爱比另一个多？他们是在模仿父母吗？他们是否对自己的身体有负罪感？他们受到过父母的惩罚吗？如果所有这些问题的答案都是否定的，那么争吵就是他们争夺权力的一种正常欲望。

然而，你应该让你的孩子和其他对他们没有情感依恋的孩子一起玩。孩子必定会拿其他孩子来衡量自己，但他无法用自己的兄弟姐妹来衡量自己，因为各种各样的情感因素——嫉妒、偏心等——进入了这种关系。

我怎样才能阻止我的孩子吸吮拇指？

不要尝试阻止。如果你成功了，你可能会让孩子捡回吸吮拇指以前的其他兴趣。吸吮拇指有什么关系？很多厉害的人都吸吮过拇指。

吮吸拇指表明还没有从对母亲乳房的兴趣中走出来。既然你不能给一个8岁的孩子喂奶，你所能做的就是让孩子有尽可能多的机会去产生其他兴趣，但这并不一定能让他忘掉吸吮拇指。我有一些富有创造力的学生，他们一直吸吮着拇指，直到青春期。

不要去干涉你的孩子。

为什么我两岁的孩子总是破坏玩具？

很可能是因为他是个聪明的孩子。玩具通常是缺乏创造力的，破坏的目的是找出里面有什么。

但是我不知道这件事的具体情况。如果孩子是在挨打和说教环境中成长为自我憎恨的人,他自然会破坏任何出现在他面前的东西。

怎样才能治好孩子邋遢的毛病?

为什么要治疗呢?大多数有创造力的人都不爱整洁。极致追求房间和书桌整齐的人通常是一个刻板的人。我发现9岁以下的孩子基本上都很整洁,在9岁到15岁之间,这些孩子可能会变得不整洁,事实上,他们根本不认为自己不整洁。再后来,当他们需要整洁时,自然就变得整洁了。

儿子12岁了,吃饭前不洗手,我们该怎么办?

你为什么这么重视洗手?你有没有想过,洗手对你来说可能是一种象征?你确定你担心他的干净与否,不是基于你对他道德上不洁净的恐惧吗?

别唠叨那个男孩。相信我的话,你的污垢情结是一种主观的个人兴趣。如果你觉得自己不干净,你就会过分重视清洁。

如果你一定要他在饭桌上干干净净的——我的意思是,如果玛丽姨妈和你一起吃饭,而且她有可能给她干干净净的侄子留下一笔财产——那么,最好的办法就是你不允许他洗手。

怎么能让一个15个月大的孩子远离火炉呢?

设个防火罩。但是,允许孩子通过让他的手指被轻微烫一下的方式来了解关于炉灶的真相。

如果我在一些琐事上批评我的小女儿,你可能会说我讨厌她,但实际上,我并不讨厌她。

那你一定讨厌你自己。小事是大事的象征。如果你为小事批评别人,那么你是一个不快乐的女人。

父母应该允许孩子在多大的年龄喝酒?

我不太确定,因为我对酒精有一种情结。我个人喜欢喝些啤酒或一杯威士忌,我也喜欢葡萄酒和利口酒。我当然不是一个狂热的戒酒者。然而,我同时又很害怕酒精,因为我年轻时看到过它造成了多么大的伤害。因此,我不倾向于给孩子喝酒。

当我的小女儿想尝尝我的比尔森啤酒或威士忌时,我允许她这样做。尝了一口啤酒后,她做了个鬼脸,说:"真难喝!"对于威士忌,她说,"好极了",但她不会要更多。

在丹麦,我看到有自我调节能力的孩子要喝橙皮酒,他们每人得到了一杯酒,喝了一杯以后,没有人会要更多。我记得有一个农民,常常在寒冷潮湿的日子里开着他的小货车来接孩子放学。他总是带着一瓶威士忌,然后给孩子们一杯。我父亲悲伤地摇了摇头。"记住我的话,"他说,"他们以后都会成为酒鬼。"然而,他们长大后都没有沉迷于酒精。

每个孩子迟早都会遇到酒精的问题,只有那些无法应付生活的孩子才有可能喝得太多。

当我的毕业生们回到夏山时，他们会去当地的酒吧喝酒，但我从来没有听说过有谁酗酒。

很不合逻辑的是，我禁止学生在我的学校喝烈酒，尽管有些人可能认为应该允许孩子们自己发现关于喝醉的真相。

你会怎么对待一个不肯吃饭的孩子？

我不知道。我们在夏山从来没有遇到过这种情况。如果我看到了，我应该马上就会怀疑那是他在对父母表现出一种挑衅的态度。曾经有一两个孩子因为不肯吃饭而被送到夏山，但他们从不在学校里禁食。

在问题比较严重的情况下，我会考虑孩子的情感是否还停留在哺乳期，并尝试让他用奶瓶进食。我也会猜测原因可能在于父母对食物很挑剔和坚持，强迫孩子吃他不想吃的食物。

关于性

色情到底是什么意思？

这不是一个容易回答的问题。我应该把色情定义为一种对性和其他身体功能的淫秽态度，一种类似于被压抑的小男生躲在黑暗的角落里偷窥和窃笑以及在墙上书写色情字眼的心态。

大多数关于性的故事都是色情的，讲述人常常会辩解说，这是一个好故事，不是因为它有色情内容，而是因为其内容幽默、充满智慧。像大多数男人一样，我听过也讲过无数个有关性的故事。但现在回想起来，我认为只有一两个值得再讲一遍。

我发现善于讲性故事的人通常是那些对性生活并不满意的人。如果说每一个性故事都是压抑的结果，那就太武断了，因为那意味着所有的幽默都是压抑的结果。当我看到查理·卓别林穿着泳衣潜入2英寸深的水中时，我会大笑起来，但我对潜水充满了热情，没有任何抵触。幽默存在于任何滑稽的情境中，无论是关于性的，还是与性无关的。

在我们现在的社会里，没有人可以自由地在色情和非色情之间划出明确的界限。当我还是个学生的时候，许多所谓的"商旅"故事对我来说很有吸引力，而今天我认为其中99%都是粗俗下流的。

总的来说，色情只是性加上罪恶感。在听到喜剧演员讲出带有性暗示的俏皮话而咯咯大笑的观众中，不乏对性有病态态度的人。当成年人给孩子讲性故事时，他们自己也认为性是下流肮脏的。

如果所有的孩子都是自由的，对性有明确的认识，成年人的淫秽就不会起作用。但是，由于数以百万计的孩子对性一无所知，对性感到罪恶，所以色情的成年人只会增加他们的无知和罪恶感。

某些形式的性行为是否不恰当？

任何形式的性行为都是适当的，只要双方都能从中找到乐趣。只有当它不能给参与者提供最大的享受时，性才是不正常的和变态的。

婚姻与体面的性——有节制的性——有关。即使是接受父母性生活的青年男女，如果他们想象父亲和母亲会享受各种各样的性游戏，也会感到震惊。

社会的权威者把性游戏贬低为色情和淫秽，他们的追随者也害怕沉迷于性游戏。如果他们这样做了，他们很可能会体验到强烈的侵略感，并沉溺于因为做被禁止的事情而引起的兴奋中。

当性是温柔的，沐浴在爱中，就没有什么是不合适的。

为什么孩子会手淫，我们该如何阻止他们？

我们必须区分小儿手淫和成人手淫。小儿手淫其实根本就不是手淫，它始于好奇心。婴儿发现了自己的手、鼻子和脚趾，母亲高兴地叫了起来。但是当他发现他的性器官，母亲急忙把他的手拉开。对孩子来说，这样做的结果是使性器官成为身体最有趣的部分。

婴儿的性欲区域是嘴巴，当小孩子没有收到关于手淫的道德禁令时，他们对自己的性器官几乎没有兴趣。如果一个小孩是手淫者，那么治疗的方法是赞成这种习惯，因为这样孩子就没有病态的强迫放纵了。

对于已经进入青春期的孩子来说，认可也会减少这种习惯。请记住，性必须找到一些出口，因为年轻人结婚总是很晚，很多年轻人在买得起房子之前不会结婚，性成熟的人面临着两种选择——手淫或秘密性交。道德家会谴责这两者，但他们没有提供任何替代方案。哦，是的，当然，他们提倡贞洁，也就是让肉体受罚。但是，只有少数修道士可以无限期地折磨肉体，我们其他人无法摆脱为性提供出口的困境。

除非婚姻与经济因素无关，否则手淫问题将继续是一个大问题。我们的电影和小说唤起了年轻人的性欲，导致了手淫，因为年轻人被剥夺了正当的性。每个人都手淫的事实对他们并没有多大帮助，结婚似乎是唯一的出路。但只要性与罪恶联系在一起，婚姻就仍然可能不是一个社会性解决方案。

回到问题上来：告诉孩子手淫并没有什么罪恶之处。如果你已经对他撒了谎，说了所谓的后果——患上疾病、变成疯子等——那就勇敢地告诉他你是个骗子。到那时，也只有到那时，手淫对他才会变得不那么重要。

> 我12岁的女儿喜欢看含有色情内容的书，我该怎么办呢？

我应该会把我能买到的所有此类图书都拿给她。她会从对此类书的兴趣中走出来，找到她真正的兴趣。

但她为什么对色情如此感兴趣呢？她是想知道你没告诉她的关于性的真相吗？

> 你会因为一个14岁的男孩讲性故事而责备他吗？

当然不会。我应该会给他讲比他知道的更好的故事。大多数成年人都讲性故事。当我还是学生的时候，我从一个牧师那里听到了一些好的性故事。谴责对性的兴趣纯粹是虚假和伪善的。

性故事是性压抑的直接结果，它释放了被罪恶的教义所禁锢的压力。在自由之下,性故事几乎会自然消亡。我之所以说"几乎"——不完全——是因为性是人的一种基本兴趣。

性教育应该由谁来做,老师还是父母?

当然是父母。

关于心理学

每个人长大后都会成为一个神经质的人,这是不可避免的,对吗?

这类问题是由弗洛伊德的发现所引发的,而自我调节是这类引人注目的问题的答案。每一个精神分析师都必定会模糊地感觉到,如果病人能像婴儿一样自我调节,那么花在分析病人身上的时间就没有必要了。我说"模糊",是因为我们对任何事情都不能真正确定。

我那在自由中长大的女儿,可能有一天不得不去看心理医生,说:"医生,我需要治疗。我深受父亲情结的折磨,我受够了被介绍为尼尔的女儿。人们对我的期望太高了,他们似乎认为我应该是完美的。老头儿现在已经死了,但我不能原谅他在他的书里炫耀我。现在,我要躺在沙发上吗?"……谁知道会不会这样呢。

自我憎恨是如何表现出来的?

在孩子身上，自我憎恨表现为反社会行为、争吵、充满敌意、坏脾气和具有破坏性。所有的自我憎恨倾向于被投射出来，也就是转移到他人身上。

非婚生子女的母亲会谴责别人的性放纵。多年来一直试图克服手淫的老师会鞭打孩子。升华了性欲，也就是压抑了性欲的老处女，会在造谣中伤和尖酸刻薄中表现出她的自我憎恨。所有的恨都是自我憎恨。

当你站在孩子一边考虑时，你不就是在以这种方式占有孩子吗？

是又怎样？如果能帮到孩子，我的动机又有什么关系？

我认识一个8岁的女孩，她在母亲面前会口吃。为什么？

结巴通常是为了争取时间，以避免在讲话中暴露自己。当我在讲课中遇到难题时，我试图用"好吧……嗯……"来掩饰我的无知和困惑。

你说的这个孩子似乎是害怕她的母亲。我怀疑她的母亲是一个道德说教者。我曾发现一个小男孩之所以口吃，是因为他试图隐瞒自己手淫的事实，并为此感到内疚。治疗方法是让他相信手淫不是一种罪恶。但是，关于口吃的心理学几乎是一个未被探索的领域。

丈夫能分析他的妻子吗？妻子能分析她的丈夫吗？

无论如何，亲密关系中的双方都不应该试图给彼此做心理分析。我知道丈夫分析他的妻子，或者妻子分析她的丈夫的案例。这些分析总是不成功，有时甚至是有害的。

父母也绝不可以分析自己的孩子，不管采用哪种学派的方法。

为什么这么多成年人会感谢他们童年时代的严师呢？

主要是因为自负。一个人在会议上站起来说："我小时候被打过，这对我很有好处。"实际上，他想说的是："看看我，我是成功的，尽管——甚至是由于——我早年遭受过痛打。"

奴隶并不是真的想要自由，他不懂得欣赏自由。外界的纪律使他沦为低人一等的奴隶、受虐狂。奴隶拥抱他们的锁链。

一个普通的老师能对孩子做精神分析吗？

恐怕不行。他首先应该分析自己，因为如果他还不了解自己的潜意识，那么他在探索孩子灵魂的未知领域时也走不远。

关于学习

你不赞成孩子学习拉丁语或数学，那么，你认为孩子的心智应该怎样发展呢？

我不了解"心智"究竟为何物。如果说数学和拉丁语方面的专家有伟大的心智,那么我想说,我从未意识到这一点。

> 你对高等数学的反对态度是否会影响夏山学生对数学的兴趣?

我从不和孩子们谈论数学。我自己非常喜欢数学,以至于我经常为了好玩去做几何题和代数题。

我反对数学的理由是,数学对孩子来说太抽象了。几乎每个孩子都讨厌数学。虽然每个孩子都能理解两个苹果是什么意思,但很少有孩子能理解"X 个苹果"是什么意思。

此外,我反对数学的理由与反对拉丁语和希腊语的理由是一样的:把二次方程式教给那些将来要修汽车或卖袜子的孩子有什么用?这是愚蠢的。

> 你觉得孩子应该做家庭作业吗?

我甚至不觉得孩子需要上学校的课程,除非它们是孩子自愿选择的。给学生布置作业的习惯是令人厌恶的。孩子们讨厌家庭作业,这一点就足以用来谴责家庭作业了。

> 为什么有些男孩只有在感受到身体被打痛的时候才学习?

如果我知道我不背诵宗教经文就会被鞭打,那我肯定希望我能学会背诵。当然，结果之一就是，我将永远憎恨宗教经文，痛恨鞭打者，痛恨我自己。

当一个男孩在老师讲课的时候玩他的铅笔，老师应该怎么做？

铅笔等同于阴茎。这个男孩玩铅笔是因为被禁止玩他的阴茎。治疗方法：让家长解除手淫禁令。